中国近代史学文献丛刊

王 东 李孝迁／主编

解放区小学历史课本四种合刊

李孝迁／编校

上海古籍出版社

2022年度国家出版基金资助项目

国家社科基金重大项目
"现代中国马克思主义史学文献的调查、整理和研究（1900-1949）"
（18ZDA169）

上海市教育委员会科研创新计划重大项目
"'行动的指针'：中共史家的国史书写（1941-1979）"
（2023SKZD06）

华东师范大学社会主义历史与文献研究院、
"中国历史学话语体系建设与国际传播基地"资助项目

晋察冀边区行政委员会审定

历史课本

高级小学适用

第一册

新华书店晋察冀分店发行

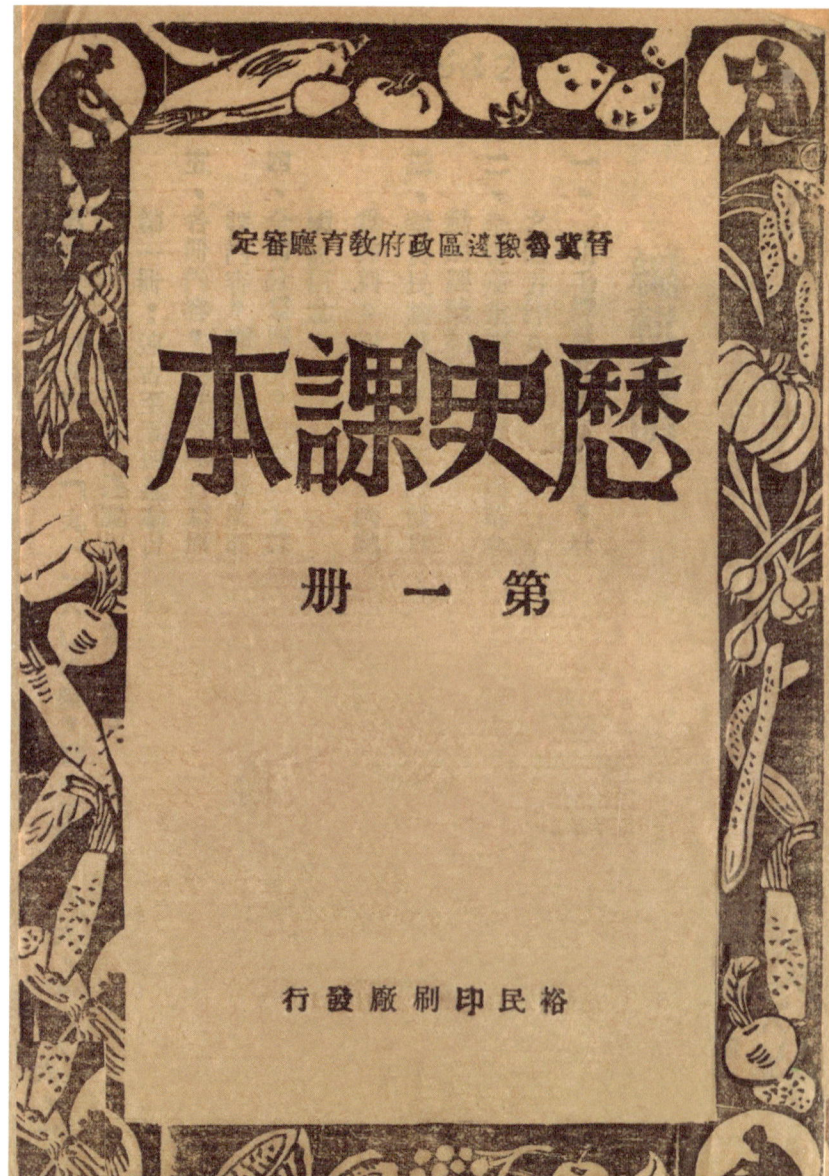

晉冀魯豫邊區政府教育廳審定

歷史課本

第一冊

裕民印刷廠發行

晋绥边区行政公署民教处审定

历史课本

小学校高级用

上册

晋绥边区新华书店发行

山東省政府教育廳編審

小學課本

歷史

五年級用

（上冊）

華東新華書店發行

丛刊缘起

学术的发展离不开新史料、新视野和新方法，而新史料则尤为关键。就史学而言，世人尝谓无史料便无史学。王国维曾说："古来新学问之起，大都由于新发现。"无独有偶，陈寅恪亦以为"一时代之学术，必有其新材料与新问题"，取用此材料，以研求问题，则为此时代学术之新潮流；顺此潮流者，谓之预流，否则谓之未入流。王、陈二氏所言，实为至论。抚今追昔，中国史学之发达，每每与新史料的发现有着内在联系。举凡学术领域之开拓、学术热点之生成，乃至学术风气之转移、研究方法之创新，往往均缘起于新史料之发现。职是之故，丛刊之编辑，即旨在为中国近代史学史学科向纵深推进，提供丰富的史料支持。

当下的数字化技术为发掘新史料提供了捷径。晚近以来大量文献数据库的推陈出新，中西文报刊图书资料的影印和数字化，各地图书馆、档案馆开放程度的提高，近代学人文集、书信、日记不断影印整理出版，凡此种种，都注定这个时代将是一个史料大发现的时代。我们有幸处在一个图书资讯极度发达的年代，当不负时代赋予我们的绝好机遇，做出更好的研究业绩。

以往研究中国近代史学，大多关注史家生平及其著作，所用材料以正式出版的书籍和期刊文献为主，研究主题和视野均有很大的局限。如果放宽学术视野，把史学作为整个社会、政治、思潮的有机组成部分，互相联络，那么研究中国近代史学所凭借的资料将甚为丰富，且对其也有更为立体动态的观察，而不仅就史论史。令人遗憾的是，近代史学文献资料尚未有系统全面的搜集和整理，从而成为学科发展的瓶颈之一。适值数字化时代，我们有志于从事这项为人作嫁衣裳的事业，推出《中国近代史学文献丛刊》，计划陆续出版各种文献资料，以飨学界同仁。

丛刊收录文献的原则：其一"详人所略，略人所详"，丛刊以发掘新史料为主，尤其是中西文报刊以及档案资料；其二"应有尽有，应无尽无"，丛刊并非常见文献的大杂烩，在文献搜集的广度和深度上，力求涸泽而渔，为研究者提供一份全新的资料，使之具有长久的学术价值。我们立志让丛刊成为相关研究者的案头必备。

这项资料整理工作，涉及面极广，非凭一手一足之力，亦非一朝一夕之功，便可期而成，必待众缘，发挥集体作业的优势，方能集腋成裘，形成规模。华东师范大学历史学系，在史学理论与史学史研究领域有着长久深厚的学术传统，素为海内外所共识。我们有责任，也有雄心和耐心为本学科的发展贡献绵薄之力。在当下的学术评价机制中，这些努力或许不被认可，然为学术自身计，不较一时得失，同仁仍勉力为之。

欢迎学界同道的批评！

前　言

　　中国共产党一向注重历史教育。在苏区时代，红军学校要求学习革命史、社会发展史等，只是当时军事斗争严峻，没有条件开展广泛的写史和读史活动。到了延安时期，中共政权获得承认，于是有一个相对平稳的空间推动历史教育。其实，延安以及其他根据地的历史教育最初并不尽人意，1939年毛泽东认为："我们同志中有研究中国史的兴趣及决心的还不多。"[①]1940年艾思奇承认延安对于中国历史和中国学术研究"虽有一些成绩，而成绩并不大"。[②] 由于中共没有产生自己的唯物史观中国通史，因此各根据地编写中小学历史教材就没有一个官方认可的知识体系可参考。1940年1月范文澜到达延安后才改变这一局面。毛泽东授意范为边区民众编写一本十万字左右的通俗中国通史，[③]但他最终写成专门著作——《中国通史简编》（上中两册，新华书店1941年、1942年初版），[④]文化程度较高者才有能力阅读，一般军民读的并不多。1941年叶蠖生建议在编制分量过大的《中国通史简编》之外，急需编写几部简明的通俗课本。[⑤] 这代表了延安各界的共识。[⑥] 范著在普及历史知识方面的作用虽有限，但其所建构的唯物史观中国

[①] 毛泽东：《致何干之》，中共中央文献研究室编：《毛泽东书信选集》，中央文献出版社，2003年，第123页。
[②] 艾思奇：《抗战中的陕甘宁边区文化运动》，《中国文化》第1卷第2期，1940年4月15日，第26页。
[③] 叶蠖生：《谢老在延安时给我留下的深刻印象》，湖南省政协文史资料研究委员会编：《用我们诚挚的心，深切怀念尊敬的谢华同志》，湖南省政协文史资料研究委员会，1988年，第22页。
[④] 参见李孝迁：《"红色史学"：范文澜〈中国通史简编〉新论》，《中共党史研究》2018年第11期。
[⑤] 叶蠖生：《对于学习中国历史的几点意见》，《解放》第133期，1941年7月31日，第36页。
[⑥] 对于毛泽东要求党员干部学习中国历史，1939年李维汉遗憾地指出"我们还没有完整的教科书，我们还要加紧的努力研究"，并且他提议为干部"编辑一批必要的通俗的小型读本，这样的读本，又可作为下级干部的教科书"（《我们要学习什么？怎样学习？》，《解放》第79期，1939年8月5日，第7—8页）。

史体系,是延安等根据地文史工作者编写"降低一格"①历史读物的知识之源。自从范著问世之后,延安接续出版了面向各层级读者的中国史读本,为此后各根据地(解放区)编写各种中小学历史教科书提供了"母本"。

除了范文澜《中国通史简编》《中国近代史》,对后来解放区编写中小学历史课本影响较大的延安历史读物主要有以下几种。

(1)许立群《中国史话》(华北书店1942年1月初版),从远古写到鸦片战争前。历史上每个重大事件都有一个小标题,如"薛仁贵征东"叙述隋唐的对外侵略,"唐三藏取经"叙述隋唐的对外交通,"活书和死书打架"叙述汉代今古文经学的斗争,"梁山泊好汉"叙述北宋的农民起义,"读起来像听故事",明了易懂。② 此书在历史通俗化、大众化方面非常成功,被吴玉章誉为"抗战中可宝贵的历史读物",流传极广。③

(2)辛安亭《中国历史讲话》和韩启农《中国近代史讲话》,同为陕甘宁边区政府教育厅编审室编辑"文化教育丛书",华北书店1942年9月初版。它们属于中级读物,预设的读者是"边区目前的小学教师及略有初中程度阅读的人",缓解了小学教师及一般中级干部"无东西可读"的困境。④ 陕甘宁边区政府教育厅规定边区各中等学校在没有课本以前,以《中国历史讲话》《中国近代史讲话》作为教材。⑤《中国历史讲话》从上古叙述到鸦片战争前,叙事综合《中国通史简编》《中国史话》。《中国近代史讲话》按时间先后以重大事件为序,从鸦片战争讲到卢沟桥事变和全面抗战。

(3)辛安亭《历史课本》(华北书店1942年1月初版)和张思俊《史地课本》(新华书店1946年4月初版),同经陕甘宁边区教育厅审定。

---

① 马铁丁《思想杂谈》(第4辑,通俗图书出版社,1951年)中有一篇短文《降低一格试试看》,从文化普及角度,鼓励"大家一齐动起手来,做通俗的工作,普及的工作,启蒙的工作,都降低一格试试看"。此处借用"降低一格"的提法,特指面向大众的通俗历史读物。
② 殷:《中国史话》,《冀中导报》1947年2月28日,第3版。
③ 吴玉章:《序言》,见许立群:《中国史话》,华北书店,1944年。
④ 柳湜:《序》(1942年7月16日),见辛安亭:《中国历史讲话》,华北书店,1942年。
⑤ 1942年冬起,韩启农在延安三边公学中学部担任史地教员,历史一门课"教材是辛安亭编的《中国历史讲话》为主,《中国史话》为副,《中国通史简编》为参考书。近代史由本人编成讲义,参考书有《中国现代革命运动史》《中国问题》《新民主主义论》及其他有关历史材料"(韩启农:《我怎样教历史》,《各科教学问题摘要》,原刊《边区中等教育资料》第5期,1945年12月14日,见《陕甘宁边区教育资料(中等教育部分)》下册,教育科学出版社,1981年,第122页)。

前者4册，分别中国史3册，①外国史1册，每册18课，从古讲到今，简明扼要，具体生动。这套课本一度受到赞扬，②但整风运动期间受到批评。③后者4册，第2册从远古写到鸦片战争前，第3册从鸦片战争讲到抗日战争，不再单册写外国史，"只讲述近代史上几个重大的事件，使学生对近代世界历史发展的情形及其前途，有一个概括的了解"。④其余两册为中外地理。许多教员反映张氏教材"太深了"。⑤辛、张二氏的历史课本，在各根据地（解放区）皆有翻印。

（4）叶蠖生《中国历史课本》（新华书店1945年初版），为陕甘宁边区初级中学编写，共两册，上册从上古写到鸦片战争前，中外历史合编，以中国史为主；下册近代史，纸版在胡宗南进攻延安时被毁，仅存上册。此书虽被广泛采用，但一线教员普遍反映分量过重、中外合编不合适、平铺直叙、字句不通俗等问题。⑥1949年7月，叶氏删去外国史部分，改正字句，出版了修订本，⑦作为全国初中历史课本。

解放区最初以翻印、改编延安的历史教材为主，自编历史课本则略晚。如晋冀鲁豫边区一开始是翻印辛安亭《历史课本》，稍后才使用谢丰、彭文自编的两套小学历史教材。根据地小学各科教科书，由边区政府印刷样本，然后分发各县，自行翻印。⑧现今仍能见到当时各式各样印制的历史课本，有铅印、石印、油印、木板印，甚至还有手抄的，多用土纸，字迹模糊，插图粗劣。教材供应普遍不足，"有读了二三年书到现在

---

① 第1册从"我们的祖先"写到"唐宋的发明与思想"，第2册从"蒙古帝国"说到"辛亥革命"，第3册从"反动势力的抬头"讲到"中华民族的光荣"。
② 《辛安亭论教育》，湖南教育出版社，1983年，第131页。
③ 辛安亭《历史课本》《中国历史讲话》未受《在延安文艺座谈会上的讲话》"暴露敌人，歌颂人民"叙事取向的影响，对历史上的统治者略有肯定，如谓秦始皇是"中国历史上的大政治家"，实行了许多新政策，"在当时本来有很大的进步作用"，王莽是"一位热心的社会改革家"，唐太宗是"一位很能干的君主"。嗣后延安读者批评辛安亭"带有极浓厚的旧历史观点"，"着重了对历史人物（特别是统治阶级人物）的描述"（燕庐：《读了〈中国历史讲话〉的意见》，《解放日报》1945年4月29日，第4版）。辛安亭的历史观点，与整风运动后延安以及其他解放区的"官方说法"颇有差距，故他的历史读物被翻印的有限。
④ 张思俊：《史地课本》第2册，新华书店，1946年，"编者说明"。
⑤ 张思俊：《教〈高小史地〉应注意的几点》，《教育通讯》第3卷第4期，1949年5月20日，第17页。
⑥ 《历史教学问题》，原刊《边区中等教育资料》第7期，1946年4月30日，见《陕甘宁边区教育资料（中等教育部分）》下册，第149—150页。
⑦ 叶蠖生：《中国历史课本》（修订本），新华书店，1950年，"一九四九年七月七日校改后记"。
⑧ 刘松涛：《华北抗日根据地怎样用革命办法办学的》，《人民教育》第2卷第4期，1951年2月，第30页。

还没有课本的,有的是几个人共一本",①甚至需要教员给学生抄写课本。② 1945 年后,解放区自编小学历史课本始有所增多,供应也相对改善。本辑收录的解放区四种小学历史课本,虽不能反映 1940 年代中共小学历史教科书的全貌,但颇具有典型性,代表了四套书写体系,其他小学历史课本往往从这四种教材中衍生出来。兹略说明如下:

(1) 晋察冀边区行政委员会教育厅编著的《高级小学适用历史课本》,新华书店晋察冀分店发行,共 4 册,每册 18 课。前 3 册初版于 1945 年 12 月,第 4 册初版于 1946 年 6 月。第 1 册扉页是"中国人民领袖毛泽东同志"头像,从上古写到南北朝;第 2 册从隋炀帝说到鸦片战争前;第 3 册从鸦片战争讲到国民党改组;第 4 册从五卅惨案写到抗日战争的胜利。此书脱胎于 1945 年 6 月冀晋区第二专署印刷所翻印的《高级小学适用历史课本》,后者的历史叙述深受范文澜《中国通史简编》的影响。

东北政委会编审委员会编的《高小历史》(4 册)、大连新华书店印行《高级小学适用历史》(4 册)、嫩江省教育厅《中国历史课本》(上下册),均以晋察冀边区这套小学历史课本为底本,影响极大。1949 年华北人民政府教育部教科书编审委员会虽指出"此书的编写体例是用概括的系统的写法,将五千年大事略述一遍,愈简洁明了,孩子们也就愈难懂得,愈难记住。拟改用故事体,择最为孩子们所能接受的史实编写"。但在没有更好历史课本出现之前,该委员会就此书存在政治上分析不惬当的、繁简不当的、史实不符合的、文字欠通的地方作修改以应急,③易名《新编高小历史课本》,华北新华书店 1949 年 8 月出版。此书新版《高级小学历史课本》由新华书店 1950 年 1 月出版,10 月经中央人民政府出版总署编审局第一次修订,12 月由人民教育出版社出版,作为全国小学历史教科书。

---

① 鲁直:《关于小学教育问题》,《解放日报》1944 年 10 月 1 日,第 4 版。
② 《小学课本要供应及时》,《解放日报》1945 年 7 月 18 日,第 2 版。
③ 华北人民政府教育部教科书编审委员会草拟:《中小学教科用书审读意见书》,中国共产党中央宣传部,1949 年,第 26—27 页。按,该会指出晋察冀边区《高小历史课本》第 3 册第 11 课叙述武昌起义,把非同盟会的力量归给同盟会,"这是强调国民党正统功绩的老习惯"。于是添加了一段文字,说明在武汉的反满革命团体有两支:文学社和共进会,前者与同盟会没有关系(中央人民政府出版总署编审局修订:《高级小学历史课本》第 3 册,人民出版社,1950 年,第 22 页)。

（2）晋冀鲁豫边区政府教育厅编审委员会审定的《高级小学适用历史课本》，编著者是彭文，前3册由裕民印刷厂发行，第4册由华北新华书店发行。第1册初版于1946年5月，共20课，①从远古说到北洋军阀混战；第2册初版于1946年12月，共18课，从"五四运动"前国内外形势写到"西安事变"；第3册初版于1946年9月，共18课，从"七七事变"讲到"双十协定"；第4册初版于1946年11月，共19课，从第一次世界大战写到第二次世界大战结束之后的世界总趋势。

（3）晋绥边区行政公署民教处审定的《小学校高级用历史课本》，新华书店晋绥分店1946年7月初版。上册26课，从远古写到鸦片战争前；下册22课，从鸦片战争说到抗日战争的胜利。此书以张思俊《史地课本》第2、3册中国历史为蓝本，稍加补充修改而成。

（4）山东省政府教育厅编审的《小学课本历史》（4册），华东新华书店1949年1月初版。5年级上册12课，从远古写到孔子；5年级下册14课，从秦的统一写到清代的欧亚交通；6年级上册16课，从鸦片战争前后说到辛亥革命；6年级下册16课，从辛亥革命后的半殖民地半封建的中国讲到解放战争。1946年山东省胶东区行政公署教育处编的《高级历史课本》是此书的"前身"，第1、2为古代史，第3、4册为中国与世界的近代史，"编辑时以《中国史话》为重要参考"，要求"讲授者应把该书阅读讨论，采取其观点，并吸取其故事，以丰富讲授内容"。② 苏北行政公署教育处编审的《历史课本》（苏北新华书店1949年7月印行）就是翻印了山东省教育厅这套教材。

不同解放区的历史课本在不同时期有各自不同的特点，包括时代性和地方性。先说时代性，共产党的历史课本不是纯为知识而知识，而是政治教育的一环，需要配合不同时期党的政策。范文澜说："马克思主义者从来不到脱离现实斗争的学问里面去游戏，他研究古史、古哲学或个别问题，都是为了帮助今天的斗争，所以任何工作，都该分个中外，又都不脱离古今，而今总是重心点所在。"③历史课本更是当下"政治生

---

① 第1册有"编辑说明"，谓"每册二十课"，这与实际不合。
② 山东省胶东区行政公署教育处编：《高级历史课本》第1册，胶东教育印刷社，1946年，"编辑大意"。
③ 范文澜：《古今中外法浅释》，《解放日报》1942年9月3日，第4版。

活的一种反映"。① 兹举两例:

其一,农民起义。中共的历史读物论述农民战争,大体以郭沫若《甲申三百年祭》为界,此前基本只"歌颂"不"暴露",此后既"歌颂"又"暴露"。郭沫若在重庆《新华日报》1944年3月20—22日连载《甲申三百年祭》一文,引起国共两党的高度重视,在延安作为整风运动文件来学习,②对此后解放区关于农民起义论述颇有影响。以李自成为例,《中国通史简编》《中国史话》《中国历史讲话》和抗大《中国历史简明教程》原先只有正面叙事,没有负面评论,但《甲申三百年祭》在延安等根据地广泛传阅之后,解放区历史课本多增添李自成之所以失败的评论。1944年8月谢丰编的《高级小学适用历史课本》作为晋冀鲁豫边区政府教育厅编审委员会审定教材,及时落实了毛泽东和党中央的号召,在第2册第6课"李自成从成功到失败",叙述了李自成所犯的"许多错误"。③ 山东东海永久印刷社印的《小学校高级用历史课本》,出版于抗战胜利之后,古代史部分虽根据许立群《中国史话》改编而成,但关于明末农民起义何以失败,没有延续《中国史话》回避的叙事策略,而是响应党中央要求,依据"官方说法",补论李自成失败的原因。④ 这种情形在《甲申三百年祭》发表之前不易见到。

---

① 范文澜:《历史研究必须厚今薄古》,《人民日报》1958年4月28日,第7版。
② 1944年毛泽东在延安党的高级干部会议发表《学习和时局》:"我党历史上曾经有过几次伟大的骄傲,都是吃了亏的……近日我们印了郭沫若论李自成的文章,也是叫同志们引为鉴戒,不要重犯胜利时骄傲的错误。"(《毛泽东选集》第3卷,人民出版社,1991年,第947、948页)1944年6月7日,中共中央宣传部和八路军总政治部联名发表要求学习《甲申三百年祭》和苏联剧本《前线》的通知:"郭文指出李自成之败,在于进北京后,忽略敌人,不讲政策,脱离群众,妄杀干部,'纷纷然,昏昏然,大家都像以为天下就已经太平了的一样',实为明末农民革命留给我们的一大教训。……首先是高级领导同志,无论遇到何种有利形势与实际胜利,无论自己如何功在党国,德高望重,必须永远保持清醒与学习态度,万万不可冲昏头脑,忘其所以。"(中共中央宣传部办公厅、中央档案馆编研部编:《中国共产党宣传工作文献选编:1937—1949》,学习出版社,1996年,第504页)
③ 谢丰:《高级小学适用历史课本》第2册,华北书店,1944年,第13页。
④ "李自成失败的原因,当然是没有长远的政治眼光,没有明确的政治纲领,另外领导上的不坚强和干部的腐化堕落,忘本思想,亦是其失败原因。自成从起义到进京之前,军队纪律很好,深得人民的爱护,因此取得了很大的胜利;但是进了北京以后,李自成尤其是他的部下刘宗敏、牛金星等,由于很短期间取得了很大胜利,就以为天下太平,而纷纷然,昏昏然,不理大政,不顾政策,贪财恋色,脱离群众,上行下效,士兵们也随便打骂群众,乱抢乱翻,在吴三桂引满兵入关的时候,李自成及其部队则竟抵挡不住,人民怨恨,兵马溃散,几年的革命事业,全部变成泡影了。这个三百年前的血的经验教训,是值得我们很好的接受的。"(《小学校高级用历史课本》第3册,东海永久印刷厂,出版年不详,第28页)

其二，蒋介石。抗日战争时期，为了维护抗日民族统一战线，蒋在共产党的历史书写中暂时处于被"保护"对象，甚至到了1946年2月，共产党对国民党发动宣传反攻，特别指示"不要反蒋"，只反对国民党内的法西斯反动派与特务机关。① 因此，韩启农《中国近代史讲话》写到"四一二政变"没有点蒋名，仅泛说"一部分资产阶级在上海发动反革命政变"。② 1943年山东胶东《国防历史课本》第3册第8课"西安事变"，叙述"剿共""反共"用"政府当权者"指代蒋，从正面写"蒋委员长"。③ 张思俊《史地课本》叙述"中山舰事件""四一二政变""五次围剿""国民党的统治"，均规避蒋。晋绥边区《历史课本》保留张思俊《史地课本》对蒋的处理方式。晋察冀边区《高小历史课本》基本也以同样方式写蒋。④ 然而，到了1947年东北政委会编审委员会编的《高小历史》，虽以1946年晋察冀边区课本为蓝本，但关于蒋的叙事与之却不同了，以"蒋介石叛卖大革命"为显目标题，公开猛烈谴责蒋的罪行。⑤

关于地方性，各解放区的历史课本虽是面向一个特定的区域，但它们相互间并不封闭，而是"欢迎翻印"。⑥ 如辛安亭《历史课本》作为陕甘宁边区的小学教材，也被晋冀鲁豫区教育厅、晋西北行政公署教育处翻印；张思俊《史地课本》曾被东北合江省政府教育厅翻印。然而，有些解放区历史课本即使从其他解放区翻印而来，也会因"地"有所调整，尤其东北各地解放区的历史教材对地方性略有凸出。如东北政委会编审委员会编的《高小历史》，前3册虽复制晋察冀边区课本，但第4册则自编，特列"东北人民武装抗日"一节。胶东《国防历史课本》第3册第12课为"抗战民主的胶东"。

解放区小学历史课本虽各有特点，但由于都是共产党的出版物，深受中共政治文化的影响，从内容到形式，从思想到体例，都表现出高度

---

① 《中央关于对国民党反动派发动宣传反攻及应注意事项的指示》(1946年2月25日)，中央档案馆编：《中共中央文件选集》第16册，中共中央党校出版社，1992年，第83—84页。
② 韩启农：《中国近代史讲话》，晋察冀日报社，1942年，第42页。
③ 胶东国防教材编辑委员会编：《国防历史课本》(小学校冬季用)第3册，东海印刷社，1943年，第10—11页。按，这套教材"根据历史唯物论的观点，并依据儿童程度编辑"，共6册，每册10课，前4册为中国史，后2册为世界史。
④ 该课本第4册年表中出现两处批评蒋介石签订"卖国"协定。
⑤ 东北政委会编审委员会编：《高小历史》第4册，东北书店，1947年，第7—8页。
⑥ 解放区历史课本在版权页经常出现"欢迎翻印"的字样。

的同质性。首先,以延安史学为叙事原则。解放区小学历史课本大多直接或间接改编自延安的中小学历史教材,不论叙事取向、组织架构还是编写体例,基本接续延安的风格。譬如,中国历史上统治者所发动的正当性防御战争,如汉武帝攻打匈奴、唐太宗击灭突厥、明太祖远征漠北,抗战时期延安史家多视之为"对外侵略"。① 范文澜认为:秦始皇北逐匈奴,南开安南,是"满足他的侵略野心";汉武帝利用人力财力,"对外吞并,扩大疆域","中国人民统一团结的力量,不能在生产方面发展,却被野心的刘彻浪费在侵略事业上";唐太宗连年征伐四夷,对外侵略,"对人民丝毫没有利益";②明代"朱元璋统一中国,就开始对外侵略","朱棣发动对外侵略,企图消灭蒙古";清初对外用兵,杀人无数,夺取边境外土地,用意是要"消除华夷的成见"。③ 他的历史观点代表了中共的"官方说法",对中共文史工作者影响很大。以汉武帝为例,许立群谴责:"汉武帝的对外侵略,用武力奴役旁人,这是一种侵略主义、一种帝国主义的行径。它使本国的农民担负了苛重的军费的重担和出征的痛苦,只有封建主子才能享受从战争中掠夺来的财富。只有侵略主义的历史家才把这种非正义的战争当做远播'国威'的'武功',而歌颂不止。"④辛安亭批判:"汉朝远征的武功,多半是由侵略战争建立的。……这种战争的结果,只是满足了少数统治者的贪心,对民众有什么好处?"⑤叶蠖生写到两汉对外战争,也定性为侵略:"对匈奴的胜利,引动统治者的贪欲,把抵抗侵略的正义战争扩大为对外侵略。在武帝的统治时候,一面是对匈奴作战,一面又将大部分力量向四周弱小民族侵略。……东汉对匈奴的用兵,是由于贵族窦宪想立功封侯,纯粹的对外侵略。"⑥这些论述与范文澜《中国通史简编》均有学缘关系。

---

① 这一叙事取向或受毛泽东的影响。1939年1月毛泽东致何干信说:"对于那些'兼弱攻昧''好大喜功'的侵略政策(这在中国历史上是有过的)应采取不赞同态度,不使和积极抵抗政策混同起来。为抵抗而进攻,不在侵略范围之内,如东汉班超的事业等。"(毛泽东:《致何干之》,中共中央文献研究室编:《毛泽东书信选集》,第123页)
② 范文澜:《中国通史简编》上册,新华书店,1941年,第103、235页。
③ 范文澜:《中国通史简编》中册,新华书店,1942年,第138、237、280页。
④ 许立群:《中国史话》,第41页。
⑤ 辛安亭:《中国历史讲话》,第26页。
⑥ 叶蠖生:《中国历史课本》,新华书店,1949年,第51、54页。

解放区历史课本受延安史学的影响,大多沿袭"对外侵略"观点。如冀晋区《高小历史课本》依据范文澜《中国通史简编》,把秦始皇、汉武帝、唐太宗发动的对外战争皆视为侵略,并列课后作业:"试把秦始皇、汉武帝和唐太宗比较一下看,他们对外战争的目的是什么？征服了那些地方？对人民有什么损害？"①东海永久印刷社印的《小学校高级用历史课本》接受许立群《中国史话》"对外侵略"说,谓"武帝却是一个对内压迫,对外侵略的封建帝国主义者……对广大群众是没有甚么好处的","唐朝在中国历史上是'武功'最盛的时期,太宗以来便开始向外侵略"。②并在课后"问题"环节强化了"对外侵略"的历史认识。③晋察冀边区《高小历史课本》接受辛安亭《历史课本》的论述:"汉武帝对外侵略的野心很大,除征服匈奴和西域外,还征服福建、广东、广西和云贵一带地方,建立了亚洲唯一的大帝国。这些地方的征服,都是用人民的血肉换来的,对人民有害无益。"班超出使西域也被认为对外侵略,"东汉时候,西域和匈奴不肯受汉的压迫,独立起来了。有一位大将班超,他抱着富贵功名的野心,替东汉征服西域三十多国"。④山东省教育厅《小学课本历史》则认为两汉"一贯的政策是带着武装和外国通商,要求他们向中国纳贡,闹的不好就动兵打起来,打不下的就结亲戚"。⑤

　　然而,1945年后解放区历史课本已逐渐淡化"对外侵略"说。辛安亭《历史课本》和张思俊《史地课本》同为延安的两种小学历史课本,后者出版于1946年,其历史观点与辛安亭已有所不同,对历代统治者发动的对外用兵,不再明言为"侵略"。以唐太宗为例,1945年6月冀晋区《高小历史课本》依据《中国通史简编》详述"唐太宗的对外侵略",认

---

① 《高级小学适用历史课本》第1册,冀晋区第二专署印刷所,1945年,第54页。
② 《小学校高级用历史课本》第3册,东海永久印刷厂,第12、17页。
③ 如"为甚么我们并不推崇汉武帝向外征服许多地方？""唐太宗向外侵略的情形是怎样的?"
④ 晋察冀边区行政委员会教育处:《高级小学适用历史课本》第1册,新华书店晋察冀分店,1945年,第34—35页。按:"除了匈奴和西域,武帝还征服朝鲜、闽越、南粤和西南夷。汉武帝一生建立了许多'武功',使汉朝的威名大振。……但是武帝的'武功',多半是从侵略战争中建立的,是牺牲了许许多多的生命和财产换来的,对人民有害无益。东汉时候,西域和匈奴不肯受汉朝的压迫,独立起来了。有一位大将名叫班超,他抱着立功名富贵的野心,替刘秀的子孙又征服西域三十多国。"(辛安亭:《历史课本》,华北书店,1944年,第18、20页)
⑤ 山东省政府教育厅编审:《小学课本历史》(五年级用下册),华东新华书店,1948年,第5页。

为"唐太宗为了掠夺土地和人口,对外举行过多次的侵略战争"。① 但同年12月晋察冀边区教育厅改编这套教材,大为压缩"对外侵略"的论述,删除前者"唐太宗的对外侵略"一课,仅概括为"唐代对外侵略了许多土地,东方征服高丽,北方战胜突厥,南方打败印度,建立了一个比汉还大的帝国"一句。② 1946年晋绥边区《历史课本》复制张思俊《史地课本》观点:"李世民为要给父亲雪去耻辱,又为了夺取土地、人口,提高自己的威望,起兵灭亡突厥,蒙古沙漠以南地区,全被唐朝占领。……唐朝征服了许多外族,领土大大扩张了。"③ 此书行文中"侵略"的意味所剩无几。1948年山东省教育厅《小学课本历史》则不提"对外侵略",转而盛赞"唐太宗李世民能武能文,很会统治",称道"唐代文化"之伟大。④

"对外侵略"叙事取向产生于特定的时代背景,嗣后范文澜说明这是当时为了"反封建"和"借古说今",从而凸显统治者的罪恶:"统治阶级为和缓社会内部尖锐的矛盾,发动对外侵略,用战争来消灭过剩的人口。"⑤ 到了1948年他订正《中国通史简编》时,就"对外侵略"作了局部修订,如第二编的题目中"对外侵略"改为"对外扩张"。1951年范对该书作了深刻检讨,承认把汉武帝和唐太宗对外用兵视为侵略是错误的"非历史主义的观点"。⑥ 此外,吕振羽解释:因为"当时强调反侵略斗争",所以"对他族统治集团进入内地与汉族统治集团间的战争","是当作侵略和被侵略去叙述的,反之也是这样"。⑦

当中共取得政权,成为执政党,原先在革命语境下的历史叙事便显得不合时宜,及时调整了延安时代的历史观点。《中国史话》延安版不承认汉武帝对外战争的正义一面,只是说侵略主义,但1950年修订版

---

① 《高级小学适用历史课本》第1册,冀晋区第二专署印刷所,1945年,第52页。按,此书第1册第17课"唐太宗的对外侵略",摘要于《中国通史简编》上册"初唐的对外侵略"。范认为:"贞观时代,连年攻伐四夷,第一为了减少君臣间的矛盾,第二为了夺取土地和人口,第三为了提高皇帝的威望,对人民丝毫没有利益。"(范文澜:《中国通史简编》上册,第235页)
② 晋察冀边区行政委员会教育处:《高级小学适用历史课本》第2册,第6页。
③ 晋绥边区行政公署民教处审定:《小学校高级用历史课本》上册,第55页;张思俊:《史地课本》第2册,第50页。
④ 山东省政府教育厅编审:《小学课本历史》(五年级用下册),第14—15页。
⑤ 范文澜:《中国通史简编》上册,第118页。
⑥ 范文澜:《关于〈中国通史简编〉》,《科学通报》第2卷第6期,1951年6月,第577页。
⑦ 吕振羽:《简明中国通史》,人民出版社,1959年,"后记"(1959年4月15日),第975页。

则添加了"秦汉抵御匈奴的侵入,这是完全应当的"。① 东北解放区最初是翻印晋察冀边区《高小历史课本》,但1951年东北人民政府教育部重新编写《高小历史》,不再延续此前的历史观点,从"开拓疆土"角度积极肯定汉武帝、唐太宗的对外战争,课后问题是"唐太宗对外用兵,在中国历史上有什么意义?"②与1945年冀晋区《高小历史课本》提问"对人民有什么损害"截然相反。1949年华北人民政府教育部教科书编审委员会修订晋察冀边区《高小历史课本》,虽然保留"汉武帝对外侵略的野心很大",但删除了"这些地方的征服,都是用人民的血肉换来的,对人民有害无益",增补"有益"的史实:"汉朝的势力既发展到西域,双方的贸易关系就逐渐密切起来。西域的商人拿他们的马匹、骆驼来换中国的绸缎。许多西域的特产,如葡萄、大蒜,也是那时传入中国的。"③对于唐太宗的对外战争,晋察冀边区《高小历史课本》虽仍定性为侵略,但仅存一句。1949年修订版删除了最后一点"侵略"文字,改口称赞唐太宗"对外他也能抵抗外族的侵略。当时和中国接境的外国,全被唐朝打败征服。历史上汉唐两朝是汉族帝国最强盛的朝代,唐朝国威比汉朝更盛"。④ 从1945年至1949年,这套教材经过多次修改,唐太宗终于从"侵略者"变成了"抵抗者"。

其次,以"暴露敌人,歌颂人民"为叙事取向。1942年毛泽东在《在延安文艺座谈会上的讲话》主张:"一切危害人民群众的黑暗势力必须暴露之,一切人民群众的革命斗争必须歌颂之,这就是革命文艺家的基本任务……对于革命的文艺家,暴露的对象,只能是侵略者、剥削者、压迫者,而不能是人民大众……你是资产阶级文艺家,你就不歌颂无产阶级而歌颂资产阶级,你是无产阶级文艺家,你就不歌颂资产阶级而歌颂无产阶级与劳动人民,二者必居其一。"⑤中共的历史读物通常密集书写统治者的黑暗,《中国通史简编》重在"揭露统治阶级罪恶",⑥《中国

---

① 许立群:《中国史话》,新华书店,1950年,第55—56页。
② 东北人民政府教育部编:《高小历史》第1册,东北人民出版社,1951年,第19、35—37页。
③ 华北人民政府教育部教科书编审委员会修订:《新编高小历史课本》第1册,华北新华书店,1949年,第24页。
④ 华北人民政府教育部教科书编审委员会修订:《新编高小历史课本》第2册,第3页。
⑤ 毛泽东:《在延安文艺座谈会上的讲话》,新华书店,1949年,第25—26页。
⑥ 范文澜:《中国通史简编》上册,序。

史话》注意"暴露统治阶层的荒淫与无耻"。① 这一叙事取向被解放区的历史课本所继承。以秦始皇为例，晋察冀边区《高小历史课本》"秦始皇"一课从"对外侵略""对内专制""奢侈残暴"三方面叙述，没有只言片语的肯定；晋冀鲁豫边区《高小历史课本》在"陈胜吴广的起义"一课才论及秦始皇，且只讲秦始皇的罪行；晋绥边区《历史课本》复制张思俊《史地课本》的叙述，同样只写秦始皇的暴政。山东省教育厅《小学课本历史》对秦始皇仍只有谴责。

为了否定统治者，1949年中原临时人民政府教育部审定的高小历史，提出"'谥法''庙号'，为中国特有的极端君权制下的产物，充满了中国旧史上的'某祖某宗'的名号，十足表现旧史家的奴性。新民主主义时代下的中国史，必须改正此称。本书对于这些帝王，一律直称其名。对于所谓古代'圣贤'，也从此例"。② 这种做法或受范文澜的影响。《中国通史简编》延安版对于汉代以后帝王直呼其姓名，不用谥号或庙号，但对于周朝的帝王和诸侯，仍称谥号，体例不一。1948年范著订正本对于一切帝王诸侯，都直称本名，因为"人民的历史，不是皇族的家谱"。③ 为了反封建，这种用意深远的"书法"，反而给读者造成不必要的阅读障碍，诚如后来郭沫若所言："历代的帝王，都是有姓名的，但一般人只记得他们的姓，至于名字，就很少有人说得出。有的历史书上不写帝王的称号（如明成祖、宋太宗）而直接写他们的名字，这样反而使人不懂。我们在历史著作中称他们为帝，并非表示对他们尊敬；称他们为太祖太宗，也并非就真是我们的祖宗。实际上都不过是一种符号而已。要从中国历史上把王朝的许多称号完全抹去，反而有很多不便。"④ 当时解放区中小学历史教科书虽贯彻反封建的意图，但绝大多数并没有推行这种书写体例。

为什么要"歌颂人民"？斯大林《辩证唯物主义与历史唯物主义》给予权威回答："历史科学，如果它想成为真正的科学，就不能再把社会发

---

① 许立群：《中国史话》，"编者说明"。
② 中原临时人民政府教育部规定：《高级小学适用课本历史》（五年级用上册），新华书店，1949年，"编辑说明"。
③ 范文澜：《中国通史简编》上册，华北新华书店，1948年，"再版说明"。
④ 郭沫若：《关于目前历史研究中的几个问题》，《人民日报》1959年4月8日，第7版。

展史归结为帝王和将相底行动,归结为国家'侵略者'和'征服者'底行动,而是应当首先就研究物质资料生产者底历史,劳动群众底历史,各国人民底历史。"① 这成为中共史家的书写原则之一。毛泽东《中国革命与中国共产党》提出:"只有这种农民暴动与农民战争,才是中国历史进化的真正动力。"② 因此,中共的历史读物通过正向叙述历代农民起义与农民战争,如抗大《中国历史简明教程》"注意历代劳动人民的行动",③《中国史话》"注意广大的下层人民生活与斗争,及其反抗外族侵略者斗争的英勇",④《中国历史讲话》着重"中华民族对自然的征服,对黑暗统治的反抗,对异族侵略的英勇斗争等",⑤ 以落实"歌颂人民"的要求。

解放区中小学历史课本莫不以农民起义和反抗外族侵略作为叙述的重点。历代的农民起义,以往被视为"造反""叛乱",被描述成一群凶恶残暴的匪徒,对社会发展起着破坏作用,但在中共史家的笔下都被颠倒过来,认为这是人民反抗统治阶级压迫剥削的合理行为,推动了社会进步。以黄巢为例,关于统治阶级史家说"黄巢杀人八百万,血流成河骨堆山",辛安亭反驳:"黄巢起兵,原是替老百姓报仇的,他的军队杀死的贪官土豪的确很多,但黄巢并不是杀人魔王,他对一般民众是很多爱护的,常常还把抢夺的财物送给贫民。"⑥ 许立群称黄巢"所杀的是大官僚和唐朝宗室王公,这是农民对官僚地主、商人高利贷者的仇恨的火山爆发后的报复行动,'杀人八百万'只是统治阶级代言人加给他的无耻的诬蔑"。⑦ 晋察冀边区、晋冀鲁豫边区、晋绥边区的小学历史课本均为黄巢辩护,认为这是过去史家对劳动人民的栽赃。

统治者与劳动人民的对立叙事,会产生良好的动员效果。毛泽东说:"一方面是人们受饥饿受压迫,一方面是人剥削人、人压迫人,这个事实到处存在着,人们也看得很平淡,文艺就把这种日常的现象组织起来,集中起来,典型化,造成文学作品或文艺作品,就能使人民群众惊醒

---

① 斯大林:《辩证唯物主义与历史唯物主义》,解放社,1949 年,第 37 页。
② 毛泽东:《中国革命与中国共产党》,《共产党人》1940 年第 4 期,第 5 页。
③ 徐懋庸主编:《中国历史简明教程》第 1 分册,华北新华书店,1942 年,"导言",第 3 页。
④ 许立群:《中国史话》,"编者说明"。
⑤ 辛安亭:《中国历史讲话》,"编者的话"。
⑥ 辛安亭:《中国历史讲话》,第 40 页。
⑦ 许立群:《中国史话》,第 66 页。

起来,感奋起来,推动人民群众走向团结和斗争,实行改造自己的环境。"①中共文史工作者也深明此理,许立群一再刻画农民生活如何悲惨,统治者如何荒淫与无耻,如写秦汉社会剥削者与被剥削者的生活,谓之"富者田连阡陌,贫者无立锥之地",认为"一面是地狱,一面是天堂;一面是被人吃,一面是吃人。这种强烈的对比,在整个封建时代都存在着。在这个基础上面所生长起来的仇恨,便是封建社会不断爆发的农民战争的原因"。② 1947年站在国民党立场的一篇文章论及解放区《高级历史课本》:"充满鼓动叛乱之文字,如秦末之陈胜、吴广,汉末之张角,唐末之黄巢……一一列为民族英雄。而真正之民族英雄如汉武帝者则云:'武帝之成功,多半是从侵略战争中建立的,对民众有害无益。'对于班超则评为'富贵熏心'。其是非倒置,侮灭正义,不顾民族国家之利益,丧心病狂,储心叛乱,竟至如此!"③这种颠覆传统国史的叙述,"因之史笔褒贬的向背,便是读史者心理的向背,其于世道人心的影响,殊非浅鲜"。④胡绳承认,渲染过去人民"过着奴隶的生活,过着屈辱的悲惨的生活",令工农兵感同身受,"悲痛化为力量",有效地引导接受者参与改变现状的革命斗争,"使我们的国家的那种悲痛的状况彻底地翻了一个身"。⑤

再次,以"详近略远,详中略西"为叙事布局。当时多数小学历史课本以鸦片战争为界,古代史与近现代史各占一半篇幅。古代史通过历史上的事件,"概略的知道中国历代政治、经济、文化的情势,因而获得今日中国之所由来",重点放在近代史,"熟悉近代社会的变迁与革命发展的史实,知道中国历史发展的方向",而对于外国史,"略知近代世界各主要国家的革命史实,其与中国的联系,及世界历史发展的动向"。⑥

---

① 毛泽东:《在延安文艺座谈会上的讲话》,第15页。
② 许立群:《中国史话》,第38—40页。
③ 李元魁:《从中共教育透视其叛乱阴谋》,贵阳《中央日报》1947年2月25日,第3版。按,作者所见之课本,应是晋冀鲁豫边区教育厅翻印的辛安亭《历史课本》(华北书店1944年1月初版)。评价班超的原文是"抱着功名富贵的野心"。
④ 《中共与明末流寇比较观》,建国出版社,1948年,第1页。
⑤ 胡绳:《爱我们的祖国》,中国新民主主义青年团西南工作委员会编:《热爱我们伟大的祖国》,青年出版社,1951年,第52页。
⑥ 《历史教学问题》,原刊《边区中等教育资料》第7期,1946年4月30日,见《陕甘宁边区教育资料(中等教育部分)》下册,第155页。

这是解放区小学历史课本较通行的编写方法。① 张思俊《史地课本》对中国历史的叙述，"是从古到今，以大事为中心，尽量采用故事性"，而对于外国史只穿插叙述近代史上的几个重大事件。② 晋绥边区教育厅、关东公署教育厅、山东省政府教育厅的小学历史课本，仅略及近代世界的大事，如两次世界大战、十月革命等，不安排单册写外国史。有的甚至基本无外国史，如晋察冀边区《高小历史课本》。

解放区小学历史课本像辛安亭《历史课本》以单册书写外国史的做法并不普遍。1946年山东省胶东区行政公署教育处编的《高级历史课本》第4册，从"产业革命与近代资本主义的形成"说到"联合国"，但1947年胶东新华书店出版这套教材时改编了第4册，内容换成中国近代史，只保留少许世界史。彭文《高小历史课本》明确各册内容"以详今略古为原则"，③第4册外国史叙述20世纪上半期的世界历史。1949年中原临时人民政府教育部规定的《高级小学适用课本历史》(4册)，以晋冀鲁豫和山东解放区三种高小历史课本为蓝本改编而成。④ 这三种课本是晋冀鲁豫边区谢丰、彭文两种历史课本以及山东省胶东区行政公署教育处编的《高级历史课本》，它们都单册写外国史，所以中原解放区的《历史》第4册也专述外国史，从远古说到第二次世界大战及其以后。大体来说，1940年代中共出版的小学历史课本，前期外国史往往独立成册，后期则很少单列，仅在叙述中国史中穿插少许相关世界史作为背景。

最后，以"革命"为叙事旨趣。在毛泽东的认识中，包括史学在内的一切文化都有阶级性，服从于特定阶级的政治，是"整个革命机器的一个组成部分，作为团结人民、教育人民、打击敌人、消灭敌人的有力武器，帮助人民同心同德地和敌人作斗争"。⑤ 所以，他非常重视历史，一

---

① 当时少数小学历史课本为了突出近现代史的重要，采取"从今到古"倒述方式编写，如山东东海永久印刷社印的《小学校高级用历史课本》第1、2册是近现代史，第3册才是古代史；东北关东公署教育厅编审的《高级小学用历史》(大众书店，1948年)第1、2、3册为中国近现代史。
② 张思俊：《史地课本》第2册，"编者说明"。
③ 彭文：《高级小学适用历史课本》第1册，裕民印刷厂，1946年，"编辑说明"。
④ 中原临时人民政府教育部规定：《高级小学适用课本历史》(五年级用上册)，新华书店，1949年，"编辑说明"。
⑤ 毛泽东：《在延安文艺座谈会上的讲话》，第2页。

再要求"一切有相当研究能力的共产党员,都要研究马克思、恩格斯、列宁、斯大林的理论,都要研究我们民族的历史……从孔夫子到孙中山,我们应该给以总结,我们要继承这一份珍贵的遗产。继承遗产,转过来就变为方法,对于指导当前的伟大运动,是有着重要的帮助的"。他的名言"指导一个伟大的革命运动使之向着胜利,没有革命理论,没有历史知识,没有实际运动的了解,就不能有胜利",①被中共史家奉为真理,写在历史读物的显目位置。②

当时中共的历史教育必须服务于党的革命事业。各解放区小学历史课本所确定的教学目的,表述上虽不尽相同,但基本方向是一致的。张思俊《史地课本》认为:"在使学生了解中华民族的由来及其光荣的史迹,使学生学习模范历史人物的精神,接受革命的历史教训,以养成学生爱护民族的观念和高尚的品德与革命人生观。"③其他小学历史课本的教学目的,与之大同小异。如彭文《高小历史课本》"着重经济发展,与革命运动,使儿童认识进化规律,并接受革命运动的经验和教训","对于民族发展,及革命优良传统,搜取富有兴趣的典型史实和人物,作为材料,以激发儿童爱国热情,与坚强儿童对建立和平、民主的新中国之信念"。④山东胶东区《高级历史课本》教学目的在于"教授儿童正确的历史科学知识,启发其民族意识与民主思想。所以对于人民斗争与劳动的事迹和反外族侵略反封建迷信的思想,都应在教学时补充注入,指导儿童研究"。⑤

教学目的决定了叙事的取舍详略,通过历史的叙述来达成教学目的。历史课本叙述近百年来中国人民反帝反封建的英勇斗争事迹,"确立自己做新历史主人的思想";叙述帝国主义与中国封建反动统治阶级相互勾结,奴役人民,剥削人民,出卖国家民族的史实,"激发其反帝反封建的革命决心与信心";叙述中国人民的光荣传统、我们祖先所创造的优秀文化,虽曾受反动统治阶级和外来侵略者屡次的摧残,但始终继

---

① 毛泽东:《论新阶段》,《解放》第57期,1938年11月25日,第36页。
② 如许立群《中国史话》、韩启农《中国近代简史》。
③ 张思俊:《史地课本》第2册,"编者说明"。
④ 彭文:《高级小学适用历史课本》第1册,"编辑说明"。
⑤ 山东省胶东区行政公署教育处编:《高级历史课本》第1册,"编辑大意"。

续不断地创造和发展,可以"加强民族自尊心和自信心"。通过"学习历史的经验,接受历史的教训,并把经验教训用来判明目前的时事,弄清时局发展的方向,帮助学生选择自己的道路"。① 这些经验和教训经常被安置在课本的"问题"或"作业",如"人们把汪精卫比做秦桧,这话对吗","阉党的作法,和今天中国的反动派,有那些相同的地方,比较一下","曾国藩、李鸿章的汉奸行为是什么?跟今天的什么人相同?""外国强盗怎样援助满清?跟今天又有什么相同地方?""把袁世凯的反动活动,和今天中国反动派活动比较一下,看有那些相类似的地方",等等,提问使古今相联,由古思今,能更好引导学生接受课本潜在的指示:跟共产党走反帝反封建的革命道路。不过,这些课本的叙事旨趣,是否能被小学生领会、接受,多大程度上影响学生"革命人生观"的形成,则需要发掘更多的史料加以谨慎的论证。

搜集、整理解放区小学历史课本,我基于两方面的考虑:其一,扩展中国马克思主义史学史研究的学术版图。以往研究大多关注名家名著,对于历史教科书、通俗历史读物、历史剧等"降低一格"文本不甚在意,而这类文献是探讨中共的历史观点如何被书写、如何被下渗、如何被接受的不可少的史料。研究者若能善用中小学历史教科书,则有可能从"自下而上"视角进一步深化对马克思主义史学的认识;其二,让红色历史课本进入研究者的视野。1940年代延安以及其他解放区出版的各种中小学历史课本,长期以来没有受到应有的重视,即使国家级图书馆、档案馆以及各种图书数据库,收藏此类文献的数量也有限,反而不时出现在孔夫子旧书网,然散落坊间,不易聚拢,不便于开展学术研究。

由于受战时物资人力匮乏的制约,解放区历史课本一般印制不佳,文字错误不少,插图粗劣,标点欠规范。此次集结出版作如下处理:(1)原课本所附各种插图,包括人物肖像、运河图、疆域图、对峙图、航海图、形势图等,有一定的学术研究价值,但因品质良莠不齐,故一律删除;(2)凡明显排印错字、别字、衍字和倒误等,皆径改;(3)在同一种

---

① 陈怀白:《高小历史的编和教》,华北人民政府教育部教科书编审委员会编:《小学各科教材及教学法参考资料》,新华书店,1949年,第61—62页。

课本中如外人人名前后有异,皆作统一处理;(4)按现今通行的出版要求最新标点;(5)原课本存在的史实错误、不当论述,为尊重文献原貌,整理者一般不随意改动,也不作注释说明,请读者留意。

本辑的整理,倘有不足之处,敬希方家不吝赐教。

李孝迁

2024 年春于华东师大历史学系

目 录

丛刊缘起 / 1
前言 / 1

晋察冀边区《高级小学适用历史课本》/ 1
    第一册 / 3
    第二册 / 24
    第三册 / 47
    第四册 / 72

晋冀鲁豫边区《高级小学适用历史课本》/ 103
    第一册 / 105
    第二册 / 125
    第三册 / 139
    第四册 / 156

晋绥边区《小学校高级用历史课本》/ 179
    上　册 / 181
    下　册 / 219

山东省教育厅《小学课本历史》/ 255
    五年级上册 / 257

五年级下册 / 267

六年级上册 / 279

六年级下册 / 293

晋察冀边区
《高级小学适用历史课本》

第一册

目 录

一、怎样知道远古的事情 / 4
二、远古人们的生活 / 5
三、从平等到不平等 / 6
四、商的奴隶制度 / 7
五、西周的兴起与灭亡 / 8
六、春秋和战国 / 9
七、春秋战国时代的思想家 / 10
八、秦始皇 / 11
九、秦末的人民起义 / 12
十、刘邦的统治 / 13
十一、王莽的改良 / 14
十二、西汉和东汉的农民起义 / 15
十三、三国和西晋 / 16
十四、匈奴和西域 / 17
十五、胡人的侵入 / 18
十六、中国文化的南迁与异族的同化 / 19
十七、古代的文字和书籍 / 20
十八、道教和佛教 / 22
附录　本册大事年表 / 23

一、怎样知道远古的事情

从历史书上学习

昨天的事情,我们脑子里记得很清楚;前天的事情,翻翻日记,也可以想起。可是,中华民族的历史,已经过了好几千年,要知道它的过去,就必须学习历史。从这书上,可以知道中华民族的祖先怎样赶走野兽,打败敌人,给我们留下中国这块广大而肥美的土地。

从古物上研究

更古的时候,人们还不会写字,要知道那时的情形,是困难的。可是聪明的科学家,是会想办法的,他们能从研究古人用的器具,来推想古人的生活情形。譬如说,从埋着人骨的土里,找到了石锄、石镰刀,就可以推想当时人们已经学会种庄稼;又如在更深的土里,发现人骨的旁边,堆着许多牛骨、马骨,甚至鹿骨,那就可以断定当时人们已经学会打猎了。

周口店发现的古物

在一九二一年(民国十年),有几个科学家跑到北平西南的周口店。他们带了许多工人,在一个石灰窑里挖起洞来,小孩子都很奇怪,想是挖什么宝贝吧!可是隔了几天,只见挖出一堆骨头和石头,(注一)原来这些骨头就是远古的人骨和兽骨,石头就是当时人们使用的工具。科学家说,这是最初的人类遗留下来的。

问题:

一、从什么书上,可以知道中华民族过去的事情?
二、没有书籍以前,人们的生活情形,又怎样知道呢?
三、周口店发现了些什么古物?

注解:

一、这里发现的是骨的"化石",形状和原来的骨相同,是由原来的骨变化来的。

二、远古人们的生活

吃果实穿树叶

大约在五十万年以前,中国就有人类居住了。那时人们过着野蛮的生活,没有细致的工具,只能使用粗笨的石块和木棒。饿了吃些树木的果实、草根、兽肉,冷了披着树叶兽皮,天黑了,就爬在树上,或藏在山洞里。白天唯一的工作,就是寻找食物,可是很不容易,人们忙碌一天,才能免强填满肚子。而且野兽很多,必须大伙合力,才能赶走野兽,取得食物,单个人谁也不能生活。

捉鱼打猎牧畜种田

过了许多年,人们学会用火,(注一)学会用石头做细致的工具,发明了捕鱼的网,又发明弓箭,这样一来,人们就可以在河边捉鱼,在森林里打到更多的野兽了。后来,人们渐渐把吃不完的野兽,驯养起来,把可以吃的植物种子种到土里,于是开始有了畜牧和农业。从此,人们的食物,逐渐丰富起来了。(注二)

共同劳动共同享受

远古的时候,亲族并不分散,住在一块,组成一个氏族。(注三)几个亲近的氏族,又组成一个部落。氏族内的一切,都是共有的,平等的,大家共同劳动,共同享受,这时人们没有私有财产,没有阶级,我们称这时的社会,为原始共产社会。

问题:

一、最初人们吃什么,穿什么,住在那里?
二、人们怎样学会捉鱼、打猎、牧畜、种田呢?
三、远古人们的财产,是个人的吗?

注解:

一、远古的时候,人们并不会用火,后来,人们发现森林因电击着火,走近了可以取暖,火烧死的兽肉很好吃,于是人们将火种带回洞里,小心的保存下来,这才有了火。

二、中国历史上,有许多关于发明的传说。例如说:有巢氏教人在树上架房子,燧人氏教人取火的办法,伏羲氏教人捉鱼、打野兽、喂养家畜,神农氏教人种田等,这些都不可靠,古代每一种发明,都是经过几千年历史,慢慢摸索出来的。不过为了纪念这些发明,就逐渐造成各种的传说。

三、在原始共产社会里,实行的是一种群婚制,这一族的兄弟,是另一族姊妹们的共有丈夫,反过来另一族的姊妹,又是这一族兄弟们的共有老婆。因此,孩子生下来,只认识母亲,不认识父亲。母亲和他女儿的女儿们,就以母亲为中心,组成一个氏族。

三、从平等到不平等

黄帝战胜蚩尤

传说四千年以前,有个蛮族的首领,叫做蚩尤,非常蛮横。汉族的首领黄帝,就带领族员和蚩尤作战,结果蚩尤被杀,蛮族被赶到南方。汉族占据黄河流域,各部落公推黄帝做"天子"。(注一)

尧舜的"让位"

过了好些年,又有尧和舜两个"天子",传说两个人都非常公正,虚心听取人民的意见,和人民一块儿耕田打猎,人民都很爱戴他们。尧年老了,便征求人民的意见,由大家公推舜继承王位;后来舜老了,也用同样的办法,把王位让给禹,可见那时部落的领袖,都由人民选举,而且领袖又和人民一样劳动,大家平等互助,没有人剥削人的现象。

不平等的出现

禹时,人们学会用水浇田,劳动工具进步了,农业也渐发达,每个人生产的东西,除维持自己的生活外,还有剩余,所以就产生了私有财产。禹又征伐蛮族,强迫战争中的俘虏做自己的奴隶,并修筑城堡,保护自己的财产和家属。于是平等的民族内,就逐渐出现了奴隶和奴主。禹死以后,部落的首领也不再由人民公选了,改由禹的子孙继承。(注二)这在中国历史上称做夏朝。

问题:

一、在远古的时候,氏族内的"财产"是个人的吗?
二、尧舜让位的传说,说明什么问题?
三、禹以后,部落里的首领,为什么不再由人民公选?

注解：

一、那时的天子，并不像后来的皇帝，奢侈淫乱，专门统治人民，他们一方面是全部落人员公选的首领，一方面又是全部落人员公选的公仆。

二、禹的儿子叫起（启），禹死以前，各部落原推益做继位人。但那时私有财产已经出现了，这些财产，怎能白白让益继承呢？所以禹死以后，起（启）就把益赶走，自己做了王，死后，又把王位传给他的子孙。从此以后，为全部落人员服务的公仆，就变成压迫剥削全部落人员的统治者了。

四、商的奴隶制度

夏朝经过四百多年，被商灭亡了，从此便正式出现了奴隶主的国家，这大约在三千年前，他的第一个国王叫汤。

牧畜和农业

商代的牧畜业，已很发达，他们祭祀祖先时，常常要用几十头牲畜。(注一)农业也是一种重要的生产，已有麦、黍、粟等作物，他们耕种的方法，是先放火烧掉地上的树林，再用石锄或木棒掘开土壤，(注二)然后撒入种子。用这种方法耕种，最初收成还算好，但是经过几年以后，土壤就不肥了。于是又烧掉一块新的树林，开辟一块新的耕地。

奴隶的劳动和奴隶的生活

牧畜和耕种的工作，商的统治者并不去作，所有的工作，都是奴隶来作的。奴隶给他们耕地、养蚕、织帛、造酒。他们把奴隶当做牧畜看待，可以随意的杀死或买卖，王死了他们用大批的奴隶殉葬，(注三)祭祀鬼神时也用大批奴隶作祭品。他们还驱使奴隶，替他们进行残酷的战争，用苛毒的刑罚和黑暗的地牢，来对付奴隶的反抗。

残暴的纣王

传说商代有一个最残暴的国王，叫做纣。(注四)他生活腐化，宠爱一个叫做妲己的女子，整日喝酒打猎，不做正事，闹得土地荒芜，到处都是飞鸟走兽，不长庄稼，人民对纣非常怨恨，都希望他早早死掉。

问题：

一、商代人民怎样种田？和现在种田的方法有什么不同？

二、商的国王，怎样压迫剥削奴隶？

三、商的纣王,作了那些不好的事情?

作业:

你们住的附近,有人家养过奴隶吗?

主人怎样对待他?

注解:

一、现在家畜中的牛、羊、猪等那时全有。

二、农业上用的器具,最初主要是石器,商的末期(殷)已有铜制用具,但铜器太软,农业上的石制用具仍然很多。

三、奴隶主死时,他生前用的奴隶,常一块被埋在坟墓里,这叫殉葬。

四、商朝本来建都亳(山东曹县),经过几次迁移,到盘庚时,又迁都殷(河南安阳),所以商又别称殷。纣是殷最后的一个王。

五、西周的兴起与灭亡

周的兴起

商末,在陕西境内出现了一个很小的国家,叫做周。(注一)周把土地分成公田和私田两种:公田的收获,完全缴给地主;私田的收获为耕者自己所有。这种地主剥削农民的社会,就叫做封建社会。

周王怎样管理国家

周渐渐强大起来。到武王时候,就把商灭掉,它的国土扩充到陕西、河南、山东等地。那时,人们都是自耕自食,交通很不方便,管理这样大的国家很不容易,于是王把国土分成许多小块,委托给他的亲属和功臣来管理,这些人以后就叫做诸侯。诸侯又把土地分给更小的官吏来管理。(注二)这些占有土地的人——诸侯、官吏,就是地主;王是最大的地主。田地是由没有土地的农民来耕种的。地主并不耕种土地,他们靠剥削农民,来维持寄生的生活。

地主对农民的剥削和压迫

诸侯每年向王缴纳的贡品,有粮食、钱币、玉、帛、兽皮等。这些东西,都是由农民身上剥削来的。为了镇压农民的反抗,又定出许多苛刻的刑罚,例如割鼻子、砍脚、杀头等,因此人民对王非常仇恨。公元前七七一年,犬戎(注三)族由西面侵入,周幽王得不到农民的帮助,被犬戎杀死。西周也被灭亡了。

问题：

一、西周是怎样兴起的？怎么灭亡？

二、公田和私田有什么区别？

三、武王怎样管理他的国家？

作业：

计算一下：公元前七七一年，离现在有多少年？

注解：

一、周分为两个时期，前期的国都是镐（在现在的西安附近），后期的国都是洛阳，为了便于区别起见，后来的人把前期叫西周，把后期叫东周。

二、各国诸侯的官吏，有卿、大夫等。他们经过一定仪式，从诸侯那里领得土地和耕种土地的农民，这些土地，就叫做"食邑"，农民每年要拿出大部分粮食，缴给卿、大夫等吮血虫。

三、周时，汉人活动的地区，相当现在的河南、陕西和山西、山东的一部，四周都是较野蛮的民族。甘肃和陕西西部的蛮族叫做戎，不断的向内地进扰，犬戎就是西戎的一部。

六、春秋和战国

西周的幽王被犬戎杀死后，周的后代逃到河南，又在洛阳建立了一个王朝，叫做东周。

春秋时代

东周的前一时期，叫做"春秋"。这时王的力量很衰弱，诸侯却强大起来。诸侯们为着抢夺土地和奴隶，常常互相吞并，原来西周大小一千八百个国家，这时只剩下一百多个。在这些国家中，势力最大的诸侯有五个，即齐桓公、晋文公、宋襄公、秦穆公、楚庄王，称做"五霸"。（注一）

大国对小国的掠夺

霸主一方面吞并小国；一方面又向小国掠夺贡品，最初小国是按期纳贡，到后来霸主家遇到丧事，或是结婚，都要小国来送礼。送礼一次，要用一百辆货车，一千人护送，礼物如不合霸主的意思，霸主便带兵讨伐，有些受讨伐的小国家，井被填起来，树木被砍断，庄稼被收割，车马被夺去，人民全被捉去当奴隶。

战国时代

东周的后一时期称做"战国"。这时只剩下七个主要国家,即秦、楚、齐、燕、赵、韩、魏。七个国家更剧烈的战争着。后来,秦国渐渐强盛起来,(注二)其余六国便不得不想办法来抵御秦国。这时有一个说客苏秦,劝六国联合起来,对抗秦国,这叫"合纵",可是不久秦用了张仪,劝六国各自和秦交好,这叫"连横"。后来,六国中了张仪的诡计,不能团结,(注三)便先后被秦灭掉了。

问题:
一、春秋时最强大的是那几个国家?
二、霸主怎样掠夺小的国家?
三、什么叫做"合纵"?什么叫做"连横"?

作业:
画一战国略图,看各国领土,相当现在的什么地方?

注解:
一、春秋末年,江苏、浙江一带地方,有吴越两国,先后兴起,都很强盛。

二、秦国富强,从商鞅变法开始。新法的主要内容:(一)奖励人民多开荒,多种地,只要努力耕种,不限耕地多少,生产最多免徭役,懒惰的罚他做奴婢。(二)赏罚严明,贵族非有军功,不能享受特权;私斗的要受处罚。(三)杀死一个敌人,升官一级,士兵因想做官,就努力打仗。

三、苏秦的"合纵",本来是合力抗秦的好办法,张仪利用各国君主的自私自利,挑拨他们互相撕杀。例如秦想伐魏,怕齐救魏,就劝齐攻宋,秦伐魏后,又想攻韩,就指责齐不该灭宋,又劝诸侯伐齐等。

七、春秋战国时代的思想家

春秋战国是个大变动的时代。贵族地主想继续统治,贫苦民众想摆脱痛苦,各有各的想法,各有各的要求。因此出现了许多思想家。例如孔子、墨子、老子等,都是当时顶有名的学者。

替统治者说话的孔子

孔子是代表贵族地主讲话的。他奔走各国想做个大官,但谁也不理他,只得回到家乡,编写书籍,(注一)教育学生,这在中国学术上,是有贡献的。但他看不起工农,说工农是小人,他提倡的"忠孝、仁义",(注二)

就是要人民规规矩矩做个好奴才，饿死也不要反抗。这些主张，人民自然不赞成。有一次孔子到楚国去，子路掉在后面，(注三)遇到一个种田的老人，子路问道："你见到我的老师吗？"老人打量了子路一下，说："身体不劳动，五谷分不清，谁是你的老师！"低下头去，只管锄地，不理子路，农民是多么讨厌他们！

代表民众的墨子

墨子是贫苦民众的代表。他主张"兼爱"，希望大家团结互助，反对诸侯间的掠夺战争。有一次，楚国想攻打宋国，墨子听到这个消息，便不分昼夜，跑到楚国，劝楚王停止攻宋，两脚磨得流血，也不觉痛苦。他的思想中有许多进步的因素，但他在政治上，还只是希望用贤人治国，来改良政治。

老子的思想

老子是没落的封建领主的代表，他觉得社会不安定，就是因为人们太聪明，才你争我夺。他梦想前一个时期安定的生活，主张倒退到古代去，大家不相往来，好让他过那安静的富裕生活。

问题：

一、孔子是代表那些人讲话的？他主张什么？

二、墨子是代表那些人讲话的，他主张什么？

三、老子是代表那些人讲话的，他主张什么？

注解：

一、孔子作的《春秋》是一部有名的历史著作，据说他还删订《诗》《书》，编有《礼》《易》《乐》，后来《乐经》失传，剩下的五种，称做五经。

二、所谓道德不道德，必须以人民的利益为标准。对人民有利的行为，就是道德，对人民不利的行为，就是不道德。历代的统治者口里也讲道德，但实际上却在压迫剥削人民，因而最没有道德。

三、子路是孔子的学生，这时跟着孔子到楚国去。

八、秦始皇

对外侵略

秦始皇是个顶有名的专制皇帝。公元前二二一年，他把六国灭掉，统一中国，为了巩固和扩大领土，他一面修筑"万里长城"(注一)抵御匈奴的南窜，一面又派兵驱逐西北的匈奴，夺取现在宁夏、绥远一带的土地，并把内地的犯人迁去居住，同时，又派兵征服南越，占领广东、广西、安南等地，迁去了五十多万人。

对内专制

秦始皇又宣布了管理国家的新办法，他把全国分成三十六郡，郡下又设县，郡和县的官吏，都由他委任，并且随时可以调动，以便掌握，从此，建立了中央集权的专制制度。他为了防止农民起来反抗，把天下的兵器都收集起来。为了统治思想，下令把民间存的书籍，统通烧毁；并把几百个读书人，活活埋死。这就是骇人听闻的"焚书坑儒"。

奢侈残暴

秦始皇非常荒淫。他吞并六国后，就模仿各国宫殿，造宫室一百四十五处，藏美女一万多人。又征集人民七十多万，替他修筑坟墓。这个坟墓很大，据说高有五十多丈，周围长五里。始皇死后，凡是没有生过孩子的宫女，全数都殉葬了。替他修坟墓的工匠，也被活埋在坟墓里。始皇的奢侈残暴，真是到了极点！

问题：
一、秦始皇管理国家的办法和周代比较起来，有什么不同？
二、秦始皇为什么"焚书坑儒"呢？
三、秦始皇有那些奢侈残暴的行为？

作业：
画一个秦代地图，看他的领土比周代扩大多少？

注解：
一、长城西起临洮（甘肃岷县）东到辽东。

九、秦末的人民起义

陈胜起义

始皇死后，他的儿子继位，称秦二世。二世和始皇一样奢侈，修宫殿，造坟墓，逼得穷苦人家，都得离开家乡，替他做苦工，农民们真是求生不得求死不能了。当时河南有个陈胜，他是一个雇农，被调到边境打仗去，路上遇雨，误了期限，他想"到了也是被杀死，不如拼命干一下，或者还可以活下去"，于是便领头起义，各地人民纷纷响应，拿木棍当兵器，聚集了好几万人。不幸在六个月后便失败了。但他们已经点起了被压迫者反抗的烈火。

项羽反秦

陈胜起义以后，许多贵族、冒险家们也都纷纷起来，想乘机夺取政权，项羽是楚国一个将军的后代，从江东起义，带兵入关，放火烧掉秦的宫室，三个月火没有灭。这样大杀大烧，人民都很怕他，灭秦以后，他自称西楚霸王。(注一)封刘邦为汉王。(注二)

刘邦统一中国

刘邦做过泗水亭长，是个小地主，也是个流氓头儿，当项羽正在河北和秦兵打仗时，他便攻入关中，(注三)把秦灭掉，又联合众诸侯和项羽作战，双方苦战了四五年，结果项羽失败，刘邦统一中国，建立汉朝，称汉高祖。

问题：

一、陈胜为什么起义？结果怎样？
二、项羽怎样反秦？人民为什么怕他？
三、刘邦和项羽战争的结果怎样？

注解：

一、项羽建都彭城，就是现在的徐州。
二、刘邦当时建都南郑。
三、秦建都咸阳，以渭河流域做根据地，东有函谷关做秦的门户，因而秦把函谷关以西，称做关中。

十、刘邦的统治

尊重儒学

刘邦利用了农民起义，从中投机取巧，登上了皇帝的宝座，便一脚把农民踢开了。儒家叔孙通帮他定了朝仪，规定君臣会见的礼节：让皇帝坐在上面，群臣在下面跪拜，显出皇帝的威风凛凛，刘邦高兴的说：

"现在我才知道做皇帝的尊贵呀！"这才明白了儒学对统治阶级十分有利，对儒家尊重起来。[注一]后来，武帝更下令禁止学习墨子等的学说，只许研究五经，于是孔子和孟子逐渐变成人们眼中的"圣人"了。

农业和商业的发展

汉代已经用铁来造农具，用牛耕田也很普遍，汉末已有人用水车灌田，一天能浇地几十亩。工商业也有发展，除长安城外，邯郸、洛阳、成都等，都是繁华的都市。商人贱买贵卖，常常聚钱几千万。

富的愈富，穷的愈穷

但是汉朝的政权，仍是代表地主利益的政权。那时田税虽曾减到三十分之一，但农民缴给地主的租子，仍占产量的一半以上，得到利益的，还是地主，地主和商人勾结起来，要大租子，放高利贷，明买暗夺，霸占了许多土地，逼得穷人连一块占脚的地方也没有，有很多因饥饿逼迫，卖给地主做家奴。人民生活困难，经过一个时期，就又到处骚动，自找出路了。

问题：

一、刘邦为什么尊重儒家？

二、汉朝农业和商业有那些发展？

三、为什么富的愈富，穷的愈穷呢？

注解：

一、刘邦在做皇帝以前，很看不起儒生，他曾拿儒生的帽子撒尿，后来做了皇帝，觉得儒生对自己的统治有帮助，又拿猪、羊大祭孔子。

十一、王莽的改良

师丹的限田

贫富不均和畜养奴隶，是西汉严重的社会问题，还在王莽以前，就有个师丹想用限田的办法，来缓和人民的反抗。他主张贵族大地主的田地，不能超过三十顷，养奴不能过二百人。贵族大地主都拼命掠夺别人财产，那里能够限制得着，结果，限田没有实行，师丹的官倒因此丢掉了。

王莽的政策

后来王莽夺取汉的政权,^(注一)他怕地主商人过分剥削,会引起农民的起义,就实行压制地主商人的改良政策:第一,全国土地收归国有,分给农民耕种,不许随便买卖;^(注二)第二,禁止买卖奴隶;第三,造酒煮盐,炼铁以及铸钱等重要手工业,由国家经营管理,不许商人把持。

王莽的失败

王莽的办法,对大地主大商人是不利的。但王莽自己是贵族出身,他不过利用这些办法,欺骗农民,自然不会发动群众,只有交给官僚去做。结果贵族地主勾结起来,说这是空想,行不通,都拼命反对,农民也逐渐认识王莽是个骗子,所以实行四年,便完全失败了。

问题:

一、师丹为什么提出限田,结果怎样?
二、王莽提出那些改良的办法?
三、王莽为什么失败?

注解:

一、公元八年,王莽夺去汉的政权,国号新。
二、王莽规定,一家男口八人,田地超过九百亩地,要分给别人,没有田地的,可以分得田地一百亩,国家只收三十分之一的税。当然,这些只是说说好听罢了,王莽并没有实行。

十二、西汉和东汉的农民起义

王莽的新制度,大地主不赞成,农民也没有得到好处,反遭受官吏更多的骚扰。农民起义成熟了,贵族地主也乘机利用农民的力量,扩张自己的势力。

赤眉起义

山东人樊崇,聚众起义。用赤色抹眉,称赤眉军。他们原是一群饥民,被饥饿逼着起义,从山东打到河南,队伍就扩大成三十万人。后来樊崇出卖了农民的利益,把斗争目标转移到恢复汉朝上面去,扶汉朝宗室刘盆子做皇帝。这时汉的宗室刘秀乘机占领洛阳,打败起义军,建立东汉。^(注一)

太学生的反抗运动

刘秀上台以后，一心为自己的统治打算。为了防止再有王莽篡汉类的事情发生，便竭力提倡气节，聘请懂经书的人做教师，设立太学。后来汉的皇帝更加荒唐，亲近他的人，都做了大官，说公道话的，却没有做官的机会。(注二)太学生对这非常不满，提出批评，皇帝就说他们造反，有些被杀死，有的被关在牢狱里，前后共有一千多人。

黄巾起义

太学生的反抗还没有压下去，农民的起义又爆发了。当时河北有个张角，是个道人，他的道，叫做太平道，仅仅十多年，就收了几十万徒弟，普遍华北华中各地。公元一八四年，张角和他的信徒起义，他们头戴黄巾，被官兵称做"黄巾贼"。起义军很快发展起来，到处杀官吏，烧官府，吓得官吏们狼狈逃跑。汉的皇帝赶紧派兵镇压，屠杀黄巾数十万，才把黄巾镇压下去。

问题：
一、赤眉起义的经过怎样？为什么失败？
二、刘秀为什么提倡气节？太学生为什么反抗？
三、张角是什么道的领袖，他们怎样起义？

作业：
把赤眉、黄巾和陈胜起义比较一下，看他们有什么共同的地方？失败的原因在那里？

注解：
一、刘邦的汉朝，建都长安，称做西汉（前汉），刘秀的汉朝，建都洛阳，称做东汉（后汉）。

二、东汉的皇帝，大都荒淫早死，太子年幼，太后的哥哥弟弟就乘机掌握大权，非常蛮横，太子大了，又引用一批宦官来执政，这些人更加蛮横，闹得非常混乱，所以就连统治者豢养的太学生，也不得不提出批评，以挽救汉的危机。

十三、三国和西晋

三国的混战

黄巾起义的时候，野心家都招兵买马，和黄巾作战。后来黄巾失败了,他们各自霸占一方,战争连年不断。当时曹操力量最强,他想用武力统一中国,刘备和孙权就联合在一起来抵抗,在赤壁一战,(注一)曹操大败,损失几十万人马,结果分成三国。曹操占据黄河流域,称做魏;孙权占据长江下游,称做吴;刘备占据长江上游,称做蜀。诸葛亮想帮助蜀统一中国,也没有成功。

生产的衰退

三国长期的内战,破坏是很大的,拿人口和汉来比,就损失了大半,土地也荒芜了不少,人口稠密的黄河西岸,常常几百里不见人烟。同时农业也衰退了,过去用钱买卖,这时因钱太薄,人们不愿使用,因而又发生货换货的现象。奸商们更乘机捣乱,他们把水渗在粮食里,或织薄的绸子,去换别的物品,商人发了大财,农民就更加痛苦了。

晋的统一

公元二六五年,司马炎统一中国,建立晋朝。(注二)人民生活稍微安定些,可是不久司马炎的子孙,又因争权夺利,打了二十多年内战,(注三)国力消耗很大,晋的统治也很快的衰落了。

问题:

一、三国的头子是谁?他们各自霸占什么地方?
二、三国的混战,对人民生产有什么影响?
三、晋统一后,又发生什么战争?

注解:

一、在现在湖北的嘉鱼一县。
二、司马炎是司马懿的孙子,在魏掌握大权,后来夺取魏的政权,统一中国。
三、司马炎统一中国后,大封他的亲属做王,原想让他们来保护皇室,后来,有八个王,因争权夺利,打了二十多年,却促成了晋的灭亡。

十四、匈奴和西域

西汉时的匈奴和西域

秦朝末年,北方匈奴族的势力渐渐强盛,占据了蒙古、新疆和甘肃。刘邦带兵去攻打,谁知反被匈奴围困,费尽心力才逃出来,从此刘邦和他的子孙,不得不把假的"公主",嫁给匈奴王子,(注一)并且每年奉送许多金银绸缎。后来汉朝力量强大了,武帝发大兵攻打匈奴,连胜几次,才把绥远西部和甘肃一带夺取回来,同时西域有几个国家,和匈奴勾结,(注二)于是武帝又派张骞到西域和他们联络。匈奴失败后,西域也就跟着投降汉朝了。

中国西域来往密切

汉武帝对外侵略的野心很大,除征服匈奴和西域外,还征服福建、广东、广西和云贵一带地方,建立了亚洲唯一的大帝国。这些地方的征服,都是用人民的血肉换来的,对人民有害无益。但随着土地的扩大,西域各国,都派人学习中国的语言、文字,西域的商人也拿他们的马匹、骆驼来换中国的绸缎,从此中国和西域的关系,逐渐密切起来。(注三)

东汉时的匈奴和西域

东汉时候,西域和匈奴不肯受汉的压迫,独立起来了。有一位大将班超,他抱着富贵功名的野心,替东汉征服西域三十多国。又有一位大将窦宪,把北方的匈奴一直赶到外蒙古北部,汉的威名恢复起来了。

问题:
一、西汉时,匈奴和西汉的情形怎样?
二、随着领土扩大中国和西域的关系怎样?
三、东汉时匈奴和西域的情形怎样?

作业:
画一个汉和西域的图。

注解:
一、汉朝怕匈奴内侵,常将汉女嫁给匈奴单于(王),这样两国成了亲戚,就可和好。例如王昭君,原是元帝的宫女,后送给匈奴呼韩邪单于做老婆。
二、汉时阳关以西(现在新疆及中亚西亚一带)通称西域。
三、葡萄、大蒜等,都是这时由西域传入中国的。

十五、胡人的侵入

胡人的迁移

胡人是鲜卑、匈奴、羯、氐、羌的总称。鲜卑原住在东北,匈奴和羯原住在蒙古,氐和羌原住在青海、甘肃一带。他们自被汉朝征服后,就有一部分走到内地居住。东汉以后,中国连年内战,人口死亡很大,就更大批的向内地迁移。匈奴和羯移到山西和陕西北部,氐和羌移到甘肃和陕西西部,东北的鲜卑也迁移到热河、察哈尔一带生活。

胡人的侵入

晋朝时候,匈奴看到中国连年内战,闹得精疲力竭,不设国防,便大举向内地侵略。他们像狂风一样的袭来,很快的占领晋的城都洛阳,掳去晋的皇帝,(注一)接着,鲜卑、羯、氐、羌四族,也侵入黄河流域,建立了许多小国家。

胡人的蹂躏

胡人原来过着游牧生活,侵入中国后,就不管中国人种田不种田,仍然想保持游牧生活习惯,他们抢汉人的土地作牧场,掳汉人做奴隶,替他们放牧牛羊。同时,胡人非常野蛮,各族互相撕杀,常常死伤几十万,汉人受尽了他们的蹂躏和侮辱。这在中国历史上,称做五胡乱华。

问题:
一、胡人怎样逐渐向内地迁移?
二、胡人怎样侵入黄河流域?
三、胡人怎样蹂躏汉人?

注解:
一、匈奴刘聪攻下洛阳,杀王公、官吏以下三万多人,活捉怀帝。刘聪问他:"你家骨肉相残,为什么这样厉害?"他答:"臣家替你开辟道路,如果臣家骨肉和睦,你们怎么能兴起呢?"此外,他又在筵席上,替匈奴人酌酒。为了保留活命,统治者什么丢脸的事情,也能干得出来的。

十六、中国文化的南迁与异族的同化

南朝与南方文化的发展

胡人侵入中国,晋朝贵族地主,不敢抵抗,一齐逃到江南,在那里建立东晋。(注一)东晋和以后的宋、齐、梁、陈,因为都在南方建国,合称"南朝"。

江南是我国最富庶的地方。南朝的统治者利用着肥沃的土地,过着奢侈的生活,也正因为他们生活的优裕,才有空闲来研究学问,在书本上用工夫。当时文学是脱离实际的,每个贵族都学习作诗写文章,没有这种本领的人,几乎不能参加贵族的宴会。他们中间也出现了许多画家和雕刻家,能画很出色的图画,能雕刻雄伟的佛像。在他们的影响下,原来很落后的江南,变成一个文化发达的地区。把中国文化从北方带到南方,这是晋朝人的贡献。

北朝与异族的同化

东晋建立后不久,鲜卑族统一黄河流域,建立魏朝,魏和后来的东魏、西魏、北齐、北周都在北方建国,合称"北朝"。

鲜卑原是很落后的种族,所以当他们侵入中国以后,还保持着野蛮的习惯,过着游牧生活,养着大量奴隶,后来在汉人影响下,他们学会了耕种,并且修筑城堡,开始了定居的生活。有些鲜卑皇帝更提倡穿汉人的衣服,用汉人的文字,行汉人的礼节,并鼓励胡人和汉人通婚,两族便逐渐同化了。(注二)

问题:
一、南朝对于南方的文化,有什么影响?
二、北方的胡人和汉人怎样同文化?

注解:
一、晋朝的后期建都建康(即南京),故叫东晋,以前建都洛阳,故叫西晋。
二、那时胡人对中国也有很大影响,例如琵琶、羌笛(横笛)等,都是那时传来的。

十七、古代的文字和书籍

文字的起源和变化

最初没有文字,人们怕事情忘掉,便在绳上打个结记着,事情越多,打的结也越多。后来人们学会画画,真的文字才出现了。例如画个"🌙",大家都认得是月亮,画个"☉"便是太阳了。

春秋战国时,各国文字都不相同,秦始皇统一中国后全国都要听从他的命令,那么从咸阳(注一)发出的公文,到了广东就看不懂,这自然是不行的,于是就叫李斯把当时流行的字,改得简便好写,然后下令全国使用,这种字叫做"小篆"。(注二)不久,更简便的隶字也出现了。到了汉代末年，楷书已经通行起来，除了写碑文刻图章以外，人们再也不用"小篆"和"隶字"了。

书籍的起源和变化

最初的书是用竹板作成的，手巧的工匠，把字刻在竹板上面。那时一本书就是一堆竹板，每个竹板都有一个孔，可用皮绳穿起来，我们现在写的"册"字，不是很像绳子穿了许多竹板的形状吗？这就是最早的书籍。

这样笨重的竹板，读起来不方便，据说秦始皇每天要读竹板一百二十斤，那是多么麻烦！后来，缣帛发明了，人们就用它写字，写成了便卷起来，携带很是轻便。可惜又太贵重了。直到后汉时，才有一个聪明的蔡伦[注三]发明了造纸的方法，从此读书写字都很方便，这是一个很大的进步。

问题：

一、文字是怎样发生的？有过什么变化？

二、书籍是怎样发生的？有过什么变化？

三、纸是何人发明的？

作业：

搜集几个图章，看它上面刻的是篆字还是隶字，找几本古书，看他和现代的书有什么不同？

注解：

一、咸阳是秦朝的国都。

二、小篆以前还有一种字，叫做大篆。

三、用树皮破布等物做成，大概和边区的麻纸相仿，但没有现在精细。

十八、道教和佛教

道教的演变

道教本来是东汉时农民的革命组织,由张道陵创始。轰轰烈烈的黄巾暴动,就是张角利用这个组织发动起来的。

晋朝有个贵族,名叫葛洪,他为了利用道教来巩固统治阶级的地位,把道教大加改革,他主张学道修仙,以求长生不死,教人住在深山里,炼丹服药,不管社会上的事情,这是麻醉人民的思想。从此道教就变成统治者麻醉人民的工具了。

佛教的传入

佛教产生在印度,汉时由西域传进中国。原来印度有一个国王的儿子,叫做释迦牟尼,他感到印度等级制度的不平,又没有改革的勇气,心里非常苦恼,于是避在山中,想了好几年,才创立佛教。他说人的富贵和贫贱,都是生来命定的,只要能够忍受眼前痛苦,死后就会升"天堂",来生也能过幸福的生活。

佛教道教的盛行

在南北朝大动乱的时代,没落的贵族地主悲观失望,便大批的加入道教和佛教,他们需要寻求精神上的安慰,过着没有生气的道士和尚的生活。统治阶级看到这种和平的宗教对他们有利,便鼓励人民参加,同时提倡把财产加入寺院,于是不仅是麻醉人民的工具,而且是剥削人民的机关了。

从南北朝起一千多年来,两教对我国社会影响很大,民间流传的会门和教门,都是两教的小流派。

问题:

一、道教是谁创始的?有过怎样的变化?

二、佛教是谁创始的?何时传入中国?

三、南北朝时,为什么道教和佛教都在中国发展起来?

作业:

你村有迷信组织吗?要详细调查它的主张和活动情形。

附录 本册大事年表

公　元	重　大　事　件
前七七一年	犬戎侵入，西周灭亡
前七七〇年	东周建立
前五五一年	孔子生
前四七九年	孔子死
前二二一年	秦始皇统一中国
前二〇九年	陈胜起义
前二〇六年	刘邦攻入关中，秦被灭亡
前二〇二年	项羽战死，刘邦统一中国
前一四〇年	汉武帝即位
前一一九年	武帝大破匈奴
八年	西汉灭亡
二三年	赤眉暴动
二四年	东汉建立
一八四年	黄巾起义
二二〇年	东汉灭亡
二六五年	司马炎灭魏，建立晋朝
三一一年	匈奴人攻陷洛阳
三一六年	西晋灭亡
三一七年	东晋建立
三八六年	鲜卑族建立北魏

第二册

目　　录

一、隋炀帝 / 25

二、唐太宗 / 26

三、唐的内乱及农民起义 / 27

四、五代十国的混战 / 28

五、赵匡胤的集权和对辽战争 / 29

六、王安石的变法 / 30

七、金兵南侵与岳飞抗战 / 31

八、蒙古人的大帝国 / 32

九、元代的种族压迫 / 33

十、马哥博罗的东来 / 35

十一、朱元璋 / 36

十二、倭寇 / 37

十三、阉党的专横 / 38

十四、李自成 / 39

十五、汉人的反满斗争 / 40

十六、满清怎样统治汉人 / 41

十七、清代的对外侵略 / 42

十八、唐宋以来的妇女地位 / 43

附录　本册大事年表 / 45

一、隋炀帝

杀死杨坚　夺取帝位

隋朝的第一个皇帝,叫做杨坚,(注一)他生活比较俭朴,政治比较廉明,官吏贪污了,要受很重的处罚,在古代说起来,还不算太坏的皇帝。但他的儿子杨广,却非常残暴,乘着他有病,把他杀死,这就是荒唐的隋炀帝。(注二)

奢侈浪费　开凿运河

炀帝爬上皇帝的宝座,就迁都洛阳,动员二百万民夫,修花园,盖宫殿,非常华丽,这样奢侈浪费,自然加重人民的负担。单就租粟一项来说,每个壮丁就要缴纳三石多。他为了到各地游览和掠夺财物,又动员人民开凿运河,从洛阳南到杭州,北到涿郡,几千里内,都可以行船。这对后来的商业和交通,虽有很大帮助,但那样巨大的工程,对人民却是可怕的劳役。当时有许多穷苦的人,为了避免劳役,砍断了自己的手脚。人民的痛苦,可想而知了!

讨伐高丽　屠杀人民

隋炀帝又用全国的人力和财富,三次讨伐高丽,穷人战死的成千成万,富人也因支应战事的费用,十有八九破产了。全国土地荒芜,人民饥寒交迫,于是起义又从各地爆发了。隋炀帝想用屠杀手段,来镇压人民的起义,都没有成功,结果还是被一个部下杀死了。这时李渊乘机占领西安,(注三)平定各地起义军,统一中国,开始了唐代三百年的统治。

问题:

一、隋炀帝怎样取得帝位?
二、隋炀帝为什么开凿运河,对中国商业有什么影响?
三、隋炀帝讨伐高丽的结果怎样?

作业:

画一张运河图,研究隋朝运河和现在运河有什么不同?

注解:

一、杨坚原是北周的大臣。公元五八一年杨坚夺取周的帝位,五八九年,又灭掉南朝的陈,从此分立了一百五十四年的南北朝,又统一起来。

二、杨坚病,杨广到宫里探问,看到杨坚宠爱的两个女人,就想强奸。杨坚怒,准备不让杨广承继帝位。杨广看情势紧急,遂把杨坚杀死。

三、李渊原是隋的太原留守,由山西起兵,攻下长安,扶杨侑做天子。杨广死后,李渊在长安称帝,国号唐。

二、唐太宗

唐初的均田制

唐太宗是唐初的皇帝,他为了恢复农业,增加国家的税收,实行了均田制,把土地分成三种,分给人民耕种;一种叫做永业田,每人二十亩,这种土地可以传给子孙,但不准出卖;一种叫做口分田,每人八十亩,这种土地不能传给子孙,也不能出卖;第三种叫做宅田,每三人有一亩。在这种制度下,农民暂时得到了一些休息。

商业和手工业

当时工商业,也逐渐发达,广州、扬州是工商业的中心,中外商人来往不绝,经常有阿拉伯等地商人,拿他们的香料、象牙、珍珠来换中国的茶、绢和磁器,由经商发财的人非常多。关于工业,国家设立了专门的机关,替皇帝生产布匹和各种奢侈用品;至于民间经营的,已有纺织、瓷器、制盐、造纸、造船等,比汉还要发达。

考试和教育

唐太宗很注意笼络人才。有一次,唐朝举行考试,太宗看到那些应试的人,一群一群的从试场里走出来,就禁不住高兴的说:"天下英雄,都进入我的笼里来了!"正说出了考试的目的。他又请了许多有学问的人来办学校,当时学生很多,高丽、高昌、吐蕃等属国,都派子弟来读书,日本也派人来留学,对各国文化影响很大。日本的文字,就是那时从中国学去的。

问题:

一、什么叫均田制?唐朝为什么实行这种制度?

二、唐代的商业怎样?那时来中国通商的是那些外国人?

三、唐太宗怎样笼络人才?那时教育对外国有什么影响?

三、唐的内乱及农民起义

唐的内乱

唐代对外侵略了许多土地，东方征服高丽，北方战胜突厥，南方打败印度，建立了一个比汉还大的帝国。为了管理这个大帝国，唐朝设立了十个镇守边疆的节度使。这些大官，既可以招兵买马，又可以收税管民，个个像是"小皇帝"，于是就渐渐不服从中央的命令了，有一个强大的节度使安禄山(注一)竟打到长安，逼的皇帝跑到四川避难，经过九年的内战，才把节度使的叛乱平定，但农民反抗的火焰，又在各地燃烧起来了。

黄巢的起义

公元八七五年，山东黄巢起义，他号召人民起来：打倒贪官污吏，减轻赋税。这话正说到穷人心眼里，大家都愿参加他的队伍。他们从山东经河南、湖北、安徽，直捣福建、广东，唐兵被打得去盔抛甲，没有那个能抵挡得住。后来南方发生瘟疫，黄巢又北上占领洛阳、长安，兵士们遇到穷人，就争着赠送财物，秩序很好。常说黄巢杀人八百万，那是统治者对劳动人民的诬蔑。

黄巢的失败

唐的皇帝不能打退起义军，又跑到四川，几年以后，才从西北请来一批外族人，(注二)帮助攻打黄巢。黄巢敌不过新来的敌人，被迫回到山东自杀，起义军完全失败了。

问题：

一、唐对外征服了那些地方？怎样管理它？
二、黄巢起义后，取得那些胜利？
三、黄巢起义的结果怎样？

作业：

画一个唐代疆域图，看它比汉代疆域大？还是小？

注解：

一、安禄山是唐玄宗的节度使，他看到玄宗淫乱，不设武备，就据山西、河北反唐。

二、唐请沙陀人李克用入援，打败黄巢。自此以后，李即盘据太原，五代时的唐，就是李克用的儿子建立的。

四、五代十国的混战

军阀的混战

黄巢的起义，摧毁了唐的腐朽统治，可是代替唐的统治的，又是一群野心的军阀，他们各自霸占一块土地，称王称帝，建立了十几个小国家，^(注一)其中占据黄河流域的军阀，土地人口比较多，此起彼伏，五十年中，换了梁、唐、晋、汉、周五个朝代，几乎每年都有战争。

契丹的蹂躏

这一时期，北方的契丹也强盛起来，建立辽国。^(注二)军阀们为了争夺王位，常不惜借助辽的力量，压迫人民。例如石敬瑭依靠辽的帮助，建立后晋，对辽非常感激，自称"儿皇帝"，并把河北、山西北部的土地，送给辽人。^(注三)从此辽人每年要从中国掠夺大批金银和布匹，有一次竟打到开封，城外四百里地，全被抢掠，人民不堪蹂躏，纷纷起义，辽人看到中国不好统治，才退回北方去。

人民的灾难

内战外患，给人民带来沉重的灾难。军阀强迫农民当兵，在脸上刻记号，农民跑了，抓回就杀死，那些侥幸没有被抓去的，也要给军阀们担负繁重的战费，遇到战争紧急，军队没有粮食，常杀人充饥，闹得几百里地不见人烟！整整五十年中，人民都过着痛苦的生活，直到后周柴荣时，方裁减军队，惩办贪污，人民多少松了一口气，可是生产已经受到严重的破坏了。

问题：

一、唐朝灭亡后，中国的情形怎样？

二、契丹怎样侵略中国，割去那些土地？

三、五代时人民过着怎样痛苦的生活？

作业：

比较五代和三国时有那些共同的地方？

注解：

一、五代时环绕着中原地区的小国，共有十个，即吴、南唐、吴越、前蜀、后蜀、南汉、楚、闽、南平、北汉。

二、契丹原是东胡人，在辽河流域居住，过着游牧生活，唐末渐强，它的土地，扩大到现在热河一带。

三、石敬瑭割给契丹的土地，计幽（北平）云（大同）等十六州，包括现在北平雁北察南一带的土地。

五、赵匡胤的集权和对辽战争

宋的建立

赵匡胤是柴荣的大将，野心很大，结拜了石守信等一群朋友。公元九六〇年，周朝正在庆贺新年，忽然来了一个急报，说契丹来攻，皇帝没有考查真假，就派赵匡胤前去抵挡。大军行到陈桥驿，(注一)石守信等拥立赵匡胤做皇帝，把周灭掉，建立宋朝，中国又逐渐统一起来。

中央集权

赵匡胤利用骗局，取得帝位，他想成功太容易了，将来部下也照样来个叛变，岂不危险！于是竭力实行中央集权。他一面把石守信等的兵权解除，(注二)让他们去做没有实权的大官；一面又选拔精锐的部队，住在京城附近，只派一部分到边境防守，而且常常调动，使得兵不能认识将，将不能掌握兵，兵将团结不起来，自然就不会反叛了。但这样军队，也不能打仗，遇到敌人，就弃城逃走。宋朝对外总是屈辱妥协，这是一个重要原因。

对辽战争

赵匡胤死后，宋朝几次对辽战争，都完全失败，公元一〇〇四年，辽又大举进攻，前锋直打到黄河沿岸的澶州，(注三)吓得宋朝官吏胆战心惊，四处逃走，只有寇准一批人，坚决主张抵抗，在澶州附近给了辽兵一些打击。不过皇帝不愿抗战，派人和辽议和，把白沟河(注四)以北的土地，送给辽国；并允许每年向辽缴纳大批贡品，(注五)这些贡品，自然都是老百姓的血汗，统治者卖国，老百姓吃亏，古今原是一样！

问题：

一、赵匡胤怎样取得政权？

二、赵匡胤为什么实行中央集权？这对后来的对辽战争，有什么影响？

三、宋辽战争的经过怎样？中国有什么损失？

注解：

一、陈桥驿在开封东北。

二、一天赵匡胤请石守信等饮酒，醉着说："人们都愿意富贵。你们何不辞去军职，选个繁华地区做节度使，多置田产，君臣两不猜疑，永保富贵，不很好吗？"石守信等只得叩头听命，交出兵权，去做有名无权的节度使。

三、澶州在河南省的濮阳县。

四、白沟河在河北的定兴新城县境。

五、宋对辽称兄，每年向辽交纳银十万两，绢二十万匹，以后还有增加。

六、王安石的变法

变法的原因

王安石是宋神宗的宰相。（注一）当时养兵一百多万，还要受辽和西夏的侵略。（注二）人民非常痛苦，不断起义。（注三）王安石想挽救宋朝危机，就劝神宗改革内政，实行新法。

新法的内容

新法的内容，主要是以下四点：

一、发放贷款：青黄不接的时候，农民向富户借钱，拿田里青苗做抵押，收获后加倍偿还。王安石想剥夺高利贷者的利益，主张政府春季贷款给穷人，秋后偿还，利息十分之二，全年利息十分之四。

二、平均负担：官僚大地主隐藏土地，不纳赋税，王安石主张把土地调查清楚，有田的都要纳税，官僚大地主不出劳役，王安石主张由政府雇人做劳役，那些原来做劳役的，出钱可以免役，没有劳役的，也要向政府缴纳助役钱，这样负担比较平均了，政府也可以增加一部分收入。

三、统治商业：由政府设立大商店，贱价收买商人货物，再高价出卖，一买一卖，可以赚大利。

四、编组保甲：王安石规定十家为一保，五十家为一大保，十大保为一都保，保内有人犯罪，同保的人不报告，都要跟着受罚，保内壮丁，要练习武艺,平时帮助地主压迫穷人,战时被政府拔去当兵。

变法的失败

王安石的变法,并不是为了改善人民生活,主要是想增加税收,加强军备,特别他提倡的保甲法,更是地主束缚农民的锁链。但他的办法,也侵犯了大地主大商人的利益,因而受到旧官僚的激烈反对,两派争了好久,新法最后还是失败了。

问题：
一、王安石为什么提倡变法？
二、新法的内容是什么？
三、王安石变法的目的是什么？为什么失败？

作业：
王安石的变法和王莽的改良有相同的地方吗？试研究一下。

注解：
一、神宗是宋朝中期的皇帝。
二、西夏是外族建立的小国。一〇三八年自称皇帝,不断的和中国作战,宋和西夏议和,每年给西夏银十万两,绢十万匹,茶六万大斤。
三、王安石变法前,四川已有王小波起义,他们反对贫富的不均。在广西、山东、河北也有农民的起义。

七、金兵南侵与岳飞抗战

金兵南侵

北宋末年,松花江流域的女真族,渐渐强大起来,建立金国。金国先把辽国灭掉,又大举侵宋,没有遇到什么抵抗,(注一)便攻下汴京,宋朝的徽宗、钦宗也被俘虏了,北宋从此灭亡。宋的后代逃到临安,(注二)建立南宗。

岳飞抗战

那时河北民众,纷纷起义,袭击金兵,李纲、宗泽等都想联络义军,(注三)收复河北土地、特别是岳飞率领的"岳家军",更坚决抗金。岳飞先带了一枝军队在长江沿岸,堵截金兵,接着又在郾城大破金兀术的"马队",兀术见势不好,便连夜逃跑,岳飞又赶到朱仙镇,大破金兵。这个胜利消息传出后,河北人民,都非常高兴,准备帮助岳飞反攻,外族奴役下的土地，眼看就要收复了，不料正在这时，投降派的秦桧，因怕胜利妨害他和金人议和，影响他在朝的地位，便假借皇帝的名义，一天连下了十二道命令，硬调岳飞回去。岳飞明知命令下的没道理，但因为受封建道德愚"忠"的束缚，终于放弃了用血肉换来的土地回去了。他临行时，很悲愤的流着眼泪说："十年之功，废于一旦。"

秦桧陷害岳飞

岳飞退兵以后，兀朮给秦桧的信说："杀掉岳飞，才可以议和。"秦桧便忠实的执行着兀朮的命令，硬说"岳飞谋反"，(注四)把岳飞杀死。然后和金兀朮讲和，把淮河以北的土地，都送给金人，千百万华北人民，从此做了金人的奴隶。

问题：
一、金人原是什么种族？住在什么地方？
二、人民对金兵的态度怎样，岳飞都在什么地方打败金兵？
三、秦桧怎样陷害岳飞？人们把汪精卫比做秦桧，这话对吗？

作业：
把南宋和北宋的地图比较一下，看中国又失掉了多少土地？

注解：
一、金兵南侵，宋军不是投降，就是逃跑。金兵到达黄河北岸，宋派步兵十万、骑兵一万守黄河。金兵不敢随便渡河，夜里大击战鼓，吓得宋守河军队全部溃散。
二、现在浙江省的杭州。
三、当时起义军很多，便如太行起义军，为了表示热爱国家，在脸上刻："赤心报国，誓杀金贼。"
四、秦桧知道不杀岳飞，和议难成，想加岳飞谋反的罪名，但又找不到证据，就索性用"莫须有"（也许有）的罪名，硬说岳飞谋反，把岳飞杀死。

八、蒙古人的大帝国

蒙古的兴起

在宋金南北对峙的时候，金的北面又兴起了一个蒙古族。他们分成许多游牧部落，每一部落有一个首领，叫做汗，各汗为了争夺牲畜和牧场，不断的战争着。

公元一二〇六年铁木真被各部落推做成吉思汗。(注一)他从各部落征调马队,征服中国北部(注二)和中亚细亚各国,使他们服从自己,向自己缴纳贡品,于是蒙古族更加强大起来。

蒙古人的西征

铁木真死后,蒙古人把金国灭掉,(一二三四年)同时又侵入欧洲的俄罗斯。他们火烧了莫斯科,击溃了波兰和日尔曼人的联军,直打到意大利的边境。过了二十年,蒙古大汗又派兵西征,占领小亚细亚,攻入地中海的塞浦路斯岛。整个欧洲都被震动了,他们把蒙古人称做"黄祸"。

蒙古人的南征

公元一二七一年,忽必烈大汗把国都迁到燕京并改国号叫元。接着又组织强大的远征军,攻打南宋。那时宋朝的文天祥在沿海一带,抵抗元兵,不幸被俘。元人劝他投降,他很气愤的说:"人生自古谁无死,留取丹心照汗青。"(注三)在敌人面前至死不屈,真是中华男儿抗敌的模范!

此外蒙古人又征服了东方的高丽,南方的缅甸、琉球、爪哇等地,他们占据欧亚两洲,建立历史上最大的帝国。

问题:
一、蒙古人是怎样兴起的?
二、蒙古人西面征服了那些地方?
三、蒙古人怎样灭宋?为什么说文天祥是中华男儿的模范?

作业:
把蒙古大帝国的地图和现在的地图对照一下,看蒙古人都征服了那些地方?

注解:
一、"成吉思"三字的解释不同,有说是"天赐"的意思。
二、即今黄河以北的土地。
三、汗青是指历史。

九、元代的种族压迫

对汉人的掠夺和奴役

元代的种族压迫,是空前残酷的,蒙古人初到中国,他们凭着野蛮的习性，任意屠杀人民，掠夺财物；甚至想把蒙古人的游牧生活，也搬到中国来，许多肥美的土地，被改成牛羊奔驰的牧场。(注一)他们又利用征服者的权势，随便掠夺汉人当奴隶，有一个阿里海牙将军，就强迫三千八百户人民，去做贵族官僚的家奴。这虽是初期的事情，可是人民已饱受了奴役的痛苦。

对汉人的歧视和束缚

元朝又把国内人民，分成四等：即蒙古人、色目人、汉人、南人。(注二)一切重要的官职，都由蒙古人和色目人担任，最下层的南人受着种种压迫，蒙古人和色目人杀死南人，可以不必偿命。为了防止南人的反抗，元朝又禁止人民储藏武器，也不许人民随便养马，并且每二十家要编成一甲，甲有甲主，甲主的衣食用品，都由人民供给，要什么，便得给什么；许多童男少女，遭受了甲主的奸淫、侮辱。

对汉人的欺骗和拉拢

元朝还提倡宗教迷信，来欺骗人民，不管道教、基督教，朝廷一律优待，(注三)对西藏的喇嘛教更加放纵，人民打骂了喇嘛，要被砍手割舌头，可是喇嘛们随便欺侮老百姓，却不受处罚，喇嘛成了压迫人民的特殊人物。同时对中国的读书人，又设法拉拢，依靠他们定制度，定刑法，用中国办法统治中国人民。元朝因为得到这些汉奸文人的帮助，才逐渐巩固起来。

问题：

一、元朝怎样掠夺奴役人民？

二、元朝用什么方法来防止人民的反抗？

三、元朝怎样欺骗麻醉人民？

注解：

一、蒙古人初到中国，不知道种田的好处，想着"汉人种田，没有用处，不如杀个干净，好空出地来，放牧牛羊"。有个耶律储材（辽人）告诉皇帝，农人种田，可以征税，才免了这场惨祸，但汉人土地已被抢去不少。

二、色目人是指回人、藏人和西方的各种人，汉人是指在女真、契丹和中国北部的汉人，南人是指黄河以南的汉人。

三、忽必烈召龙虎山道士张宗演到京城，封做"真人"，教徒说："真人跳到火里烧不着，跳到水里淹不死。"忽必烈叫张宗演推一个人到火里试验一下，张宗演害怕，说道经原是谎话，哀求保存性命。但张宗演死后，忽必烈仍叫他的子孙称真人，因为忽必烈希望道教传到民间，好维持自己的统治。

十、马哥博罗的东来

马哥博罗的东来

马哥博罗是一个意大利商人的儿子，元代领土广大，打通了东西交通，他便跟着父亲来到中国。忽必烈皇帝对他很尊敬，派他出使云南、缅甸、古城、(注一)印度等地，并曾派他在扬州做官三年，总共在中国住了十七年，才由海道回到家乡。那时他写了一本书，叫做《马哥博罗游记》，把中国形容得非常富足，几乎遍地是黄金，夸张得很厉害。

元代中西的商业

马哥博罗东来时，中国的商业交通，已渐发达，从蒙古到西方的大道上，设了许多驿站，(注二)可以很安全的运输货物。南方的泉州、杭州、广州等地，都是当时最大的商埠，在那里有贩卖货物的大商店，也有制造用品的小工场。长胡子蓝眼睛的波斯商人，常把货物从那里运进来，又从那里把货物运出去。据说泉州的海面上，常有几百艘运货船同时停泊，可见当时商业的繁盛了。

中西文化的交流

随着中西交通的发达，西方的天文仪器和算学书籍，开始传到中国来，同时中国的指南针、火药和印刷术(注三)也逐渐传到西方去。指南针是航海的工具，火药是战争必须的物品，至于印刷术，对传播文化更是重要。这三样东西，都是我们祖先创造的，也是他们对世界的大贡献。有人说"中国人生来就蠢笨"，那是毫无根据的说法。

问题：

一、元朝的中西交通怎样？当时我国的大都市有那几个？

二、中西交通发达以后，外国有什么东西传进来？我国又有那些东西传出去？

作业：

仔细把插图研究一下，看马哥孛罗都经过那些地方？自己也画个地图试试看。

注解：

一、占城在现在的安南。

二、古时为了传送军报与官文书，在内地设站以马交通递送，叫做驿站。元时西方大道上的驿站，多驻兵保护，故商旅行动比较安全。

三、宋时，毕昇用胶泥刻字，用火烧坚，使用它来排印书籍，非常方便。元时马哥博罗把这种方法传到西方去。

十一、朱 元 璋

农民起义

蒙古人统治中国，汉族的地主官僚，争先投降，帮助元朝压迫汉人，但广大人民，却不忘祖国，英勇抵抗。元朝末年，汉人对元的统治更加不满，到处流传着"杀鞑子，灭元朝"的歌谣，教徒韩林儿、盐贩方国珍、渔夫陈友谅、船夫张士诚等，更先后起义，占据了黄河以南的广大土地。

朱元璋统一中国

朱元璋是一个能干的农民领袖。他一方面号召人民起来"驱逐胡虏，恢复中华"；一方面又注意加强军队纪律，不许乱烧乱杀，残害人民。这些都取得人民的拥护，所以朱元璋起义虽晚，但力量最强。他先把陈友谅、张士诚等打败，统一江南，然后带兵北伐，把元朝赶回蒙古，(注一)建立明朝。

背叛人民　保护地主

朱元璋原是个贫农，尝过饥寒和痛苦，做了皇帝以后，又奖励农民多开荒，多生产；新开的荒地，不论原来主人是谁，统归耕者自己所有。没有耕牛种子的流民，还可以帮助解决。但这并不是为了改善人民生活，而是为了增加税收，巩固明的统治。他和过去野心家一样，背叛了人民，小心的保护地主的利益。他的亲属功臣，都霸占许多田地，少的几百顷，多的几万顷。(注二)可是过去拥护他起义的农民，依然受着贵族地主的压迫和剥削，只不过暂时生活比较安定罢了。

问题：

一、元末领导起义的是那些人？

二、朱元璋为什么能取得胜利？

三、朱元璋为什么奖励农业？他做了皇帝后，还是保护农民吗？

作业：
比较朱元璋和刘邦有那些共同的地方？

注解：
一、朱元璋占领燕京后，曾派大军向蒙古讨伐，但蒙古人依然占据现在内蒙以北的土地。

二、明朝皇室、贵族占田很多，藩王原规定每人一千顷，实际上都超过，例如潞王（卫辉）占田四万顷，福王（洛阳）也有四万顷，其他贵族占田也不少。

十二、倭　　寇

倭寇的来历

中国的边患，历代都是来自北方和西方，从明朝起，海上又来了新的敌人——倭寇。原来那时日本商业已渐发达，需要和中国交易，明朝想独占对日贸易，只许日本用进贡名义，向中国贩卖少许货物，普通商人就只有偷偷的在沿岸交易了，但货物常被豪强夺去，闹得破产流浪，不能回国，日子久了，就和中国商人流民结合起来，劫掠沿海各地，历史上称做倭寇。

倭寇的抢劫

一五五三年，倭寇大规模的骚扰沿海，几千里内同时吃紧！那时，正是严嵩把持内政，他只会搜括钱财，(注一) 那管外患不外患，许多剿寇将领，倒被他陷害了。(注二) 这样就使倭寇的气焰，愈剿愈炽，从广东到辽宁的沿海，都有倭寇的足迹，甚至内地的安徽，也遭受倭寇的蹂躏。那时曾有一股倭寇，人数不过六七十人，竟能从绍兴经过杭州、徽州，一直烧杀到南京，最后又打到无锡，才被消灭，真像没人敢堵挡似的。后来戚继光依靠民兵的力量，才逐渐把倭寇赶出去。

倭寇的侵略朝鲜

隔了三十年，日本野心的丰臣秀吉，想把明朝吞并，又派兵攻入朝鲜，直打到平壤，把朝鲜王子也虏去了。那时朝鲜是明的属国，明朝派兵援助，经过七年才结束战争。日本虽然没有达到侵略的目的，但明朝也自此更加衰弱了。

问题:
一、倭寇是怎样来的?为什么侵略中国?
二、明朝的倭寇为什么没有很快的被肃清呢?
三、日本为什么进攻朝鲜,结果怎样?

作业:
严嵩的妨害剿寇和秦桧的陷害岳飞有什么相同的地方?试把两课仔细研究一下。

注解:
一、严嵩是明朝后期一个宰相,专门搜刮人。后来犯罪抄家,仅老家财产,就值银二百三十六万两,其他地方也不会少。
二、例如张经剿寇有功,严嵩的党徒,反说张经不努力,把张经下狱处死。

十三、阉党的专横

明的特务统治

明朝的皇帝,非常荒淫,常常几年不见大臣,一切国家大事,全由太监去处理,太监权力很大,几乎就是皇帝的代理人。皇帝又很信任太监,不管打仗收税,甚至开矿,凡是有权的大官,都派有太监,监视他们的行动。另外,为了镇压人民的反抗,又设立东西两厂,(注一)专门豢养地痞流氓做特务,到处探听消息,欺压人民。江西有两个人竞赛龙舟,竟被指做反叛,抓去杀死,多么凶恶!人民看到他们,就像见了老虎,要赶紧逃避,才能免祸。

阉党的卑鄙专横

太监中最凶恶的,要算明末的魏忠贤。他和皇帝的乳母勾结着,把持一切大权。许多官僚看到魏忠贤权大,就争着做魏的义子、义孙,投奔魏的门下,结成阉党,淫乱腐化非常卑鄙,有些为了讨好魏忠贤,不惜拿出成百万的金钱,给魏忠贤修祠塑像,叩头礼拜,称九千岁。真是所谓"一人之下,万万人之上"啊!少数正派人,觉得魏忠贤太专横,这样下去,岂不会把明的江山闹垮!于是也结成东林党,(注二)批评魏忠贤,被魏忠贤指做"邪党""奸逆",不是撤职,就是杀死,不少正派人就这样牺牲了。

屠杀抗敌将领

当时,东北的满清,已经强大起来,不断侵犯明的边境。(注三)有个熊廷弼镇守辽东，确是个能干的将军，但兵权全操在阉党手里，他们平时，假报战功，欺骗人民，敌人一来，就狼狈逃跑，反诬熊廷弼不抵抗，把熊廷弼杀死。这无异给满清扫清了侵略道路，明的外患，就更加严重了。

问题：
一、明的皇帝，采用什么办法来维持他的统治？
二、阉党是怎样形成的，他们怎样排挤正派人？
三、阉党真心抵抗外患吗？他们怎样杀害熊廷弼？

作业：
阉党的作法，和今天中国的反动派，有那些相同的地方，比较一下。

注解：
一、明设东厂、西厂，由太监经管，培养大批特务，专门探听情报，捕杀反抗的官吏和人民。
二、顾宪成被撤职后，在无锡的东林书院讲学，一时不得志的官僚，都到那里听讲，并议论朝政，被称作"东林党"，这些人比较爱名誉，不过也是地主阶级的代表。
三、满族本是女真族的后代，明时，住在松花江一带，受明的统治。到努尔哈赤的时候，势力渐渐强大，统一附近各部落，建立金国，以后，又改称清。

十四、李自成

人民的痛苦和灾难

阉党的特务统治，使政治更加腐化，人民除向地主交租以外，还要受吏官的重重剥削，生活很痛苦。崇祯元年以后，陕西连年不下雨，发生可怕的饥荒，树皮、野菜吃光了，饥民拿石粉充饥，不能消化，几天以后，就肚胀死了。可是官吏还要派兵催缴钱粮，人民无路可走，便纷纷起义，饥民、逃兵和矿工，汇成了一条反抗的巨流。

李自成的起义

李自成又称李闯王，是当时起义军最杰出的领袖，他原是个牧童，很知道穷人的痛苦，起义以后，还是穿布衣，吃粗饭，过着士兵一样的生活。军队纪律很好，不杀人，不抢掠妇女，抢到官家的财物，就分给穷人，人民拥护他，都唱着："盼闯王，迎闯王，闯王来了不纳粮。"很多参加了他的队伍，所以起义军发展很快，虽被明兵到处围剿，终于占领北京，打垮了明朝的腐朽统治。

李自成的失败

但是,李自成占领北京以后,就和人民疏远了,他没有解除农民的痛苦,也没有派兵防御东北的敌人。部下的刘宗敏、牛金星等,以为战争已经胜利,只顾争权夺利,饮酒取乐,甚至吴三桂的爱妾,也被他们掳去了。吴三桂本来是个软骨头,这时便不顾民族利益,请清兵入关,占领北京。李自成仓卒应战,不能抵抗,退到南方自杀了,但部下并未散伙,他们又转入反满的斗争里了。

问题:

一、明末人民的生活怎样?灾祸发生以后呢?

二、李自成的军队好不好,人民为什么拥护他?

三、李自成为什么遭受失败?吴三桂应当引清兵入关吗?

十五、汉人的反满斗争

满清占领北京后,明的文武百官大都投降,一点民族气节也没有,真正反抗满清奴役的,是广大的劳动人民。

史可法的反抗

当时,史可法想恢复明的天下,在南京建立新政府,自己在江北防守。史可法虽不敢发动人民抗战,但意志倒很坚决,清兵几次诱降,都被他拒绝。后来清兵南下,史可法坚守扬州,七天以后,城被攻破,史可法也英勇的牺牲了。

江阴人民的反抗

清兵进入中国的第二年,下令全国十天以内,把发薙掉,如不薙发,就斩头示众,正是"留头不留发,留发不留头",不知杀害了多少汉人,这更激起人民的反抗。例如江阴知县要人民薙发,人民把他拘禁起来,选举关应元做领袖,抵抗清兵,四乡农民也来援助,大家英勇抵抗,杀死满清三个王、十八个将军。

郑成功的反抗

在东南抗清的是郑成功,他占领台湾和沿海岛屿,不断的袭击清兵。满清觉得威胁太大，就命令沿海五十里内的居民，一律迁到内地，所有城市，乡村，通统烧毁，不许人民进入这个"无人区"，但人民依然偷偷接济郑成功，直到四十年后，满清才把台湾占领，统一全中国。

问题：
一、史可法怎样抗清？
二、江阴人民怎样抗清？
三、郑成功怎样抗清？

十六、满清怎样统治汉人

对汉人掠夺和剥削

满人到了中国，就用圈地(注一)的办法，大量掠夺汉人的土地，这些被掠夺来的赃物：有些由皇室直接管理，有些分给功臣，有些分给满族的士兵。这样，满清皇帝和他的助手们，实际上就成了大地主。他们不仅要从人民身上征收赋税，而且要向农民榨取地租，以满足他们的奢侈生活。

对汉人的压迫和歧视

为了防止汉人的反抗，满清政府禁止汉人集会、结社和议论国家大事。一切有实权的大官，都是满人担任，汉人只能做个不重要的官，而且还要受种种限制。例如汉人做官时，同时要派一满人去监视，又如近亲不准在同一衙门内做官等。这一切规定，都是为了便于统治汉人。

对汉人的笼络和屠杀

满清皇帝又极力消灭汉人的反满思想。他烧毁了有反满思想的书籍，采用了科举制度，(注二)使读书的汉人，只知埋头读书，不知反抗。同时，对于有反满思想的汉人，又大加屠杀，读书人常因错用一个字，说错一句话，就被杀头。例如有个徐骏，因为在他作的诗中，有"清风不识字，何故乱翻书"两句，就被处死。又如有个考试官查嗣廷，因为出了一个题目叫做"维民所止"，雍正皇帝认为"维""止"二字，是故意把雍正的头去掉，也被下在狱里死掉了。

问题：

一、满清怎样掠夺汉人的土地？

二、满清怎样消灭汉人的反满思想？

作业：

清代统治汉人的方法那些地方和元代相仿，那些地方比元代更毒辣？试把两课比较一下。

注解：

一、满清入关，没收了明朝皇室和贵族的土地，并乘战乱，人民流亡，任意选择肥美的土地，用马驰行一周，圈内者即归其所有，这叫圈地，圈地有时也用插标的办法。当时河北、山东等省被圈去的土地最多。

二、这是一种利用考试，选拔人才的制度，自隋至清，各代都采用。因考试的东西，都是书本上的死知识，所以读书人埋头读书，久了就不懂实际问题，变做书呆子。

十七、清代的对外侵略

清代疆域的扩大

满清入关以前，就把内蒙古征服，从那里掠取贡品，征调军队，再用来征服汉人。汉人被镇压下去后，满清又派军队向西南、西北的边疆征伐，经过一百多年的工夫，外蒙的蒙古人、新疆的回人、西藏的藏人，都先后被满清征服。最盛的时期，东方的高丽，西方的阿富汗、吉尔吉斯，(注一)南方的安南、缅甸、暹罗等国，也都向中国进贡，除掉元代以外，满清是我国疆域最大的一朝。

对各民族的屠杀

征服这样辽阔的土地，是和野蛮的屠杀分不开的，在平定苗人时，(注二)苗人被杀的有四五万人，在平定新疆的准噶尔(注三)时，准部六十多万人，差不多全被杀死。战争结束以后，满清又在乌里鸦苏台、伊犁、拉萨等地，设立大臣，驻扎军队。这些大臣，就像一个小皇帝，他们镇压各民族的反抗，并替皇帝征收珍贵的贡品。

对各族的欺骗和分化

在满清统治的各族中，蒙族地位比较高些。他常和蒙古王公互通婚姻，约定共同压迫国内的人民。同时，又竭力提倡喇嘛教，(注四)优待喇嘛教首领,好像很爱护喇嘛教似的,使蒙古、西藏的人民,看不清谁是他们的敌人。最毒辣的,是满清的分化政策,他利用蒙古人镇压汉人,又嗾使汉人屠杀回人和藏人,造下了各族多年的仇恨。不过各民族的反抗,并没有完全停止,他们常袭击满清的军队,杀死满清的大臣,不断的进行反满的斗争。

问题:
一、满清政府对外征服了那些地方?
二、满清为什么优待喇嘛教的首领?
三、满清统治者最毒辣的办法是什么?

作业:
画一张清朝地图。

注解:
一、在中亚细亚。
二、是蒙古人的一部,住在天山以北的伊犁附近。
三、贵州、云南山地中,都有苗民居住,特别贵州东南部,有一大块土地,是苗民住区,当时称做苗族。
四、西藏人、蒙古人,多信喇嘛教。

十八、唐宋以来的妇女地位

妇女缠足的来历

妇女的缠足,大约是从五代开始的,南唐李后主(注一)的宫女——窅娘,很善跳舞,李后主使人作成六尺高的金莲花,让窅娘把脚缠得弯弯的踏在上面舞蹈,姿态很是好看,据说这是缠足的起源;以后渐渐普及,连老百姓也都缠足了。俗语说:"小脚一双,眼泪两缸。"这不仅使妇女变成残废,而且使妇女丧失劳动生产的能力,完全变成男子的玩物。

宋元的妇女

宋代以后,妇女的地位更加低落,那时有个读书人,(注二)他说妇女守节,是最重要的事,那怕饿死,也不能改嫁。但另一方面,男子却可以随便娶小老婆,又可以把她们随时赶出去。元时,有个将军,在他打仗以前,竟叫他的七个小老婆统通吊死,这是多么野蛮,多么残忍啊!

明代的妇女

明代的朱元璋(注三)竭力提倡贞节，凡是从三十岁以前守寡到五十岁的，就可以免除她本家的差役，有些还替她立牌坊。这种风气一盛行，于是妇女定了婚，不幸未婚夫死了，便要守寡，被人调戏了要自杀，这都叫什么"烈女"。无数可怜的妇女，就在这"烈女"的美名下，做了"冤死鬼"。

清代的妇女

到了清朝，人们更公开提倡妇女的愚昧，说愚昧是妇女的美德。在统治者看来，妇女生来就应当做家庭的奴隶，受男子的玩弄，于是妇女的痛苦，更加深重了。

问题：

一、缠足是从何时开始的？这给了妇女怎样的痛苦？

二、女子不能改嫁，男子可以随时娶妻，这算平等吗？

三、明朝朱元璋怎样提倡贞节？有什么恶果？

作业：

仔细研究一下在日常生活习惯里，还有那些轻视妇女的地方，把他记录下来。

注解：

一、南唐是五代时一个国家。

二、宋朝程伊川说："饿死事极小，失节事极大。"

三、朱元璋觉得妇女是"女祸"，竭力防止后妃管理明朝政事，他曾说："人如果不是母亲生的，天下的妇女都可以杀掉。"

附录　本册大事年表

公　　元	重 大 事 件
五八九年	隋统一中国
六〇五年	炀帝即位，开运河
六一一年	炀帝发兵百余万讨伐高丽
六一八年	炀帝被杀，李渊称帝建立唐朝
六二七年	唐太宗即位
八七五年	黄巢起义
八八〇年	黄巢攻陷长安
八八四年	黄巢兵败自杀
九〇七年	朱全忠灭唐建立后梁
九六〇年	赵匡胤建立宋朝
一〇〇四年	辽人侵宋，宋辽议和
一〇六九年	王安石实行新法
一一二五年	金灭辽
一一二七年	北宋亡，南宋建立
一一四〇年	岳飞在朱仙镇大破金兵
一一四二年	南宋和金议和
一二〇六年	铁木真称成吉思汗
一二三四年	蒙古灭金
一二七一年	蒙古建国号为元，马哥博罗东来
一二七九年	南宋亡
一三六八年	元退回长城以北
一三六九年	明朝倭寇开始侵略沿海

(续表)

公　元	重　大　事　件
一五五三年	倭寇大规模侵略沿海
一五九二年	倭寇攻朝鲜
一六一六年	努尔哈赤建国
一六二八年	李自成起义
一六四四年	李自成攻陷北京，清兵入关
一六四五年	李自成败死，史可法战死
一六九七年	清平定外蒙古
一七二〇年	清平定西藏
一七五八年	清平定新疆北部
一七五九年	清平定新疆南部
一八四〇年	鸦片战争爆发

第三册

目　录

一、鸦片战争 / 48

二、太平天国的兴起 / 49

三、地主武装的建立和反攻 / 50

四、太平天国的失败 / 51

五、李鸿章的洋务运动 / 52

六、第一次中日战争 / 53

七、列强在中国的势力范围 / 55

八、康梁的变法 / 56

九、义和团与八国联军 / 57

十、孙中山与同盟会 / 59

十一、辛亥革命 / 60

十二、袁世凯的称帝 / 61

十三、工业发展和民主要求的滋长 / 62

十四、五四运动 / 63

十五、中国共产党的产生 / 64

十六、香港海员罢工与二七惨案 / 65

十七、军阀混战和曹锟贿选 / 66

十八、中国国民党的改组 / 68

附录　本册大事年表 / 70

一、鸦片战争

战争前的中国

满清是个古老的封建大帝国，工商业不发达，人们还是男耕女织，过着自给自足的生活，很少和外洋人接触的机会。眼光短小的满清政府，不知道世界有多么大，看到四周是些小国，便自高自大，自称"天朝"，看不起一切外国人，又因惧怕人民勾结外国人，反抗起义，(注一)更索性闭关自守，拒绝和外国通商。其实那时欧洲的国家，早已采用机器生产，正想打开中国的大门，开辟这个广大的中国市场。

英国的积极侵略

当时英国是工业最发达的国家，他积极的侵略中国，每年向中国输入许多布匹和鸦片，特别是鸦片，不仅从中国赚去许多钱，并且毒害中国人民，吸上了瘾，就变成废人。满清政府在舆论压迫下采取了禁烟的办法，派林则徐到广州专门查办。

战争的爆发

林则徐到了广州，就下令给英国商人，交出鸦片两万多箱，在虎门烧毁；并要求英商保证以后不再往中国贩毒品。这本来是合理的要求，但英国仗着他有军舰、大炮，就大举向中国进攻。当时林则徐早有准备，英军看广州不好打，就转攻浙江，陷定海，围宁波，又北上攻陷大沽，满清政府腐败无能，就赶紧把林则徐撤职，另派了一位奕(琦)善来代替他的工作。

战争的失败

奕(琦)善是个软骨头，他不发动群众，抵抗英军，却把防御设备毁掉，希图讨好英国人。英国想掠夺更多的权利，就又乘机攻下厦门、镇江，直逼南京，满清更加恐慌起来，派人和英国订立南京条约：允许向英国赔款两千一百万两，开辟上海、福州、宁波、厦门、广州做通商口岸，并把香港永远割给英国。从此，中国"纸老虎"被戳破了，列强谁也想来欺侮，中国逐渐变成列强的半殖民地了。

问题：

一、鸦片战争前，中国是个怎样的国家？它对外的态度怎样？

二、英国为什么把鸦片输入中国？该不该禁止？
三、鸦片战争是怎样爆发的？结果怎样？

作业：
画个简单的地图，看英国要求通商的五口都在什么地方？

注解：
一、清初郑成功占据台湾和沿海岛屿，抵抗清兵，后来，郑成功虽失败，但反抗满清的汉人，很多逃亡海外，所以满清政府不愿华侨出洋，也不愿人民和外国人发生关系。

二、太平天国的兴起

人民生活恶化

鸦片战争后，"物美价廉"的洋货，大量输入进来，手工业不能和洋货竞争，便很快的破产了。同时满清政府贪污腐化，横征暴敛，又把战争的赔款，加在人民身上，人民生活更加困难，到处闹灾荒，因此许多地方爆发了反对满清统治的群众运动。

太平军的起义

太平天国的领袖，叫做洪秀全，他原是个落榜的书生，后来做了上帝教的首领，住在广西鹏花山中传教，很得穷人的信仰。一八五〇年，广西发生饿荒，政府不救济，依然横征暴敛，人民无法生活，洪秀全就率众在金田起义，占领永安，建立太平天国，许多贫苦民众，都参加了太平军的队伍。不久，太平军攻打湖南、湖北，占领武汉，然后沿江东下攻陷南京，当时太平军的队伍，已有二百万。

太平军的发展

太平军占领南京后，就拿南京做根据地，继续向外发展。那时北伐军由林凤祥、李开芳率领，打河南，经山西再攻入河北，不到半年工夫，便打下二十多个县城。西征军由胡以晃率领，攻下安庆、武汉，控制着长江流域。同时南方的苏州也被太平军占领，取得很大胜利。

太平军的政策

太平军的胜利，是和他的政策分不开的，洪秀全占领南京后，公布了许多进步的政策：第一，他主张全国土地都收归国有，"有田同耕，有饭同吃"，不论是谁，只要能够种田的，就分田地给他耕种；第二，他认为天下的男子,都是兄弟,女子都是姊妹,大家要平等互助,谁也不许压迫谁;第三,他主张废除各种坏风俗,例如:买卖妇女、娶小老婆、缠小脚、抽大烟等,都应当禁止。这些办法,说明太平天国比过去的农民暴动,已经前进了一步,因为他们提出了自己的要求,开始想解决农民的土地问题了。

问题:
一、鸦片战争后,人民生活为什么逐渐困难呢?
二、太平天国从什么地方起义,又经过那些地方到达南京?
三、太平天国公布了那些进步的政策?

作业:
太平天国的起义,和过去比较起来,有那些不同?试把他研究一下。

三、地主武装的建立和反攻

太平军的发展,打击了地主的利益,动摇了满清的统治。地主豪绅看到满清军队,不能保卫他们的利益,便积极组织新的军队。其中最强大的,是曾国藩领导的湘军。

湘军的建立

曾国藩是满清的忠实走狗,也是最可耻的大汉奸。他为了消灭起义的人民,便一面团结豪绅地主,叫他们办理保甲,调查户口,捕杀同情太平军的人民;一面又组织湘军的士兵,虽是农民,但他的军官,大都是曾国藩的亲属、朋友、学生,经过曾国藩的训练,成为最反动的地主武装。

湘军的屠杀和掠劫

太平军纪律很好,绝不损害老百姓的利益,到处受人民的欢迎,和人民关系很密切。曾国藩仇视人民,就提倡捕人要多,杀人要快,打算斩草除根,杀个干净。例如:湘军打开宁国府,不管士兵居民,全部杀死,死尸几个月也没人掩埋,多么残忍。

湘军士兵不愿打仗,曾国藩拿"升官""发财",来欺骗士兵,所以湘军官最多,纪律最坏,到处掠劫,甚至有些士绅,也觉得"官兵不如长毛",(注一)那么一般人民,对湘军就更加痛恨了。

湘军的反攻

长江沿岸是太平军控制的地区,人民安居乐业,生活比较好。湘军从湖南出发,沿江进攻太平军,进入太平军的根据地,到处遭受人民的袭击和反抗,所以曾国藩虽很狡猾,还常常吃败仗,受打击。两军在安徽、江西一带打了好几年,湘军并不能取得胜利。

问题:

一、曾国藩为什么组织湘军?
二、湘军的纪律怎样?他们怎样屠杀人民?
三、湘军从什么地方反攻?人民怎样对待他们?

作业:

曾国藩决心消灭太平军,和今天中国反动派决心消灭民主政权和人民军队有相同的地方吗?试比较一下。

注解:

一、汉人风俗,原不薙发,满人入关以后,才强迫汉人薙去四周头发,洪秀全起义后,又恢复汉人留发的风俗,被统治者称做"长毛贼"。

四、太平天国的失败

对外妥协准备消灭人民

在湘军积极进攻的时候,英法联军打进了北京,(注一)形势很危急!这时,正应动员全国力量,打击外来的侵略者,但满清政府为了消灭太平军,马上和英法订立屈辱的条约,允许开辟汉口等做通商口岸,又允许英法军舰轮船在长江内自由航行。英法从满清手里取得利益,便也组织"洋枪队"帮助清军,这正合曾国藩的要求,更积极的围攻太平军。

太平军的内哄和失败

反革命联合起反攻了,太平军应当团结一致,打击敌人,但太平军的领袖,却因争权夺利,发生不幸的内哄。韦昌辉杀了杨秀清,洪秀全又杀死韦昌辉,同时又怀疑石达开。(注二)石达开更不顾全军胜败,单独行动起来,削弱了太平军的力量。曾国藩由四面反攻,太平军的土地,一天天的缩小起来。一八六四年清军占领南京,洪秀全也服毒自杀了，城内十万太平军的英勇战士，做了曾国藩屠刀下的牺牲品。

太平军失败的原因

太平军从金田起义，到南京陷落，坚持了十五年，终于失败了。这因为那时还没有共产党来领导，可是他们自己呢，又都是农民，不会团结，看不到远处，在占领南京以后，虽然公布了许多的政策，却没有坚决实行。因而太平军没有能把群众发动起来，建立巩固的根据地，只是几百万军队打来打去，没有训练休息的机会，结果还是被统治者镇压下去了。这说明没有工人阶级的领导，农民就不会找到解放自己的道路。

问题：

一、满清为什么和英法订立屈辱的条约？
二、太平军发生怎样的内哄？有什么影响？
三、太平军失败的原因在那里？

注解：

一、一八五六年九月，一只中国商船，载着几个私货商人，挂着英国旗子，到广州来。巡海官兵，知道这是奸商在捣鬼，下船去搜查，把几个坏人搜去，并把英国国旗撕毁，英国就拿这做藉口，进攻广州。广州人民受了英军的蹂躏，暴动起来，把英法等国的洋行烧毁，英法就联合起来，大举向中国进攻。

二、杨秀清是东王，韦昌辉是北王，石达开是翼王，都是当时的重要领袖。

五、李鸿章的洋务运动

中国藩属的丧失

鸦片战争后，中国像一块肥美的嫩肉，被列强一块块的分食着，香港和九龙半岛割给英国，东北边境的土地，也割给俄国了。(注一)太平天国失败后，列强侵略的气焰，更加高涨。法国吞并了安南，英国吞并了缅甸，连小小的日本，也爬上侵略的舞台，把中国的琉球群岛抢去了。(注二)这样连续不断的侵略，不仅使中国人民饱受蹂躏的痛苦，就是满清政府也觉得不想办法，就不能继续做中国的统治者，于是李鸿章等开明官僚，就出来提倡"富国强兵"的办法。

李鸿章的洋务主张

李鸿章是满清的忠实走狗，他觉得地主剥削农民，男人压迫女人，中国一切旧制度都是好的,都比洋人高明,只是因为没有洋枪洋炮,中国才吃了败仗,因此,他提倡选拔聪明的青年学生到外国学习制造枪炮的方法。他又提倡购买新式武器,建立新式工厂,成立新式军队等。这些"富国强兵"的办法,是当时新官僚的共同主张,在历史上叫做"洋务运动"。

新工业的创设

一八六二年以后,满清创立了自己的军需工业,例如上海制炮局、金陵兵工厂、江南制船厂和金陵火药库等,都是那时设立的新工厂。一八七八年,又在河北开平,用新法开采煤矿;并从那里到塘沽,修筑了一条铁道。不久,富裕的商人和官僚,看到新工厂可以赚钱,也开始设立工厂,纺纱织布,制造洋货。不过洋货既可随便运到中国贩卖,所以中国的新式工业,很少发展的希望。

洋务运动的成就

经过二三十年的努力,中国有了轮船兵舰,有了新式的海军、陆军,有了洋举人、洋秀才,一切都是落后的满清政府,在他腐朽的身体上,披上一件洋化的外衣。他想用这一套新式武装,来巩固他的统治。

问题:
一、鸦片战争后,我国失掉了那些地方?
二、李鸿章提倡什么洋务?
三、"洋务运动"有什么成就?

作业:
从地图上,研究李鸿章提倡洋务时,中国已丧失那些地方?

注解:
一、一八五八年俄国抢去黑龙江以北的土地;一八六〇年,俄国又抢去乌苏里江以东的土地。
二、一八七四年,日本藉口台湾人杀死琉球难民,出兵台湾,中国要日本撤兵,日本不肯,由英国调停订立条约,不久琉球即被日本吞并。

六、第一次中日战争

日本为什么侵略中国

日本原也是个封建落后国家,它和中国一样,受着西洋列强的压迫。一八六八年后,日本着实把内政改革了一番,工商业才发展起来,成了个强盛的国家。(注一)但日本土地狭小,出产的原料很少,同时日本农民受地主压迫,非常穷困,工人生活也很苦,都没有钱购买资本家的货物。因此,资本家要求向外侵略,扩大市场。

战争的爆发

日本对外侵略的对象,第一个就是朝鲜。朝鲜原是中国的属地,侵略朝鲜,首先就要排除中国在朝鲜的势力。一八九四年,朝鲜发生内乱,(注二)中国和日本同时出兵朝鲜,日本就乘这机会强迫朝鲜脱离中国,投降日本。同时,又袭击中国军队,战争就这样爆发起来。

战争的失败

满清事前没有准备,战争发生后还没有抵抗的决心,指挥也不统一,所以陆军很快的就在朝鲜失败,海军也被敌人歼灭,中国遭受惨败。满清又派李鸿章和日本议和,订立马关条约。它的内容主要有以下四点:

一、中国承认朝鲜独立;(注三)

二、中国把辽东半岛、台湾全岛和澎湖列岛割给日本;

三、中国赔偿日本军费两万万;

四、中国准许日本人在各通商口岸,设立工厂制造货物。

日本退还辽东半岛

在这短短的四条中,日本从中国抢去许多利益,列强看了都不免眼红;特别是俄国,他本来想占领东北,不料日本先把辽东半岛抢去,心中很不高兴,于是就联合法德两国,强迫日本把辽东半岛退还中国,中国另外给日本白银三千万两,算做赎金。列强争权夺利,吃亏的还是中国。不过自此以后,日俄在东北的冲突,就更加尖锐了。

问题:

一、日本为什么侵略中国?

二、中日战争是怎样爆发的?结果怎样?

三、列强为什么要求日本,退还中国辽东半岛?

作业:

把马关条约和以前的条约比较一下,看日本有什么新的要求?

注解：

一、一八六八年后，日本明治天皇改革内政，在国内修筑铁路，建设工厂，发展工商业，日本从此变成一个资本主义国家。这在历史上，叫做"明治维新"。

二、朝鲜的东学党叛乱，声势很大，朝鲜政府要求中国出兵援助。

三、朝鲜脱离中国后，就变成日本的附庸。一九一〇年日本正式把朝鲜吞并。

七、列强在中国的势力范围

列强侵略的新办法

中日战争后，列强采用新的办法，侵略中国。从前他们侵略中国的主要目的，只是开辟商埠，自由通商，到了中日战争以后，他们不仅向中国倾销货物，并且在中国开设工厂，直接利用中国的原料，雇用中国的工人，制成货物后，再卖给中国老百姓，不费多少麻烦，就可赚得许多钱。为了保证这种特殊的利益，列强把中国划成几个区域，各自霸占一块，在那里开设工厂，建筑铁道，并和当地官僚军阀拉拢，排斥别国势力的侵入。这个区域，就叫做"势力范围"。

势力范围的划分

列强在中国的势力范围，是逐渐形成的。一八九七年，德国派舰队到中国，强迫满清，租借胶州湾，把山东当做他的势力范围。俄国看到眼红，立刻威胁中国，把旅顺大连租去，并取得从哈尔滨到旅顺的铁路建筑权；(注一) 不久又把他的势力，扩张到蒙古新疆，于是东北和蒙古、新疆，就变成俄国的势力范围了。

英国拿香港做根据地，逐步侵略中国，他先把威海卫和九龙半岛租去。(注二) 一八九九年又强迫满清政府，承认不把长江流域割给别国，从此长江流域成了英国的势力范围。

此外，法国租借了广州湾，把两广和云南当做势力范围，日本把福建当做势力范围。美国是后起的国家，当他来到中国时，已没地方可以抢占了，于是美国就假装慈悲的说："大家都不要抢占呀！谁有货物谁就到中国出卖；有好处，大家要分摊。"这就是美国提倡的"门户开放，机会均等"，他利用这种办法，夺取了一部分利益。

中国成了半殖民地

这时,满清政府已经成了"猫嘴里的老鼠",完全听从列强的摆布,表面上虽还是一个独立国家,实际上已是列强的半殖民地了,中国随时有被瓜分的危险!

问题:

一、中日战争后,列强采用什么办法侵略中国?

二、德国、俄国、日本的势力范围,都包括那些地方?

三、美国为什么提出"门户开放"?这是为了帮助中国吗?

作业:

仔细研究鸦片战争到这时,中国失掉了那些土地?租出了那些港湾?

注解:

一、一八九六年,俄国已取得中东路(当时叫东清路)的建筑权,并规定该路有运输俄国海陆军、采矿、设立警察等权。

二、一八六〇年,满清和英法订立北京条约,将九龙半岛的一部,割给英国。一八九六以后,又扩大九龙半岛的租借地。

八、康梁的变法

康梁的提倡变法

康有为是广东南海人。他生在一个大官僚的家庭,幼时跟着塾师读书,学习孔子的道理。后来,因赴北京经过香港、上海,看到外国的租界,又买了一些洋书,才渐渐懂得外国的事情,知道中国处境的危险。以后,中国对日战争的失败,更促进了他的变法思想,他觉得仅仅依靠洋枪洋炮,还不能抵抗外族的侵略;必须有个开明的皇帝,着实把内政改革一番,才能使中国富强起来。当时,一部分读书人和新官僚赞成他的意见,于是就联合起来,鼓吹改革内政。梁启超是他的学生,也是他最得力的助手。

变法的内容

一八九五年,康梁联合一千多个应试的学生,[注一]上书光绪皇帝,要求改革内政;后来,又屡次向光绪说明变法的重要。年轻的光绪皇帝,终于采纳了他们的意见,于是提拔谭嗣同等新派人物,帮助改革内政，从一八九八年四月起，下了许多命令，例如：废止科举，开办学堂，洗刷没用的官吏，征集人民的意见，选拔懂得工商业的人才，以及设立银行等，都是要改革的事情。

变法的失败

当时，守旧的官僚贵族，都竭力反对变法，他们有慈禧太后当台柱，(注二)又有荣禄的军队作后盾，(注三)实力很是雄厚。康有为以为袁世凯同情变法，就秘密告诉光绪，用袁氏代替荣禄。但不幸袁世凯告密，慈禧遂下令镇压新派，结果谭嗣同等被杀死，光绪被囚禁起来，康梁也被迫逃往国外，变法运动因此失败了。

失败的原因

康梁的新派人数很少，和群众没有联系，没有多大力量，反动势力积极反对变法，他们掌握着大权，所以变法很容易遭受了失败。这说明腐朽的满清政府，不能把内政改好，要想使中国富强起来，就必须发动群众，推翻满清的统治。后来的革命者，渐渐纠正了康梁的错误。

问题：
一、康梁变法的内容是什么？
二、康梁变法的经过怎样？
三、康梁变法为什么遭受失败？

作业：
比较康梁的新法和李鸿章的洋务有什么不同，并把它扼要的整理出来。

注解：
一、一八九五年，康梁赴北京考试，那时正是中国对日失败以后，他们就联合一千多举人，上书光绪，要求变法。
二、慈禧太后是同治皇帝的生母，同治年幼，慈禧掌握大权。同治死，光绪年幼，大权仍在慈禧的手里，光绪不过是她的傀儡罢了。
三、荣禄是当时的直隶（河北）总督，节制北洋三军，袁世凯的新建军也归他节制。

九、义和团与八国联军

义和团的反帝

义和团原是一种迷信组织，在山东、河北一带活动；参加这种组织的，大都是农民和工人。列强侵入中国后，不仅使工农生活日益痛苦，而且外国的传教士，又常常掠夺土地，建筑教堂，欺侮中国人，这更激起了人民的义愤。于是义和团渐渐转向反帝活动，他们宣传可以用符咒抵抗洋枪，用神力征服洋兵，很受人民欢迎。到了一九〇〇年，义和团已在河北、山东一带，造成很大的势力。

义和团的被利用

义和团最初的口号，是"反清灭洋"，慈禧害怕他们"反清"，就鼓励他们排外，并招他们入京。义和团便被利用由"反清灭洋"变成"扶清灭洋"。他们杀洋人，烧教堂，拆铁路，毁电线，围攻各国使馆，(注一)甚至有些藏着洋书的人，也被他们拿去杀掉。

八国联军的入京

帝国主义有了藉口，英美法德俄日奥意八国，便联合进攻中国。义和团虽曾英勇的抵抗联军，但念符咒到底挡不住洋枪洋炮，联军终于攻入北京，(注二)在城里大抢大杀，奸淫放火，什么都干。列强宣传要惩罚野蛮的中国人，但他们自己却干着最野蛮的勾当！

辛丑条约

联军胜利以后，帝国主义便讨论怎样瓜分中国；可是每个强盗，都嫌自己占得太少，别人占得太多，赃物很难分配，结果还是订了一条共同奴役中国的辛丑条约。在这条约上，满清允许各国在天津、北京中间驻扎军队；允许拆毁大沽和天津、北京间的炮台；此外又允许向各国赔款四万五千万两，如把利息一并计算起来，大约有十万万两，平均每个中国人要拿出二两多白银，才能还清，这是多么苛重的掠夺啊！

问题：

一、义和团是怎样的组织？他们为什么走向反帝？
二、慈禧太后怎样利用义和团？
三、在辛丑条约中，中国失掉了那些权利？

注解：

一、那时各国使馆虽没有被攻下，但德国公使克林德和日本书记官杉山彬，却都被杀死。

二、那时慈禧已逃往西安。

十、孙中山与同盟会

国内反满思想的增长

当时的满清政府已经成了一个替帝国主义压榨中国人民的机关了，满清政府为了要给帝国主义许多赔款，他就尽量的压榨老百姓，因此各地群众的抗捐运动都开展起来，而在中国的资本家方面，因为中国关税不能自主，外国人还能在中国开办工厂，中国的工厂倒要担负苛重的捐税，就更不能和"价廉物美"的外货竞争，使中国新兴的工业不能发展，所以在一部分资产阶级的知识分子中也滋长着反满的情绪，他们的领袖就是孙中山。

孙中山与三民主义

孙中山从小就看到满清政府的腐败无能，只会压迫民众，不能反抗侵略，后来他在外国读书，更扩大了眼界，加深了反满思想，便在一八九四年组织兴中会，鼓吹革命。一九〇五年，孙中山又把兴中会改成同盟会。同盟会奋斗的目标有三个：第一是推翻满清，恢复中华；第二是建立民国；第三是平均地权。这三条合起来，就是孙中山的三民主义。(注一)

同盟会的反满起义

同盟会是反满人士的共同组织。参加同盟会的有资本家和开明的地主，也有工人和农民，(注二)包括阶层很多，所以力量也较大。同盟会自从成立以后，就派人刺杀满清官吏，组织暴动，但因人数太少，结果都遭受失败。一九一一年，同盟会又在黄兴领导下，计划在广州起义。不幸，走漏消息，被总督知道了，竭力搜捕他们。黄兴便亲率同志一百多人，攻入总督署，被官军围着。当时牺牲的有七十二人，后来葬在黄花岗，这就是有名的"黄花岗之役"。(注三)

这是民国成立前最后一次的起义，它好像一声号炮，掀起了全国的反满运动。

问题：

一、孙中山组织了那些革命团体，为什么？

二、同盟会奋斗的目标是什么？
三、参加同盟会的会员,包括那些阶层的人？

作业：
把本课和第七课比较研究一下,看孙中山的救国的办法,和康梁有什么不同？那一种较好？

注解：
一、这是三民主义的胚胎,和国民党改组后的新三民主义不同。
二、当时参加同盟会的有哥老会等秘密组织的会员,他们大都是贫苦的农民和工人。
三、黄花岗在广州城外。

十一、辛亥革命

革命前的争路风潮

帝国主义在我国修筑铁路,吸取人民血汗,满清政府顺从帝国主义的意旨,出卖建筑铁路的权利。一九一一年,满清政府宣布铁路收归国有,不许中国资本家修筑,同时,又用筑路的名义,向外国大借外债,这实际上是把筑路的权利,出卖给帝国主义。于是各地的人民绅商,群起反对。满清用屠杀手段,对付人民的抗议,在四川屠杀四十余人,但争路的浪潮,仍在全国激荡着。

武昌起义

同盟会利用这个机会,动员湖北新军起义。(注一)在十月十号那天武昌的新军起义占领军械局,进攻总督署。总督弃城逃走,新军占领武昌,改称民军,建立中华民国军政府。这时革命的浪潮,很快的波及全国,不到一个月工夫,湖南、江西、陕西、云南等十一省,都纷纷响应,接着山东、四川、甘肃等省,也和满清政府脱离关系,在全国许多地方,革命军都取得胜利。

革命和反革命讲和

经过剧烈的战争后,民军占领南京,就在那里组织临时革命政府,推举孙中山做临时大总统。满清看到大势已去,就把军政大权,交给袁世凯。袁世凯表面上赞成"共和",暗中却想乘这机会,取得重要地位,好来破坏革命。这时,民军方面大多数的领导份子,以为革命已经成功,没有消灭封建势力的决心,便和袁世凯妥协了,并选举袁世凯做大总统。自此以后,表面上中华民国是建立起来了,但实际上是军阀代替了皇帝来统治中国,人民依然过着穷苦的生活。轰轰烈烈的辛亥革命,就这样失败了。

问题：
一、争路风潮是怎样发生的？
二、武昌起义的经过怎样？
三、辛亥革命有什么成就？又有什么教训？
注解：
一、新军是清末建立的新式军队,大都采用新法教练,教官大半是留学生,所以新军容易接受革命思想。

十二、袁世凯的称帝

对内反对民主

袁世凯是个最狡猾的反动军阀,他假装赞成民国,和孙中山谈判,但骗得了大总统的地位后,就立刻丢掉假面具,公开限制人民的自由,解散反对自己的党派,刺杀自己的政敌,连孙中山也被迫跑到日本去活动了。

对外出卖民族利益

一九一四年(民国三年)英法和德奥等国,因为争夺殖民地,爆发了第一次世界大战,都顾不上过问中国的事情,日本就乘这机会,侵略中国。袁世凯希望日本帮助他做皇帝,就不惜出卖民族利益,讨好日本。日本占领青岛和胶济路沿线,(注一)袁世凯没有说一句话;日本提出灭亡中国的二十一条,(注二)袁世凯也背着人民的意志,服服贴贴的在条约上签了字。

袁世凯的称帝

袁世凯对日屈服后,就积极准备做皇帝,他指使喽啰们,一面宣传中国人民落后,应当有个皇帝来管理;一面又在各地出宣言,发通电,表示拥护他做皇帝。这一套把戏玩过后,袁氏便于一九一五年(民国四年)十二月,正式宣布做皇帝,大封他的亲戚、朋友做王做侯,闹得乌烟瘴气。不料消息传出后,云南等省,坚决反对,纷纷宣布独立,(注三)同时,各国也不赞成。袁世凯看到形势不好,只得取消帝制,恢复民国。不久袁世凯也羞愤的死去了。

问题:
一、袁世凯怎样反对民主?
二、袁世凯怎样出卖民族利益?
三、袁世凯怎样准备做皇帝?又怎样失败?

作业:
把袁世凯的反动活动,和今天中国反动派的活动比较一下,看有那些相类似的地方?

注解:
一、青岛原租与德国,胶济路亦由德国修筑。一九一四年日本借口对德宣战,占领青岛和胶济线。

二、这条约丧失权利很多,例如规定中国不把沿海港湾、岛屿,租借或割给他国,中国警察要由日人训练,政府要聘用日本人做顾问等。

三、蔡锷在云南宣布独立,并出兵四川讨伐袁军,同时贵州、广西等省亦宣布独立。

十三、工业发展和民主要求的滋长

中国工业的发展

袁世凯垮台以后,大权又落到段祺瑞等一群军阀手里。他们不想改革内政,发展工商业,却大借外债,搜括人民,进行内战,(注一)这对中国工业发展,是个大障碍。可是一九一四年以后,英美等帝国主义国家,都忙着打仗,自顾不暇,再没有大批货物向中国市场销售,中国工业便乘这个机会发展起来,纺织和面粉工厂,增加了两三倍,火柴和卷烟工厂,也增加了许多。

人民民主要求的滋长

随着工业的发展,工人阶级的队伍壮大起来,中国资产阶级的力量也增强了,工人农民不满军阀官僚的统治,资本家也希望有个安定的市场,反对军阀内战,大家要求民主,全国人民正在开始走向新的觉悟的道路。

十月革命的影响

正当这时,传来了十月革命的消息,俄国的工人农民,把地主资产阶级推翻,建立了苏维埃政府,(注二)并自动的废除了帝俄压迫中国的不平等条约。(注三)他们伸出友谊的手,号召中国人民起来,共同反对帝国主义,这对灾难中的中国人民,是多么大的鼓舞啊！当时,北平、天津的学生和一部分工人,曾自动组织起来,宣传十月革命的胜利。

五四前后的新文化运动

当时许多进步的学者,都写文章办报纸,提倡民主和科学,公开驳斥旧的礼教,提倡白话文,主张"有什么话,说什么话；话怎样说就怎样写",说古文是死文学。这在历史上叫做"新文化运动",李大钊、鲁迅都是运动中优秀的代表。

问题：

一、一九一四年以后,中国工商业的情形怎样？各阶层有什么新的要求？

二、十月革命后,俄国怎样对待中国,有什么影响？

三、新文化运动的代表是谁？他们主张什么？

注解：

一、一九一七年八月,中国对德宣战,仅派去一部分工人,并没有军队直接作战,但段祺瑞却用参战名义,向日本借款五万万元,来进行内战。

二、"苏维埃"三字是由俄国话翻译过来的,原是委员会或评议会的意思。俄国十月革命成功后,以工农兵代表会议组织政府,所以称他们的政府,叫做苏维埃政府。

三、一九二〇年,苏联通知中国,自动废除帝俄压迫中国的各种特权。

十四、五四运动

外交的失败

经过四年的屠杀,欧战结束了,帝国主义在巴黎举办和会(民国八年)。当时我国政府也派代表参加,向和会要求废除一切不平等条约,和会不但没有允许,反把德国在山东的权利,全部让给日本。这个消息传到中国后,全国人民都非常愤恨,于是五四群众爱国运动,就像火山一样的爆发了。

五四运动的爆发

首先,北平的学生动员起来了。他们在五月四日那天,举行壮烈的示威游行,高喊着口号:"打倒卖国贼!""拒绝和会签字!""废除二十一条!"当队伍走到赵家楼时,就放火烧毁了曹汝霖的住宅,并痛打了章宗祥,(注一)给了亲日派一个沉痛的教训。北洋政府派军警镇压,拘捕学生。这更引起学生的大罢课,他们成群结队的跑到街上,宣传抗日救国的道理。许多民众都被他们诚挚的热情感动了,对他们表示同情,对亲日派表示愤恨。

五四运动的发展

爱国的怒潮,激动了全国,每个城市都出现了学生的示威游行。同时北洋政府也在继续压迫学生,在北平逮捕学生数千人,在南京又刺伤二十多个,不少城市都发生流血的惨案,可是仍不能禁止人民的反抗。从六日起,上海商人罢市,工人罢工,资本家和工人都卷入了斗争,于是五四运动变成了广大的群众运动。

五四运动的胜利

北洋政府看到群众力量不可侵犯,只得退了一步,把曹汝霖等卖国贼撤职,并答应不在巴黎和会上签字。列强听到这个消息,都非常吃惊,因为一向被人轻视的中国,竟敢拒绝列强对他的奴役,这太不平凡了。但这正是中国人民斗争的结果。

问题:
一、五四运动是因为什么爆发的?
二、五四运动的经过怎样?取得那些胜利?

注解:
一、章宗祥是中国驻日公使,曹汝霖是当时的外交总长,都是亲日派。

十五、中国共产党的产生

共产党诞生的基础

共产党是代表工人阶级的政党;中国有共产党就因为有了三百万产业工人。五四运动前后,李大钊和毛泽东等,先后接受了共产主义思想,在各地创办刊物,宣传共产主义,因而信仰共产主义的人,渐渐增多起来。一部分革命的知识分子，更深入到工人中去，帮助工人组织工会，建立补习学校，领导工人斗争。在这些斗争中，工人们开始认识压迫他们的，不只是单个的厂主，而是整个的资产阶级，和中国旧的社会制度。工人阶级要得到解放，就必须大家联合起来，才能取得胜利。于是工人们渐渐要求建立统一的组织。工人的这种觉醒，就是中国共产党建立的基础。

共产党的成立

一九二〇年，许多信仰共产主义的人，在各地建立了共产主义小组。次年各个小组的代表，又在上海开了一个代表大会，确定组织中国共产党，从此，共产党就诞生了。中国工人阶级有了自己的先锋队，中国人民有了自己的领袖和导师。

奋斗的目标

共产党是信仰共产主义的政党，它的最后目的是要扫除一切剥削制度，建立共产主义社会。但是这样美丽的社会，必须先推翻帝国主义的压迫和封建军阀的统治，才能达到。从前的革命党人，没有认清帝国主义是中国人民的主要敌人，封建军阀又是帝国主义的帮手，所以就认不清敌友，结果都遭受失败。中国共产党诞生以后，就指出帝国主义和封建军阀，是中国人民的两大敌人。为了打倒这两种敌人，共产党又号召全国各个革命党派，大家联合起来，建立反帝反军阀的统一战线。从此革命有了正确的方向，又有了团结力量的办法。这种革命就是新民主主义革命。

问题：

一、共产党产生的基础是什么？没有工人阶级会有共产党吗？

二、共产党是何时成立的？距现在已有几年？

三、共产党奋斗的目标是什么？

十六、香港海员罢工与二七惨案

香港海员大罢工

共产党成立后，就积极的在各地组织工人，领导工人进行斗争。一九二二年，香港两万海员工人大罢工，坚持了八个星期，最后得到胜利，工资增加了许多。但在罢工中，警察常常拘捕他们，拷打他们，非常不自由,于是又有工人的立宪运动,他们要求言论集会的自由,要求罢工的自由,反对压迫工人的各种法律。反动的军阀政府,拒绝工人的要求,竭力镇压工人的反抗。

二七惨案

一九二三年二月,平汉铁路工人的总工会在郑州开成立大会。吴佩孚派军警捣毁大会会场,监视工人代表,不许自由活动。总工会交涉无效,于是就下令总罢工,它号召工人说:"我们是为争自由而战,争人权而战,只有前进,没有后退!"工人们一个意志,从二月四日起,都停止工作,几千里的平汉铁道,像一条死蛇一样,完全停止了它的活动。

军阀强迫工人复工,工人们说:"头可断,工不能复。"军阀的威胁遭受失败,便开始屠杀了。二月七日那天,他们乘工人在江岸(注一)开会的时候,突然用排枪射击,当场死了三十二人,受伤二百多人,情形非常悲惨!当日在别的地方,也有同样的屠杀,这就是"二七"惨案。

二七的意义

"二七"工人的斗争,有着很大的意义,它说明帝国主义和军阀,是当前最主要的敌人,工人阶级不打倒帝国主义和军阀,便不能达到解放。同时,工人们的英勇坚决,在敌人面前毫不屈服,又说明工人阶级是中国人民斗争的领袖和模范!

问题:
一、海员罢工胜利后,工人们又要求什么?
二、"二七"惨案的经过怎样?
三、"二七"反军阀的斗争,有什么意义?

作业:
搜集边区工人英勇斗争的故事。

注解:
一、当时总工会,已由郑州迁到江岸办公。

十七、军阀混战和曹锟贿选

北洋军阀的混战

世界大战结束以后,帝国主义又加强了对中国的侵略。他们一面在中国销售更多的货物,设立更多的工厂;一面又利用中国内战,扩大他的势力。一九二〇年在英日策动下,曹锟、吴佩孚(直系)和段祺瑞发生战争,结果段祺瑞失败,日本受到打击;但马上找到第二个走狗——奉系张作霖,竭力扩张日本在东北的势力。同时英国为了扩大他在长江流域的利益,又竭力帮助曹、吴。一九二二年,直奉两系在北平、天津附近大战,结果奉系失败,退出山海关,曹、吴控制了黄河和长江流域。

陈炯明的叛变

在直奉战争以前,孙中山因不满北洋军阀的统治,在广州成立新政府,常和北洋军阀发生战争。曹、吴打败张作霖后,又想统一南方,便收买广东。陈炯明叛变。孙中山被迫逃到上海,向吴佩孚建议改革内政,吴佩孚也不理他,只是忙着打仗,这使孙中山更清楚的认识了军阀的真面目,坚定了革命的信心。不久陈炯明被打败,孙中山重回广州组织政府,这是以后广东革命根据地的开端。

曹锟的贿选

曹、吴势力既大,就想夺取总统的地位,一九二三年,曹、吴收买议员,选举曹锟做总统,凡是投票选举曹锟的,每人赠送几千元的礼物。这种无耻的贿选,更暴露了军阀的腐败和黑暗。工人、农民对军阀的统治更加不满,工人不断的举行罢工,农民也因反抗苛捐杂税,到处产生红枪会的组织。至于当时的资产阶级,因为工业受到挫折,(注一)也要求废除不平等条约,打碎军阀的统治。于是反抗的情绪,在全国各个阶层中,更有力的滋长起来。

问题:

一、北洋军阀混战的情形怎样?
二、军阀的不断混战,给了孙中山什么影响?
三、各个阶级的不满情绪,怎样滋长起来?有什么表现?

作业:

向年老的人,访问军阀混战时,人民的生活状况。

注解:

一、在帝国主义的压力下,我国工业,从一九二二年起,就陷入停滞的状态了,所以民族资本家,也希望排除帝国主义和军阀的统治。

十八、中国国民党的改组

孙中山重新鼓起革命勇气

中国国民党就是从前的同盟会，民国元年改称国民党，三年改称中华革命党，五四以后，才改称中国国民党。帝国主义的加紧侵略和军阀的连年混战，加重了人民的苦痛，在全国各阶层中渐渐滋长起反抗的义愤，这坚定了孙中山的革命信心，特别是俄国革命的胜利，更鼓励了孙中山的革命勇气。他曾说："中国革命，非学俄国不可。"于是孙中山接受了共产党成立国共合作的建议，决定把国民党改组，并允许共产党加入国民党。

国民党的改组

一九二四年，在共产党的帮助下，国民党召开了第一次全国代表大会，决定把反帝反封建当做它的奋斗目标，把联俄联共扶助工农，当做团结革命力量的方法，从此国民党的三民主义，变成新三民主义，又叫革命的三民主义。

孙中山的反对分裂

当时，有些顽固分子，反对国共合作，他们可耻的叫嚣着："共产党加入国民党，就会破坏国民党和帝国主义的关系，破坏国民党和军阀的合作。"孙中山知道这种主张，是要把国民党拉入反革命的泥坑里。因而坚决的反对说："共产党加入国民党，可以帮助国民党进步，如果你们反对共产党，我便加入共产党。"的确，国共合作是救国的唯一办法，正因为有了两党合作，广东的革命根据地才能巩固，全国的革命斗争，才得发展起来。

孙中山的遗嘱

一九二五年春季，孙中山不幸逝世了。他临死时还嘱咐国民党"唤起民众"完成革命；并写了一封很诚恳的信给苏联，希望中苏两大民族团结起来，共产党和进步的国民党员，都遵守着孙中山的遗嘱，为实现革命的三民主义继续奋斗。

问题：

一、孙中山受了那些帮助，才坚定革命勇气？

二、国民党是何时改组的？有那些决定？
三、孙中山怎样反对分裂？死时有什么遗嘱？

作业：
　　复习八、九、十七、十八各课，研究孙中山的一生有那些革命活动？又有那些失败？

附录　本册大事年表

公　元	重　大　事　件
一八四〇年	鸦片战争爆发
一八四二年	中英订立南京条约
一八五〇年	洪秀全起义
一八五三年	太平军占领南京
一八六〇年	英法联军攻陷北京
一八六四年	洪秀全自杀
一八七九年	日本吞并琉球
一八八五年	法国吞并安南
一八八七年	英国吞并缅甸
一八九四年	中日战争起，孙中山组织兴中会
一八九五年	中日订立马关条约，康梁上书光绪皇帝请变法
一八九七年	德租胶州湾
一八九八年	俄租旅顺、大连，英租威海卫，康梁变法
一八九九年	法租广州湾，英租九龙半岛
一九〇〇年	义和团起，联军攻陷北京
一九〇一年	帝国主义和中国订立辛丑条约
一九〇四年	日俄战起
一九一〇年	日本灭朝鲜
一九一一年	黄花岗之役发生，武昌起义
一九一二年	孙文就职临时大总统，清帝退位。袁世凯就任大总统
一九一四年	第一次帝国主义大战爆发，日本占领胶州及崂山
一九一五年	日本强迫中国承认二十一条约，袁世凯称帝

（续表）

公　元	重　大　事　件
一九一六年	袁世凯死，黎元洪继任大总统
一九一七年	张勋复辟，孙中山在广州成立新政府。俄国爆发十月革命
一九一八年	大战结束
一九一九年	五四运动起
一九二〇年	苏联自动放弃在中国的各种权利，段对曹、吴战争
一九二一年	中国共产党成立
一九二二年	直奉战争起，陈炯明叛变，香港海员罢工胜利
一九二三年	曹锟贿选大总统，"二七"惨案发生
一九二四年	国民党改组，成立国共合作。第二次直奉战争
一九二五年	孙中山逝世

第四册

目　录

一、五卅惨案 / 73

二、北伐战争 / 74

三、大革命的失败 / 76

四、土地革命 / 77

五、"九一八"事变 / 79

六、从一二八抗战到塘沽协定 / 80

七、红军的反围剿与北上抗日 / 82

八、华北事变与"八一"宣言 / 83

九、抗日反法西斯的战士——鲁迅 / 85

十、"一二九"学生爱国运动 / 86

十一、西安事变 / 88

十二、抗日战争的爆发 / 89

十三、正面战场的败退与解放区战场的建立 / 91

十四、反动派的投降妥协活动 / 92

十五、三次反共高潮 / 94

十六、正面战场的溃败 / 95

十七、解放区战场的反攻 / 96

十八、抗日战争的胜利与国内和平的实现 / 98

附录　本册大事年表 / 100

一、五卅惨案

帝国主义加紧剥削工人

五卅反帝运动，是从工人罢工开始的。那时，帝国主义加紧进攻中国，(注一)特别日本的资本家，他们为了获取更高的利润，对中国劳动者加紧剥削：延长工作时间至十二小时，工资少到只有二百文，还不能照数发给工人。厂中又不断的辞退成年工人，改雇廉价的童工和女工，大批工人失业，生活恶化，工人为改善生活，反对帝国主义的压迫，不断的举行罢工，来进行斗争。

五卅惨案的经过

帝国主义用屠杀手段，来镇压工人罢工。一九二五年五月十五日，上海日本纱厂杀死工人领袖顾正红。这一事件引起各方强烈的反抗，特别是学生。五月卅日上海学生举行示威、讲演，在马路上散发传单，被巡捕捕去数百人。但学生并不怕帝国主义的压迫，在南京路的巡捕房门首，聚集了一万多人，要求释放被捕学生，高呼"打倒帝国主义"，"全中国人团结起来！"正在双方相持的时候，英帝国主义的走狗——巡捕，突向群众射击，手无寸铁的中国群众，有的中弹毙命，有的受了重伤，南京路上，洒遍了中国人民的鲜血。

这一屠杀，更激起全上海的学生、工人、商人的义愤。五月卅一日、六月一日、二日、三日……反抗斗争，更有力的继续展开。工人罢工、学生罢课、商人罢市，工商学结成了联合反帝战线，(注二)中国共产党是这一斗争的组织者与领导者。工人在斗争中起着先锋的作用，参加罢工的竟达二十万人以上。这时，帝国主义在马路上布满了机关枪、铁甲车、炮车，企图用他们的野蛮伎俩，来镇压中国人民的反抗。

反帝斗争的暂时失败

随着五卅惨案，在中国所有中心城市，都掀起了反帝的巨流，帝国主义者感到屠杀无效，于是设法拉拢我国资本家，(注三)引诱他们投降，资产阶级不坚定，便和敌人妥协了。他们停止罢市，压迫工人复工，并嗾使军阀镇压革命群众，(注四)结果总工会被封闭起来，革命领袖被捕入狱，学生被禁闭在学校里。五卅广大群众的反帝运动，暂时受到了挫折。不过千万万人民，已更加觉悟，进入反帝反军阀的斗争，从此开始了中国的大革命。

问题：
一、五卅以前，工人为什么不断举行罢工？
二、五卅惨案的经过怎样？在五卅运动中那个阶级起着先锋作用？
三、五卅反帝斗争为什么遭受暂时的失败？

作业：
复习三册《中国共产党的产生》和《香港海员罢工与二七惨案》两课，研究工人在革命斗争中的作用。

注解：
一、一九二三年以后，帝国主义已把欧洲无产阶级的革命镇压下去，因而集中力量在中国经营工商业，想从中国获取更大的利润，来弥补各国在大战中的损失。
二、当时帝国主义一方面允许讨论关税自主问题（我国资本家要求关税自主），来引诱我国资本家投降；一方面又停止供给电力（没有电力工厂就不能开工）给中国工厂，来威胁我国资本家。
三、帝国主义是压迫中国的民族敌人，中国人不分穷富、性别、民族，联合起来，共同反对帝国主义，这个联合战线，就叫反帝战线。
四、当时统治上海的，是奉系军阀张作霖。

二、北伐战争

北伐战争的胜利

五卅惨案后，共产党帮助国民党肃清广东军阀，(注一) 统一广东，成立国民政府，使南方革命根据地，日益巩固起来。

一九二六年七月，国民革命军开始北伐，由广东入湖南，向武汉前进，在广大群众拥护下，北伐军很顺利的前进，军阀部队却狼狈的逃窜、溃败。(注二) 不到半年工夫，北伐军便占领了长沙、武汉、南昌等大城市，取得很大的胜利。在北伐战争中，最能打仗的军队，都是有共产党员领导的军队，共产党员在每次战斗中间，都是英勇牺牲的模范。

北伐中的民众革命

随着北伐军的进展，工人农民也迅速的组织起来了。一九二六年底，武汉有三十万有组织的工人，湖南有二百万有组织的农民，为了改善生活，要求政治自由，工人不断的举行罢工，农民也开始了减租减息的斗争。

一九二七年一月一日到三日，武汉群众举行庆祝大会，与英国军队发生冲突，被杀死刺伤三十余人。武汉群众大为愤恨，立即召开紧急会议，要求政府收回汉口英租界。当时，英国看到群众力量伟大，只得将租界归还中国。以后不久，九江英租界也由群众自动收回，(注三)这是大革命的又一胜利。

上海工人的三次起义

中国共产党为了配合北伐军的进展，在上海领导工人举行了三次起义。前两次起义虽被孙传芳野蛮屠杀，遭受失败，但群众革命的热情和毅力，仍继续高涨。一九二七年三月，又开始了第三次的武装起义。十二日，上海总工会发表了总罢工命令，当时参加罢工的在八十万人以上，上海绝大部分的工人，都参加了这一罢工，罢工很快的转变成武装起义，工人英勇的夺取军警的武器，占领各个重要区域，并向驻防车站的军阀部队进攻，经过两天一晚的巷战，终于击溃军阀部队，武装占领上海，取得光辉的胜利。

三次起义的胜利，说明工人是斗争中的模范，他们坚决、勇敢，能够领导革命前进。

问题：

一、北伐军由那里出发，取得怎样的胜利？
二、汉口和九江租界是怎样收回的，英国愿意把租界退还中国吗？
三、上海起义的经过怎样？有什么意义？

作业：

画一张北伐军进攻路线略图。

注解：

一、二月击溃陈炯明，五月以后，又肃清杨希闵、刘震寰、邓本殷等军阀。

二、军阀割据的地盘，是常常变换的。当时，湖南、湖北、河南沿平汉线全部，是吴佩孚的势力范围；江苏、安徽、浙江、福建、江西、是孙传芳的势力范围；山东、河北及东三省是张作霖的势力范围。与北伐军直接作战的，主要是吴佩孚和孙传芳。

三、大革命失败后，国民党又把汉口和九江的英租界，送给英国。

三、大革命的失败

国民党内部的斗争

革命的迅速发展,使千百万群众都卷入革命斗争中,特别湖北、湖南两省,更成了当时群众斗争的中心。一九二六年冬季,国民政府为了更进一步依靠群众,便由广州迁到武汉。这本是一种正确的行动,可是当时的军事领袖却主张迁都南昌,企图独揽大权,限制工农运动的发展。从此国民党就分成武汉和南昌两派。(注一)帝国主义看到这种情形,就从中挑拨,鼓励这个军事领袖"反共"反人民,促使他走上不幸的道路。

上海四一二大屠杀

一九二七年四月十一日晚,黄郛、陈群派了大批流氓,伪装工人,向工人纠察队袭击,纠察队与流氓发生冲突。黄郛、陈群于是藉口工人内讧,强迫工人纠察队解除武装。第二天,全上海的工人,立即奋起抗议,他们丢下工作,跑出工厂,聚集在马路上开群众大会,并整队向司令部请愿。当请愿的队伍走到宝山路时,黄郛、陈群便下令迎面开枪屠杀,接着又用机枪扫射,顷刻间死尸横满道路,鲜血流遍全街,死伤工人不计其数,这就是反动派指使的"四一二"大屠杀。

武汉政府的叛变

国民党首要人民的叛变,使革命遭受部分的失败,只有放手发动群众,组织工农的武装力量,才能战胜困难。当时武汉政府驳斥了反动派的屠杀,却不敢发动群众。混在武汉政府的汪精卫等,(注二)都乘机散布谣言,说工人罢工,农民反对地主,闹得太"过火"了,实际上是想限制工农的解放斗争。七月十五日后,他们更无耻的推动武汉政府,正式宣布与共产党分裂,并公开封闭工人农人的组织,压迫群众运动,大批屠杀共产党员,和革命分子,甚至提出口号说:"宁可冤枉一千个,不可使一人漏纲。"比"四一二"更加残忍。从此,国民党在反动派把持下,成了反革命的旗帜,革命的武汉,变成了反革命的根据地了。

这次屠杀,使中国革命遭受严重失败,但工农群众,并没有屈服,他们跟着共产党,团结在共产党的周围,继续进行革命战争。

问题：
一、国民党为什么分成了两个派别？
二、"四一二"是谁指使进行的，经过怎样？
三、武汉政府叛变后，革命受到怎样的损失？国民党还是革命的政党吗？

作业：
把一、二、三课研究一下，看大革命怎样开始，怎样发展，又怎样失败？

注解：
一、国民党在北伐以前，就分成进步的和不进步的两派，前者主张和共产党合作，后者总想限制工农运动的发展。
二、汪精卫在大革命时代，是国民政府的主席。

四、土地革命

广州起义

大革命失败后，国民党实行一党专政。大革命时，工农群众得到的利益被剥夺了，民主权利被取消了；资本家重新向工人进攻，地主也回头压迫农民了。但是工人农民并不轻易放弃自己的利益，他们用武装起义，来回答反革命的进攻。一九二七年十二月，共产党领导广州工人起义，他们提出响亮的口号："打倒帝国主义，打倒军阀，饭给工人吃，土地给农民种！"并英勇的赶走广州的军阀，占领广州，建立苏维埃政府。这次起义，虽然仅仅支持了三天，就被镇压下去，但苏维埃运动的旗帜，却从此高傲的树立起来了。

苏区的创立和发展

还在广州起义以前，毛泽东同志就带了一批起义的工人和农民，在井冈山(注一)创造革命根据地，建立了苏维埃政权。不久朱德将军也到了井冈山，并把队伍和他们合编起来，正式建立红军，这就是工农红军的第一支队伍。(注二)

同样的苏区和红军，也在别处建立起来。彭德怀在平江的农民起义中建立红军；贺龙由一个人一把菜刀，在湘西领导农民建立苏区；方志敏用三根枪打天下，在江西建立红军。此外在河南、安徽、福建、广东的边界上，都有苏区和红军的建立。(注三)

一九三一年，各个苏区的代表，在江西南部开了一个大会，决定成立苏维埃中央政府,选举毛泽东做主席;江西的瑞金,做了当时的红色国都。

苏区的各种政策

苏维埃政府是工农人民自己的政权,它没收了地主的土地,分给农民耕种,并取消了苛捐杂税和高利贷;它实行了八小时工作制,并保障工人有工作,消灭工人失业现象;它奖励境内自由贸易,发展苏区的生产。总之农民有地种,工人有工作,商人有生意做。不管汉人、回人或苗人,大家一律平等,各民族都过着愉快的民主生活。在那里帝国主义的剥削没有了,军阀官僚的压迫消除了,真正实现了革命的三民主义。(注四)它和国民党统治的地区比较起来,简直是一个新世界。

反动派对苏区的围剿

苏区的建设成绩,说明苏维埃运动是解放工农的道路,但仇视人民的反动派,对苏区也是仇视的态度,它在帝国主义的帮助下,不断的向苏区进攻,仅仅一九三一年就向苏区围剿三次,第一次大军十万,第二次大军二十万,第三次大军四十万,可是每次都被红军打垮了,红军在反围剿中逐渐壮大起来。

问题:

一、广州起义经过怎样?它在中国革命上有什么意义?

二、中华苏维埃中央政府主席是谁?国都在那里?

三、反动派对苏区采取什么态度?它怎样破坏苏区?

作业:

比较当时苏区的政策和今天边区有什么不同?并把它记录下来。

注解:

一、井冈山在江西西部的宁冈县县境。

二、大革命失败后,为了反抗反革命的叛变,贺龙、叶挺的军队,曾于八月一日,在南昌举行暴动,由江西入广东,失败后,一部分由朱德带至井冈山,建立中国第一支红军,这就是今天八路军的前身。

三、当时苏区共有十九个,也和后来抗日根据地一样,和国民党统治区成一种犬牙交错的状态,其中最主要的有中央苏区、豫鄂皖苏区、湘鄂苏区、赣东北等。

四、毛泽东在二次苏维埃全国代表大会上,叙述农民生活向上发展的情形说:"农民的大多数过去一年中有许多时候吃不饱饭,困难的时候,有些竟要吃树皮、吃糠秕,现在则一般的不但没有说饿的事,而且生活一年比一年丰足了。过去大多数农民每年很少吃肉的时候,现在吃肉的时候多起来了,过去大多数农民衣服穿得很烂，现在一般改良，有些好了一倍，有些竟好了两倍。……"这和当时国民党统治区的饥饿流亡对比起来，谁好谁坏，不是很明显的吗！

五、"九一八"事变

反共内战招来外患

日寇想灭亡中国，原是早已确定的政策。"九一八"的前一年，日本发生经济危机，国内物价跌落，工厂倒闭，工人失业增多，农民生活恶化，人民都不满意地主资本家的统治。为了缓和人民的反抗，日本军阀便积极准备侵略中国。这时，我国本应团结内部，武装人民，防止日寇进攻，但当时的国民党政府，却把人民当做眼中钉，集中全部力量，进行反共反人民的内战，这就给敌人造成机会，招来了空前的民族灾难。

不抵抗丧失东北

一九三一年九月十八日夜，日寇藉口中村失踪，(注一)进攻沈阳。南京政府命令那里的驻军，不准抵抗，(注二)使日本帝国主义很容易的占领了沈阳，第二天，吉林、辽宁的各重要城镇，都被日寇占领，同年十一月十九日，黑龙江也陷落了。前后不过两个月，东三省二百万方里的土地，三千万人民，四千公里的铁道，都因国民党当局的不抵抗，全部送给日本了，这不仅是中华民族的奇耻大辱，也是日寇意想不到的胜利。

国内人民的抗日运动

当时，全国人民，却起来坚决反抗日本的侵略。从"九一八"的第二天起，全国各大都市的学生，先后举行反日的罢课，示威游行，组织抗日义勇军。十二月，北京、上海学生，又齐集南京请愿，要求政府对日宣战，并在国民政府门前示威，高呼："打倒卖国政府"，"打倒卖国外交"。当时政府不但不接受人民的要求，反而对爱国学生实行无情的逮捕和枪杀，死伤三十余人，被捕百余人。

劳动者，特别是工人，也积极的卷入了反日的热潮中，九月，上海有三万工人的大罢工；十月，有八十万工人代表的大集会，通电要求政府抗战；十一月更有十一万日厂工人，一齐退出日本工厂，情愿忍饥受饿，不愿帮助敌人。同时各大都市的商人，也一致不买卖日货，给了日本商业很大的打击。(注三)

共产党号召武装抗日

共产党始终反对南京政府的不抵抗,"九一八"以后,它就号召:"武装人民,保卫祖国。"并在东北组织抗日义勇军,从事游击战争。这斗争坚持了十四年,成为后来解放东北的人民军队。^(注四)

问题:

一、日本为什么积极侵略中国?"反共"内战造成了什么恶果?

二、"九一八"事变是怎样爆发的?国民党采取什么对策?

三、国内人民,对日寇侵略取什么态度?共产党怎样领导人民的反日斗争?

作业:

"九一八"事变 ┤ 原因:——
经过:——
国民党的主张:——
共产党的主张:——

注解:

一、"中村失踪"是日寇自己制造的侵略藉口,据说中村是日寇的陆军中尉,一九三一年到兴安岭调查地理,后来失踪,日寇说是东北军杀死,就向东北当局压迫,并自行炸毁南满路柳条沟桥梁,诬称中国军队破坏,遂向沈阳进攻。

二、当时东北驻军,向南京请示办法,南京指示:"不许冲突。"又说:"日本的进攻,不过是寻常的挑衅性质,中国军队要绝对抱不抵抗主义。"

三、据统计,一九三一年九月份,日本对中国输出货物,比上年九月减少百分之三十四,十月减少百分之五十九,十一月减少百分之六十八,可见中国人民的抵货运动,曾给了日本很大打击。

四、东北失陷后,东北人民就在共产党领导或帮助之下,建立义勇军。一九三六年春,在黑龙江召开义勇军代表大会,组织抗日联军,推杨靖宇为联军总司令,共计十余万人。此后,虽被日寇残酷的清剿,终于坚持了反日斗争。

六、从一二八抗战到塘沽协定

一二八上海抗战

一九三二年一月二十八日,日寇又突然向上海进攻,这更激起人民的义愤,驻防上海的十九路军,因受全国抗日热潮的推动,便自动起来抗战。上海的工人、学生,都积极动员起来,帮助十九路军;全国人民,特别是海外侨胞,纷纷募集物品,慰劳前线战士;中国共产党更发动了上海日厂十万工人的大罢工。由于人民的积极援助前线，上海抗战支持了一个多月，给了敌人很大的打击。

上海停战协定

反动派对于敌人的进攻，表面上虽说"一面抵抗，一面交涉"，但骨子里依然是不抵抗。它不仅没有接济十九路军，反而阻止军队增援前线，(注一)命令海军不准抵抗，(注二)这就使上海抗战因孤立无援而遭受失败。五月反动派和敌人订立了停战协定，约定中国取消上海反日运动，不在上海驻扎军队。事后又把十九路军调到福建"剿共"。放下敌人不打，却调转枪口，屠杀自己的同胞，这是多么痛心的事情！

长城抗战与塘沽协定

反动派的不抵抗，更助长了日寇侵略的野心。上海停战后，日寇即扬言"热河是满洲国的土地"，"长城是满洲国的国界"，准备继续侵略。果然，到了次年春季，即向长城各口进攻。全国人民反日情绪更加高涨，这又推动了华北军队的自动抗战，在长城沿线，屡次打击敌人。那时，反动派在平津集中三四十师的兵力，监视抗战部队，不准抵抗，并且下令说："凡主张抗战的，一律枪决。"使日寇侵入长城以内，平津形势，非常危险！五月反动派藉口"中国没有力量抗日"，又和敌人订立《塘沽协定》，把长城以北的广大土地，送给敌人，长城以南的冀东，又划做非武装区域，不准中国军队驻防，可是日寇的特务机关，却可以在那里随便活动。从此日寇侵略的血爪，就伸入中国内地来了。(注三)

共产党的新号召

共产党反对反动派的投降政策，积极的援助人民的反日斗争，它看到有些将领倾向抗日，便向全国军队宣布：只要他们不进攻苏区，开放民主，允许人民武装抗日，红军就愿和他们订立停战协定。不过这个正确的提议，又被当时的国民党政府拒绝了。

问题：

一、上海抗战的经过怎样？为什么遭受失败？
二、在上海停战协定中，反动派和日寇约定了什么东西？
三、长城抗战怎样爆发的？反动派怎样破坏长城抗战？

作业：
一、画一张冀东非武装区略图。
二、把地图翻阅一下，看《塘沽协定》出卖了多少土地？

注解：
一、例如第一师由河南调回浦口，经十多日，不准过江。又如另一部队，明令调赴浏河，密令留驻镇口，结果敌军增援，从浏河上岸，上海抗战，遂致失败。

二、当时海军部长陈绍宽曾密令海军不准开炮，十九路军向他们借大炮、铁板，都被拒绝。

三、当敌人进入长城时，伪军李守信等也侵入察哈尔的多伦、沽源、宝昌、商都、张北、康宝六县。冯玉祥、吉鸿昌等，因不满南京政府的投降政策，便在张家口组织抗日同盟军，并收复多伦等县。国民党当局因怕妨害他的投降政策，先派庞炳勋入察，威胁冯玉祥辞职，继又和日本配合，在冀东消灭同盟军，吉鸿昌将军也被他们杀害了。自己不抗日，也不叫别人抗日，这就是国民党反动派的政策。

七、红军的反围剿与北上抗日

红军的反围剿

国民党当局对日寇虽然屈辱投降，但对人民却似乎坚决勇敢！反动派认为中国的敌人，"不是倭寇，而是土匪"，(注一)当时剿匪总部曾狠毒的命令说："苏区壮丁，统统杀死，苏区房产，统统烧毁，苏区粮食，统统搬走。"这与日寇的"三光政策"有什么分别！一九三三年春季，反动派不管日寇的进攻，指挥九十师大军，对苏区实行四次"围剿"。这次围剿被粉碎后，反动派一面对日寇摇尾乞怜，和日寇订立《塘沽协定》；一面又调集了一百万大军，二百架飞机，再加上德国军官帮他修筑的堡垒和封锁线，(注二)对红军实行第五次"围剿"。经过一年多剧烈的血战，红军并没有被消灭，反而能够到处打击敌人。最后，红军为了保存力量和北上抗日，便于一九三四年十月，突破湖南、广东间的封锁线，开始了两万五千里的长征。

红军进入蛮子地区

红军的长征，表现了红军的无比英勇。他们巧妙的渡过乌江的天险，击溃了贵州、云南几十万截击的部队；又用惊人的速度，抢渡金沙江，进入猓猓住的地区。猓猓对汉人本来有着几千年的仇恨的，但因红军有很好的纪律，所以倒很欢迎红军。赤着脚，披着布片，成群结队的参观红军的过路；并且有几个倮倮参加了红军。

抢渡大渡河

抢渡大渡河，是长征中最出色的战斗。当红军赶到泸定桥时，守桥的川兵，已把桥上的木板撤去，白浪滔天的大渡河上，只有几根漆黑的铁索。怎样渡过呢？这时从红军中跳出一排英雄，勇敢的攀上了铁索。对岸的守兵被这惊人的姿态吓怕了，急将桥头点火。英雄们冲过烈焰，击溃守桥的敌人，十万红军渡过了大渡河。

以后，红军又翻过川北的高山，踏过泥泞的草地，进入西北的陕甘宁苏区。这时，距他们离开江西，已是整整的一年了。

长征打下了抗战的基础

红军从江西到陕北，总共经过十一个省，百万大军不能堵截他们，高山大川不能难倒他们，最后胜利的和陕北红军会合，这种长距离的远征，不仅造成人类历史上从来没有的奇迹，而且把红军锻炼的更坚强了，给后来的抗日战争，打下坚实的基础。

问题：
一、反动派怎样"围剿"苏区？结果怎样？
二、红军长征的经过怎样？有什么出色的战斗？
三、红军的长征，对后来的抗日战争有什么影响？

作业：
你村附近有八路军吗？请他们讲个长征的故事，并且要把它写出来。

注解：
一、当时统治阶级把红军称做土匪。
二、反动派"围剿"红军，是在帝国主义支持下进行的，它从美国借款，从意大利聘请飞机师，特别从希特拉那里请来的军官，曾帮它训练军队，修筑堡垒，筹划"围剿"红军的各种办法。

八、华北事变与"八一"宣言

卖国有赏　爱国有罪

《塘沽协定》后，国民党当局完全屈服了，卖国能手汪精卫、黄郛等，都因卖国有功，在政府中占着重要位置。(注一)他们像日寇的喇叭管一样,到处高唱什么"亲善""合作",无情的镇压爱国运动。在这样反动的统治下,"抗日"成了禁用的词句,一切报纸杂志上,都把"抗日"写做"××","爱国"成了犯罪行为,稍不小心,就要被逮捕杀戮,无数英勇的民族战士,都被反动派屠杀了。

华北事变

国民党反动派的投降外交,并不能满足敌人的欲望,只能助长敌人的侵略气焰。一九三五年五月,日本又要求南京政府:撤退河北省主席,调走河北省军队,取消河北省反日运动,这一堆无理要求,都被国民党当局答应了,丧失了许多权利,这就是常说的《何梅协定》。从此日寇控制了整个北平和天津,民族危机更加严重了。(注二)

华北事变的影响

由于日寇的不断侵略,统治阶级内部也渐渐分化起来,一部分靠国民党吃饭的国民党员,因为自华北撤退,打碎了饭碗,开始攻击政府的不抵抗政策;许多工商业资本家,又因日货倾销,打击了它们的工商业,(注三)也纷纷要求对日抗战。

同时,英美帝国主义也转变了它们的态度。在华北事变以前,英美想着日本占领东北后,即向北进攻苏联,可是日寇却想排除英美,独占中国,这就妨害了英美在中国的利益,所以华北事变后,英美先后借钱给中国,想从经济上援助中国,抵制日本。

共产党发表"八一"宣言

当时,共产党一方面看到民族危机的加重,一方面又看到英美态度的转变,便于八月一日,发表宣言,正式提出抗日民族统一战线,号召全国人民,不分阶级、不分党派、不分民族,大家联合起来,把日寇赶出中国去。这个"停止内战一致抗日"的号召,不仅得到全国民众的拥护,就是国民党内的开明人士,也都表示赞成。可惜国民党的主要人物,却死守着亡国的"剿共"政策,对西北红军继续"围剿",把国力消耗在内战上,这更加重了民族的灾难。

问题:

一、《塘沽协定》以后,国内反动统治的情形怎样?

二、华北事变经过怎样?有什么影响?

三、共产党为什么发表"八一"宣言？主要内容是什么？

作业：

协定名称	签定年月	丧失权利
上海协定		
塘沽协定		
何梅协定		

注解：

一、"九一八"以后，汪精卫做国民党政府的行政院长，后来又自兼外交部长，所有《上海协定》《塘沽协定》等卖国条约，都是他和国民党的另一重要人物主持签定的。

二、这卖国条约，是由何应钦和日本驻天津军司令梅津签定的，故叫做《何梅协定》。

三、随着日寇侵略的加紧，中国工业遭受着严重的危机。例如一九三五年，全国九十二家纱厂中，减工的十四家，停工的二十四家。又如一九三四年，上海丝厂开工的只有十分之三，广州丝厂开工的，也只占全盛时期的三分之一。

九、抗日反法西斯的战士——鲁迅

法西斯的血腥统治

国民党反动派为了巩固它的统治，不仅从军事上进攻红军，并且还组织法西斯团体，(注一)出版法西斯书报，在国内宣传法西斯主义，反对进步思想。当时不管什么书籍，都要经过国民党审查，才能出版，宣传共产主义的，自然要被反对，就是提倡抗日思想的，也被加上"危害民国"的罪名，不许出版。此外并派大批特务，检查进步书店，烧毁进步书报；至于进步的文化人，更被恨入骨髓，有些被屠杀、活埋，有些被逮捕入狱，像著名的文化人瞿秋白等，就是在反动派的屠刀下牺牲的。

鲁迅反对法西斯专政

共产党和一切进步人士，都反对法西斯的血腥统治，鲁迅就是当时最英勇的战士。大革命失败后，鲁迅被迫不能教书，只得靠着卖文章过生活。后来特务们更随时侦察他的行动，准备逮捕他。但鲁迅始终坚持着战斗；他仇视日本强盗的侵略,痛恨南京政府的不抵抗,凭着一枝锐利的笔,无情的揭穿国民党专政的一切罪恶,特别对屠杀青年的反动政策,鲁迅曾写过许多文章,抗议国民党的反动行为。

鲁迅与统一战线

鲁迅热爱劳动人民,也热爱中华民族。在中共的《八一宣言》发表后,他就坚决拥护统一战线,赞成共产党的抗日主张。当时有些托派汉奸,想破坏全民族的团结,劝他不要参加统一战线,但被他拒绝了,他骂托派没有中国人做人的道德。的确,团结抗日,是每个中国人的天职,鲁迅的意思是完全正确的。

鲁迅与抗战的发动

为了发动对日抗战,鲁迅曾联合许多文化人,组织抗日团体,宣传抗日思想。不幸,抗战尚未爆发,鲁迅就在一九三六年逝世了,这对革命是很大的损失。不过,鲁迅的事业并没有中断,许多革命的文化战士,承继了他的志愿,把抗日救国的道理,传播给中国人民,特别是青年学生,这对以后抗战的发动,起着很大的推动作用。

问题:
一、国民党反动派怎样反对进步思想?
二、鲁迅怎样反对法西斯专政?
三、鲁迅对统一战线取什么态度?他怎样推动抗日运动的发展?

注解:
一、"CC"和"复兴社",就是两个法西斯集团。

十、"一二九"学生爱国运动

日寇侵略华北的新计划

华北事变后,日寇特务机关在济南、太原等地,积极收买汉奸,拉拢落后的军阀官僚,想在华北五省建立傀儡政府。果然,到了十一月二十五日,便有五六百个汉奸流氓,向天津市政府请愿,想组织汉奸政府;同日,殷汝耕也在通县成立"冀东防共自治政府"。(注一) 和这同时,日寇又大量增兵,威胁南京政府。这时,国民党反动派依然采取投降政策,决定派宋哲元、王克敏、王揖唐等组织冀察政委会，(注二) 实际上就是把冀察两省送给敌人。从此，华北形势更加危急。

"一二九"运动的爆发

在日寇新的侵略面前，北平学生首先发出反抗的怒吼。十二月九号那天，成千成万的北平学生，向当地政府请愿：要求停止内战，一致抗日，反对"防共自治"。不料，当请愿的队伍回来时，突被军警包围，用大刀、木棍、皮鞭和水龙，(注三) 齐向学生冲击，事后又逮捕学生领袖，禁止学生活动。十六日，学生为了反抗军警的压迫，又举行三万人的大示威，当日宋哲元虽然动员了全城军警，但仍不能破坏学生的示威游行。他们不怕寒冷，不怕流血，自早至晚，在街上坚持着战斗，许多北平市民，都被他们感动得流泪了。

"一二九"运动的发展

"一二九"的消息传出后，立刻得到全国的响应，杭州、广州、上海、武汉、南京等地学生，都先后举行示威；接着全国各界，也都通电援助，反日爱国的热潮，又在全国各地澎湃起来。

国民党镇压学生运动

国民党的南京政府，对学生爱国运动，依然采取可耻的镇压，到处枪杀请愿学生，破坏学生爱国运动。一九三六年春季，南京政府更公布一条反动的法律，说学生的爱国运动是破坏交通，鼓动暴动，军警可以用武装制止，这就是让军警对学生实行野蛮的屠杀。不过，敌人的军队，在平津不断的演习，日货又像潮水一样的向中国倾销，亡国的危险，迫在眉睫了，全国人民的义愤，仍在继续增长着。

问题：

一、华北事变后，日寇有什么新阴谋？
二、"一二九"学生运动是怎样爆发的，经过怎样？
三、国民党政府怎样镇压学生爱国运动？

作业：

把三册《五四运动》复习一下，比较两次学生运动，有那些相同的地方？

注解：

一、殷汝耕是国民党政府的冀密区行政专员。

二、王克敏是国民党政府全国经济委员会的委员，王揖唐是军阀段祺瑞一派的元老，两人都是近代有名的亲日派，抗日战争爆发后便公开投降敌人，在华北组织汉奸政权。

三、水龙是救火机，水从管中射出，可以射得很远，当时军警即用水龙冲击学生。

十一、西安事变

内蒙形势紧张

远在长城抗战的时候，日寇说占领了察哈尔的多伦；一九三五年又占据沽源等六县，察北土地全部丢掉；不久日寇又嗾使德王叛变，(注一)收买汉奸李守信，组织伪军，扰乱内蒙。一九三六年十二月底又向绥远进攻，想整个吞并内蒙土地。当时士兵虽坚决抵抗，但国民党总怕得罪日本人，不敢消灭他，使德王、李守信壮大，后来建立伪蒙疆政府，帮助日本，奴役内蒙人民。(注二)

西安事变的爆发

那时，驻在西北"剿共"的东北军，已逐渐转向抗日，他们拥护共产党的抗日主张，反对内战。还在这年春季，士兵们就和红军暗中来往，举行联欢。内蒙形势紧张后，东北军的抗日情绪，更加高涨了，士兵们都要求打回老家去。张学良因受士兵的推动，也觉得内战没有出路，要求南京政府停止内战。可是南京政府不但不听，反而增调大军，一面扩大内战，一面监视东北军的行动。张学良不得已，便实行兵谏，在西安扣留蒋介石，并向全国发表抗日救国的主张，这就是轰动全世界的"西安事变"。(注三)

西安事变和平解决

西安事变是一种冒险的行动，亲日派想利用这个机会，扩大内战，耀武扬威的向西安进攻，日寇更从中挑拨离间，鼓动亲日派说："打呀！皇军情愿帮助你们。"可是共产党爱国心切，眼光远大，它不记旧仇，坚决反对内战，并提出和平解决的办法。同时全国人民也一致要求团结抗战。亲日派看到大家都反对内战，只得停止进攻，和张学良进行谈判，这样就救出了蒋介石，制止了大规模的内战。(注四)

国内和平的取得

在西安事变的过程中,反动派看到继续内战,就会被人民唾弃,不能维持自己的统治。同时共产党团结抗战的主张,又得到人民的拥护,内战是打不得了,只得停止"剿共",走团结抗战的道路。不过他并没有放弃"反共",还在那时,反动派就幻想着在抗战中,消灭共产党三分之二呢?多么阴险毒辣!

问题:

一、西安事变是怎样爆发的?

二、西安事变时谁救出了蒋介石,谁领导人民制止了内战?

三、国民党为什么暂时放弃"剿共"呢?他真心不"反共"了吗?

注解:

一、德王是一个蒙古的王公,受日寇收买,不顾蒙族同胞利益,投降日寇。

二、国民党的大汉族主义,种下了蒙古人民对汉人的仇恨。当时日寇就利用这点,分裂蒙汉同胞的团结,收买德王成立"蒙古自治军政府",来欺骗蒙古同胞。

三、当时与东北军共同行动的,还有杨虎城的西北军,他们的抗战主张,共有八条:(一)改组南京政府,容纳各党各派共同负责救国;(二)停止一切内战;(三)立即释放上海被捕之爱国领袖;(四)释放一切政治犯;(五)开放民众爱国运动;(六)保障人民集会结社一切政治自由;(七)确实遵行总理遗嘱;(八)立即召开救国会议。

四、二十四日蒋介石接受抗日条件,担保内战不再发生,次日被释放,由张学良陪往南京。可是到南京以后,张学良即被那些背信弃义的人扣起来了。

十二、抗日战争的爆发

芦沟桥事变

西安事变后,中国停止内战,国内反日运动日益高涨。日寇看到没法进行挑拨,便积极准备大规模的军事侵略。

一九三七年七月七日,日寇藉口失掉士兵一名,公开向芦沟桥进攻,强迫我军撤退。驻防那里的士兵,抗日情绪很高,便自动抵抗,他们凭着低劣的武器——步枪和大刀,击溃每次进攻的敌人,古老的芦沟桥头,(注一)遍洒了英雄们的鲜血,又一次表现了中国人民的英勇。次日,中国共产党发表宣言,号召"武装保卫华北,不让日寇侵占一寸土地!"

全国人民也纷纷通电,要求国民政府,增兵华北,抵抗日寇。

全面抗战的展开

当时,国民党政府还没有抗战决心,总希望和日寇妥协。镇守平津的宋哲元,更是动摇不定,不做抗战准备,反一味和敌人办交涉,讲条件;等到敌人调动妥当,大举进攻了,才怆惶应战。但敌人的军队,早把平津控制在自己手里。二十九日北平失守,三十日天津也被敌寇攻陷了,华北形势,非常吃紧。八月十三日,日寇又大举进攻上海,爆发了上海抗战,全国人民更像潮水一样的卷进抗战浪涛里。这时,国民党政府才由动摇转向抗战,发表抗战宣言,展开全国的抗战。

抗战初期的进步

随着抗战的爆发,国共两党的关系,也迅速的改善了。八月,红军改编成国民革命军第八路军。九月二十二日,发表了共产党的国共合作宣言。(注二)次日蒋介石又发表谈话,表示赞成共产党的主张,从此形成国共两党的第二次合作。那时国民党虽然不敢武装群众,但敌人大举进攻,又不能不依靠全国群众的动员,因而国内政治,多少有些改进。爱国犯部分的释放了,群众爱国团体也在各地建立起来,全国充满着活泼新生的气象。

苏联积极援助中国

抗战爆发后,英美都同情中国抗战,特别是苏联的政府和人民,更积极援助中国。它一面和中国订立了互不侵犯条约,打击了亲日派的反苏阴谋,(注三)一面又运大批飞机、大炮给中国,帮助中国作战。在中国轰炸日寇的驾驶员中,有许多就是苏联的人民。他们是中国人民最可靠的朋友。

问题:

一、芦沟桥事变的经过怎样?

二、全国的抗战是从何时开始的?国民党的动摇使抗战遭受什么损失?

三、红军什么时候改编成八路军?国共两党第二次合作是从什么时候成立的?

注解:

一、芦沟桥在北平西南的宛平县境。

二、共产党的国共合作宣言，在"七七"以前，就交给国民党了，但一直到九月二十二日，国民党的中央社，才把宣言发表出来。

三、当时，汪精卫等，在国内竭力破坏中苏合作，希望中国和希特拉、墨索里尼站在一条战线上，这实际上是投降的准备步骤。

十三、正面战场的败退与解放区战场的建立

日寇的军事进攻

从七七事变到武汉失守，是日寇大举进攻的时期。他想利用飞机大炮，把中国军队打垮，把人民抗日情绪慑服下去，迅速的灭亡中国。

正面战场的败退

最初，国民党因为敌人威胁太大，抗战还比较积极，但因不敢武装人民，政治腐败，指挥又无能，常常吃败仗。上海战争时，就损失了几十万精锐部队，只得退出上海。敌人继续进攻，没有怎么抵抗，南京就丢掉了。(注一)在华北，反动派统率的军队，有的不战而退，有的一战即溃，都很快的败退下去。一九三八年春季，敌人打到风陵渡，夏季占领徐州、开封，到了十月广州、武汉也被敌人占领了，(注二)前后不过十五个月，丧失半个中国的土地。两万万同胞做了敌人铁蹄下的奴隶。

解放区的建立

和国民党军队相反，八路军知道怎样依靠人民，打击敌人。七七事变不久，八路军就经过山西战场，英勇的向敌后进军了。那时，正是敌人向太原进攻的时候，他侦察好敌人的行动，在平型关打了一个伏击，歼灭日寇五六千人，打垮了敌人最顽强的板垣师团。这是抗战后中国第一个大胜利，大大鼓舞了抗日军民的勇气。接着，又继续向察哈尔、河北、山东等省挺进，到处打击敌人，摧毁敌伪组织，建立抗日民主政权。我们晋察冀边区，是那时最早建立起来的。同时华中的新四军，(注三)也开到敌人后方，在江苏、安徽等省建立了解放区。

胜败的关键

反动派不要人民，处处打败仗，丧失了大半个中国。共产党爱护老百姓，依靠老百姓，处处打胜仗，解放了敌后广大人民，两党对人民的态度不同，对抗战也起着不同的作用。

问题：
一、从七七事变到武汉失守，守时敌人的企图是怎样？
二、国民党正面战场丢掉了那些地方，为什么处处打败仗？
三、共产党在那里建立了解放区？为什么能取得胜利？

注解：
一、南京战争时，唐生智吹嘘很大，说要坚决保卫南京，但敌人刚进攻，唐生智就逃跑了。敌人包围南京，士兵无法撤退，渡江吧？船少人多，许多人被江水冲走了，情形非常惨。

二、武汉战争时，共产党曾提出保卫武汉的种种办法，但国民党既不敢武装武汉的工人和近郊的农民，又不敢发动长江沿岸的游击战争，阻止敌人前进，结果还是失败了。

三、新四军是由华中的红军游击队编成的，也是共产党领导的人民武装。

十四、反动派的投降妥协活动

日寇的政治进攻

武汉失守后，日寇感到战线延长，兵力不足；敌后解放区又拖着他的尾巴，使它不能前进。于是一面停止向正面进攻，集中力量扫荡敌后解放区；一面又针对着国民党的失败情绪，表示愿意和它讲和，引诱反动派投降。

日寇的诱降条件

投降的条件有三个：第一，中国要承认"满洲国"，和日本讲"亲善"，受日本吞并，也不能反抗，这叫做"东亚新秩序"；第二，中国允许日本在国内驻扎军队，特别是华北和内蒙，要完全受日军控制，这叫做"共同防共"；第三，中国要允许日本剥削人民，掠夺富源，这叫做"经济提携"。不过为了欺骗中国人民，日本又说："不侵略中国土地和主权"，其实如果中国都被日寇占领了，还有什么土地和主权可谈！

汪精卫的公开叛变

本来反动派就没有抗战到底的决心，还在南京失守以前，就想和敌人妥协，(注一)因怕人民反对，才勉强继续抗战。这时汪精卫因几次和敌人谈判，都被共产党揭穿，(注二)不能从内部破坏抗战，便索性投降敌人，通电拥护敌人灭亡中国的条件，劝反动派和敌人合作，反对共产党；并在南京搜罗大小汉奸，组织汪记国民党，和伪国民政府，帮助日本征服中国。至此，汪精卫的汉奸原形，完全暴露了。

汉奸反动派的勾勾搭搭

汪精卫公开投敌后，还有许多汪派，藏在抗日阵线里，替他摇旗呐喊。为了肃清这些败类，共产党领导人民，展开了反汪反汉奸的斗争，但反动派却说那些是他们的"忠实同志"，(注三)设法保护。因而，就使投降派更加猖狂，许多国民党的委员、主席、司令等都摇身一变，变成伪军伪组织的要员了。(注四)国民党当局不但不加讨伐，反而替他们辩护。(注五)提倡什么"曲线救国"？！后来反动派又派吴开先等，和日寇、汪精卫勾勾搭搭，亲如一家人。如果不是共产党和人民反对，他们早和汪精卫合流，把抗战葬送了。

问题：

一、武汉失守后，日寇为什么停止向正面进攻，引诱国民党反动派投降呢？

二、反动派本来抗战就坚决吗？汪精卫怎样投降敌人？

三、共产党怎样反对汪精卫？反动派和汪精卫怎样勾搭？

注解：

一、一九三七年十二月，德国大使陶德曼曾见最高军事当局，调停中日和议，条件是：（一）承认"满洲国"独立；（二）扩大《何梅协定》，规定华北的不驻兵区域；（三）扩大淞沪非武装区，以国际警察，代替中国保安队；（四）中日经济合作；（五）中日共同防共；（六）根绝反日运动。当时何应钦等都同意这些条件，因怕人民反对，没有成功。

二、一九三九年九月五日，汪精卫在一篇文章里曾说："自抗战以来，最使我痛苦的一件事，是有共产党人夹杂在里头……我之离开重庆，十之八九，是共产党夹杂在里头……"

三、一九三九年一月十七日，陶石川曾在《血路》上，说反汪运动，打击了他们"最忠实最勇敢的同志"，所以不许反汪。

四、截至一九四三年止，国民党的党政要员，公开投敌的有六十二人，其中有国民党的副总裁汪精卫和中央委员周佛海、陈公博等二十人，投敌将领有庞炳勋、孙良诚、孙殿英等五十八人。

五、一九四三年五月十四日，国民党的中央委员、河北省主席、冀察战区副司令长官兼二十四集团军司令庞炳勋，投降了敌人，十八日国民党又替他辩护，说他怎样勇敢、坚定，好像是个英雄！

十五、三次反共高潮

反动派的反共企图

抗战爆发后,国民党和共产党合作了,可是它内部的反动派,总打算消灭共产党。还在武汉撤退以前,他们就效法希特拉的作法,提倡"一个党",这就是要取消共产党,继续实行一党专政;提倡"一个主义",这就是要取消革命的三民主义,取消人民的思想自由,实行法西斯主义;提倡"一个领袖",这就是要剥夺人民的民主权利,实行个人独裁。武汉失守后,反动派觉得人民起来,比日本还可怕,于是由抗日第一,变成"反共"第一,放下敌人不打,把火力集中在共产党和人民身上来。

第一次反共高潮

事情是很明显的,要想投降日本,实行独裁,就必须打击抗战最坚决的共产党、八路军,摧毁最进步的解放区。为了达到这个目的,反动派就收买许多文人,大骂共产党、八路军,捕杀进步的青年,烧毁抗战的书报,闹得全国乌烟瘴气。一九三九年底到一九四〇年春季,反动派更在全国制造磨擦,在南方屠杀新四军的伤兵和家属;在西北侵占陕甘宁边区的土地;在华北更派朱怀冰、石友三、秦启荣等,攻打山西、河北、山东的八路军,使抗战遭受很大的损失。

第二次反共高潮

一九四〇年秋季以后,反动派命令黄河以南的八路军、新四军,一律调到黄河以北。这种调动,对抗战本来是不利的,但是为了团结,共产党答应把皖南新四军,调到长江以北。不料反动派早已下定消灭新四军的决心,预先设了个陷阱。一九四一年一月四日,新四军军部走到茂林地区,就被国民党军队包围,结果,叶挺被俘,项英牺牲,全部九千余人,大半都被屠杀。接着,又造谣诬蔑,说新四军不听命令,下令把新四军解散,企图消灭这支坚强的人民武装。

第三次反共高潮

一九四三年春季以后,反动派就公开宣传法西斯主义,号召"反共"内战;六、七月间,又调兵遣将,集中了五十万大军,包围陕甘宁,企图先把共产党消灭,然后在全国实行更反动的专制。这样"反共"内战的危机,就又空前的严重起来了。

共产党坚持团结抗战

在这些不幸的事件中,共产党始终坚持团结抗战的方针,劝反动派以国家民族为重,不要断送神圣的抗战事业。但在忍无可忍,让无可让时,为了保卫人民的利益,才起而自卫,给反动派以坚决的回击!这样办法,和人民的要求完全一致,很受人民的拥护。也正因为这样,才击退了三次反共高潮,粉碎了反动派的内战阴谋。

问题:
一、抗战后国民党反动派放弃了他们的反共成见吗?
二、三次反共高潮,都是怎样发生的?
三、共产党坚持什么方针?他怎样制止内战的危险?

十六、正面战场的溃败

骄奢淫佚　忘掉抗战

武汉失守后,正面战场几年没有什么战争。国民党的要员们,都住在重庆、昆明的洋房里,听不到炮声响,挨不到飞机炸,早把抗战丢到脑后了。他们仗着有钱有势,囤积货物,贩卖私货,大发国难财,过着骄奢淫佚的生活。例如结一次婚,就用几千万元,养一只洋狗,比几个大学生生活费还要多。(注一)另一方面,却又用抗战名义,向老百姓要伕,要壮丁,要钱,每年征收粮食,就要一万万石。大后方流行的民谣:"房子是驻防的,田地是保长的,养个儿子是老蒋的。"老百姓的血液,全被挤干了,只有逃难、死亡。单河南一省,饿死和逃难的人民,就有六百多万。

敌人进攻　仓慌逃窜

一九四四年春季,日寇调兵遣将,准备打通从日本到南洋的大陆交通线。(注二)当时,国民党反动派毫不介意,还忙着抽调军队到陕西去打共产党,到新疆去屠杀回民。四月十七日,敌人向河南进攻了,那些将军们,吓得手忙脚乱,大都没有见到敌人,就带着姨太太跑了。那些士兵,原是绑来的,平时吃不饱,穿不暖,受着反共教育,这时也乘着混乱逃走了。老百姓看到敌人杀来,军队不抵抗,只得夺取他们的武器,来保卫自己了。(注三)国民党四十万军队,垮了二十万。敌人没有遇到什么抵抗,便占领河南的重要城市和交通线。五月下旬,敌人乘胜向湖南进攻,国民党的军队仍是一触即溃,不到一个月,长沙也被敌人占领了。

情愿失败　不要民主

河南、湖南的失败,说明了国民党腐败无能,只会打败仗。为了挽救这种危机,共产党和全国人民,要求国民党放弃一党专政,组织联合政府,武装人民,阻止敌人的进攻。可是国民党反动派觉得自己的一党专政,比全国人民的生命财产,还要宝贵,那里肯放弃!结果,十一月失掉广西的桂林、柳州,十二月失掉贵州的独山,同时东南海岸的福州也失陷了,仅仅六七个月,丧失了三四省土地,一万万人民。中国人民的灾难,是更加深重了。

问题:

一、国民党的要员们,过着怎样的生活?老百姓呢?

二、敌人进攻,国民党反动派怎样应付?为什么失败?

三、怎样才能阻止敌人的进攻?国民党反动派赞成吗?

注解:

一、一九四三年四月,孔二小姐,坐飞机到美国结婚,据说用费可以救济一万个灾民,或办一个漂亮的大学。

二、美国在太平洋发动反攻后,日本海上交通受到威胁,于是企图打通经过中国的河北、河南、湖北、湖南、广西到南洋的交通线。

三、汤恩伯的军队,驻防河南,随便剥削老百姓,老百姓把他们看做像蝗虫一样可恨,有个歌谣:"河南四荒,水、旱、蝗、汤。"敌人杀来,老百姓夺过他们的武器,保卫自己。七月,国民党派兵一师镇压,屠杀五千人,老百姓又将全师包围缴械,他们自称"农民救国军",口号是:"反对不抗战的军队。"

十七、解放区战场的反攻

日寇集中兵力扫荡解放区

武汉失守后,敌人集中兵力,扫荡解放区,见人便杀,见房便烧,见东西便抢,实行野蛮的"三光政策",企图把敌后解放区打垮,特别一九四一到四二两年,解放区斗争非常残酷,军队减少了,土地缩小了,人口也由一万万降到五千万,这是解放区最困难的时期。

军民合作　渡过困难

但是解放区和国民党统治的地方不同,它在共产党领导下,实行了新民主主义。政权是人民的民主政权,处处替群众打算,武装是人民的武装,处处保护群众利益,为了适应残酷的斗争环境和减少人民负担,实行了精兵减政,为了加强军政民的团结,开展了拥政爱民与拥军优抗运动。军队、政府和人民,大家团结得像一家人,节衣缩食,互济互助,克服困难,打击敌人,有许多群众,因为掩护抗日干部,牺牲了自己的性命。

一九四三年后普遍的进行减租查租,开展大规模的生产运动,更改善了群众生活,提高了群众的积极性,培养了大批英雄模范。这样就连续粉碎了敌人的"蚕食""扫荡",克服了灾荒,壮大了人民的力量。

解放区的扩大

当正面战场正在溃退的时候,敌后的解放区为配合正面作战,于是积极向敌人进攻,一面拔除老解放区内部的据点,把敌人挤出去;一面向河南、湖南的敌后挺进,解放了反动派新丢掉的土地,这样解放区就大大扩大了。截至一九四五年秋,解放区已有十九个,人口增到一万万,民兵发展到二百二十万,正规军也扩大到九十多万了。北到内蒙,南到海南岛,凡是敌人占领的区域,大部分都有八路军的活动。

两个战场的比较

把解放区战场和正面战场比较起来,就看到完全相反的两种现象,反动派不断取得同盟国的援助,因为实行一党专政,压迫人民,抗击了敌伪的六分之一,还要打败仗;共产党没有任何外援,由于实行民主,依靠老百姓,抗击了敌伪的六分之五,却处处打胜仗。(注一)在实际上,解放区成了抗战的重心,八路军、新四军,成了抗战的主力,如果没有共产党,中国早被日本灭亡了。真是"没有共产党,就没有中国",中国人民把翻身希望,完全寄托在共产党身上。

问题：
一、日寇怎样摧残解放区？
二、解放区为什么能够克服各种困难？
三、两个战场比较起来，那个战场贡献大？

作业：
画一张解放区地图，看中国那几省有解放区？

注解：
一、从武汉失守，到一九四四年春季，整整五年半，敌人把主力集中敌后，正面战场实际上没有什么战争。到一九四三年，侵华日军百分之六十四及伪军百分之九十五，都是解放区战场上负担着，国民党战场，所负担的不过敌军的百分之三十六及伪军的百分之五罢了。一九四四年春季以后，正面战场，敌兵增多了，但解放区战场抗击的仍占敌军百分之五十六，伪军百分之九十五（伪军共计八十万，大部分是由国民党的投敌部队与投敌军官组成的）。

十八、抗日战争的胜利与国内和平的实现

抗日战争的胜利

一九四五年八月八日，苏联对日宣战，百万红军，进入东北。日本法西斯，感到无力招架，便向盟国投降。从此，八年的抗日战争，胜利的结束了，沦陷十四年的东北同胞，也在红军的援助下，获得解放。

为和平民主团结而奋斗

八年的抗日战争，人民出力最大，痛苦也最深。日本投降后，人民都渴望着中国走向民主，好来重建他们的和平生活。为了实现人民的这个愿望，共产党一面命令八路军、新四军和华南抗日纵队，积极进攻，坚决摧毁敌伪组织，收缴敌伪武装，彻底消灭日本法西斯，不让他再来侵犯中国人民的和平生活；一面又发表宣言，号召中国人民，为争取和平民主团结而奋斗，并且为了实现国内的和平民主与团结，毛主席亲到重庆，和国民党政府，谈判了五十天，签定双十协定，确定了和平建国的总方针，给中国人民争来了许多民主权利。

敌伪□合流进攻解放区

国民党反动派，害怕人民翻起身来，他们就不能实行一党专政，奴役人民了，便不惜违背双十协定，一面拉拢汉奸特务，收编敌军伪军；一

面暗暗调动一百多万大军，企图和敌伪联合起来，一举消灭解放区，把翻了身的人民，重新打下去，独吞抗战的胜利果实。那么八路军、新四军，为了人民利益，为了保卫人民的胜利果实，就只有实行自卫了。这样，就在平汉、津浦、平绥、同浦、胶济，以及北宁等铁路线上，发生了大规模的战争。

国内和平的实现

反动派的进攻，并没有实现他的愿望，首先解放区军民的自卫斗争，给了他很大的打击，仅在河北邯郸和山西上党两个地区，国民党军队，放下武器的，就有十多万人；同时国民党统治地区，也展开了反内战运动，在前线有高树勋将军的起义，在昆明有教育界的罢课运动，在重庆有各界的反内战大会；此外在国际上，特别是苏联和美国的民主派，也都反对中国内战，在这几种压力下，国民党被迫接受了共产党和全国人民的停战要求，于一九四六年元月十号签定停战协定。从此中国人民迫切要求的和平，开始实现了。

争取民主　巩固和平

可是，中国的反动派，是一刻也不曾放弃反人民的计划的，他们还会用别的手段，来欺骗人民，破坏和平。必须结束国民党的一党专政，把反动派从各级政府中清洗出去，建立一个民主的联合政府，中国持久的国内和平，才有可能。

共产党始终是和人民站在一起的，在抗战中，他引导我们走向胜利，在国民党的进攻中，他又引导我们争取了国内和平，今后，他将引导我们粉碎反动派的各种阴谋，建立一个和平、民主和富强的新中国。

共产党是人民的胜利旗帜，我们要团结在共产党的周围，为建设新中国而奋斗。

问题：

一、抗战胜利后，人民要求什么？共产党主张什么？
二、反动派为什么和敌伪合流，进攻解放区？
三、国内和平是怎样实现的？怎样才能巩固？

附录　本册大事年表

公　元	月　日	重　大　事　项
一九二五年	五月十五日	上海日本纱厂，屠杀工人领袖顾正红
	五月三十日	上海西捕，枪杀请愿学生，是为五卅惨案
	七月一日	国民政府在广州成立
一九二六年	七月	国民革命军由广州出师北伐
一九二七年	三月	上海工人三次武装起义，占领上海
	四月十二日	反动派指使黄郛、陈群屠杀上海工人，是为"四一二"惨案
	七月十五日	武汉政府投降反革命，国共两党第一次合作分裂
	八月一日	南昌起义，工农红军诞生
	十二月十一日	共产党领导广州工人阶级起义，建立苏维埃政权
一九三一年	一月	工农红军粉碎国民党的第一次围剿
	九月十八日	日寇进攻沈阳，国民党不抵抗，丧失东北土地
	十一月	第一次全国苏维埃代表大会、中华苏维埃中央政府成立
一九三二年	一月二十八日	日寇进攻上海，十九路军自动抗战
	五月五日	蒋介石、汪精卫和日寇签定卖国的上海停战协定
一九三三年	一月一日	日寇向山海关进攻
	五月二十六日	抗日同盟军建立
	五月三十一日	蒋介石、汪精卫和日寇订立塘沽卖国协定
	五月	共产党宣布在三个条件下，愿和各军订立抗日协定
一九三三年	十月	国民党动员军队一百万、飞机二百架，对红军举行五次"围剿"

(续表)

公 元	月 日	重 大 事 项
一九三四年	十月	红军为了保存力量和北上抗日,开始两万五千里的长征
一九三五年	五月	在蒋汪指使下,何应钦和梅津订立何梅协定
	八月一日	共产党发表"八一"宣言,号召"停止内战,一致抗日"
	十月	中央主力红军和陕甘红军会合
	十一月廿五日	汉奸殷汝耕在冀东成立"防治自治政府"
	十二月九日	北平学生举行反日示威、请愿,爆发"一二九"运动
一九三六年	十二月	日寇指使李守信等向绥远进攻
	十二月十二日	张学良在西安扣留蒋介石,是为西安事变
一九三七年	七月七日	日寇进攻芦沟桥,爆发抗战,是为"七七"事变
	七月二十九日	我军自北平撤退
	八月十三日	日寇进攻上海,国民党由动摇走向抗战
	九月	八路军在平型关,伏击敌人,取得抗战的第一次大胜利
	十月二十六日	我军自上海撤退
	十二月十日	我军自南京撤退
一九三八年	一月	八路军在阜平召开军政民代表大会,成立晋察冀边区政府
	七月	八路军挺进冀东
	十月二十一日	我军自广州撤退
	十月二十五日	我军自武汉撤退
	十二月	近卫发表投降声明,汪精卫公开投降敌人
一九四〇年	六月	晋察冀边区展开空前的民主大选举运动
	八月二十日	八路军发动百团大战
一九四一年	一月五日	反动派调动军队,聚歼新四军,是为皖南事变
	八月	日寇集中兵力七万,扫荡晋察冀的北岳区

(续表)

公 元	月 日	重 大 事 项
一九四三年	一月	晋察冀边区召开第一届边区参议会
	六月	国民党暗暗调动军队,准备闪击陕甘宁边区
一九四四年	四月十八日	日寇大举向河南进攻
	五月廿五日	日寇占领洛阳
	六月十八日	日寇占领长沙
	九月十五日	中共代表林伯渠在国民参政会上报告,要求改组国民党一党专政的政府,组织联合政府
	十一月十日	日寇占领桂林
	十二月二日	日寇占领贵州的独山
	十二月十日	日寇侵华部队,和侵安南的部队在广西会师
一九四五年	八月八日	苏联与日宣战
	八月十日	日本向盟国投降,抗日战争胜利
	十月十日	国共两党签定双十协定
一九四六年	一月十日	国共两党签定停战协定

晋冀鲁豫边区
《高级小学适用历史课本》

第一册

编辑说明

一、用毛泽东的思想方法，批判的态度，为人民服务的精神，为本书编辑之总方针。

二、全书着重经济发展，与革命运动，使儿童认识进化规律，并接受革命运动的经验和教训。

三、对于民族发展，及革命优良传统，搜取富有兴趣的典型史实和人物，作为材料，以激发儿童爱国热情，与坚强儿童对建立和平、民主的新中国之信念。

四、全书分为四册。每册二十课。每课字数，以四百至六百字为限度。以各课内容，和儿童学力进度而异。

五、各册内容，以详今略古为原则。暂定于左：

第一册：远古至五四运动以前——远古至鸦片战争，共十二课。鸦片战争至五四运动以前，为八课。

第二册："五四"至"九·一八"事变，为十五课。"九·一八"至"七七"事变以前，为五课。

第三册："七七"事变至抗战胜利，为十五课。争取和平民主的过渡阶段，为五课。

第四册：为外国史。以法国大革命为起点，至第一次大战，为第一部分。第一次大战至第二次大战，为第二部分。

目　录

第一课　原始公社社会 / 107

第二课　夏商奴隶社会 / 107

第三课　封建社会 / 108

第四课　陈胜吴广的起义 / 109

第五课　赤眉和黄巾 / 110

第六课　"五胡乱华"与南北朝 / 110

第七课　"黄巢造反" / 111

第八课　岳飞 / 112

第九课　元朝的残暴统治 / 113

第十课　推翻明朝的李自成 / 114

第十一课　满清的屠杀和软化政策 / 115

第十二课　孔子 / 115

附录　从黄帝到鸦片战争大事年表 / 116

第十三课　鸦片战争 / 117

第十四课　太平天国 / 118

第十五课　中日战争 / 119

第十六课　戊戌变法 / 120

第十七课　义和团运动 / 120

第十八课　辛亥革命 / 121

第十九课　窃国大盗袁世凯 / 121

第二十课　军阀混战 / 122

附录　自鸦片战争至五四运动以前大事年表 / 123

第一课　原始公社社会
（公元前二七〇〇年——二一九八年）

　　传说在四千多年以前，有一个黄帝，他就是我们中华民族的祖先，和他同时的，还有一个炎帝，和一个蚩尤。说是蚩尤最可怕了。野兽的身子，说人的话，吃沙和石子，头上还长着角。炎帝和蚩尤打仗，炎帝打不过蚩尤。便请了黄帝来帮忙，结果黄帝把蚩尤捉住杀了。人们公举黄帝做了"天子"。

　　黄帝做了"天子"以后，发明了弓箭和衣裳，他的妻子嫘祖，发明了养蚕，于是人们的生活——比起以前的生吞活剥，披草着皮来，进步多了。从黄帝到夏禹，中间经过了一千多年。这一千多年，人们的生活，大体上差不多，生产用的工具，主要的是石头做的石器和弓箭；人人都参加劳动。劳动的果实，人人共同享受，根本就没有甚么私人的财产。仅有的住屋，也都是大家公有，领袖也是由大家公选的。后代的人，就把这种选举领袖的事情，说成个人的"禅让"了。这种共同劳动、共同享受的平等、自由的生活，人们把它叫做原始公社社会。

第二课　夏商奴隶社会
（公元前一七八三年——一一二二年）

　　传说在夏禹的时候，已经有了农业，生产出来的东西，有剩余了，禹于是把俘虏当作奴隶，强迫他们去劳动。生产所得的果实，归禹私有。禹自己专门去打猎打仗，不再劳动了。私有财产从此开始了。原始公社的公有公享，开始被破坏了。

　　禹自己有了财产，他不愿意把他的财产，传给别人，所以他便传位给自己的儿子启了。从此，君主世袭，就代替了所谓"禅让"啦。

　　夏朝的下面，有一个小国，叫做商。也是黄帝的后代。它用着比夏朝更多的奴隶，奴隶们参加各种生产，和当兵打仗。他们看管牧畜；他们种地和掏井；他们铸造铜镞和各种工具。一切劳动，都是由他们参加的。可是奴隶们所受的待遇呢？我们知道：放牛羊的孩子，叫做牧童。商朝管理奴隶的官，叫做"牧"。就明白奴隶在当时是当作甚么看待了。他们被当作牛马般买卖，杀死。皇帝或主人死了，要活埋大批的奴隶殉葬。上供也是杀奴隶的。奴隶要反抗么？全体杀死。当时，会杀奴隶的就叫做好官。

商朝靠了奴隶的全部劳动，发展得比夏朝快。到了汤王的时候，更加强大了。同时，夏朝那方面，已经传国四百多年，正是桀王在位。他压迫人民，剥削人民很是厉害。汤王趁着人民对他的怨恨，出兵把他灭亡了。这就是历史上所说的"商汤革命"。从此，商朝代替了夏朝；奴隶社会建立起来了；私有财产进一步完成了。

第三课　封建社会
（公元前二三四年——清鸦片之战）

商朝传了六百多年，到了纣王的时候，荒淫无道。一天只是喝酒、打猎、玩女人和压榨奴隶。奴隶们要是反抗，或是逃跑，捉来就用烧红的烙铁烙，或是绑在烧红的铜柱子上烤。人民恨的没有办法，只盼着他早死。

和纣王同时的，有一个周文王。周本是商的属国。因为他们改良了奴隶生产的办法，把土地分给农民去种。所以农业比商朝发达，国势富强。这位周文王对待人民，好像比别的国王要宽厚，不仅取得本国人民的拥护，也引起其他各国人民都希望能解放他们。文王不久死了。他的儿子武王继位，便起兵去打纣王。不出一月，便把纣灭了，奴隶解放出来了。

于是周朝又代替了商朝，他宣布所有的土地，都是天子的。天子是最大的地主了。他把土地分给他的子弟、功臣和诸侯。他们得了土地，就叫那些解放了的奴隶，和没有土地的平民种，向他们要一定的粮食、布匹，还要他们支差，和当兵打仗。这些人的生活，比起奴隶来，其实也好不了多少。因此，又把他们叫做农奴。

这种用土地来剥削农民的社会,叫做封建社会。这种社会,一直继续了两千多年。到帝国主义侵入中国以后,才开始被破坏。

第四课　陈胜吴广的起义

周朝以后,就是秦朝了。秦始皇灭了六国。[1]统一中国以后(公元前二二一年),首先废除分封诸侯的办法,把全国分为三十六郡,郡下面设许多县,郡和县,由中央委任郡守,和县令去管理。

后来,他征集三十万壮丁筑长城。[2]叫七十多万犯了罪的人给他修阿房宫。[3]还有七十万人替他修坟墓。人民被他这种无止无休的差役和高度的剥削,弄得无法生活。他怕人民起来反抗,就用严刑来镇压。又把民间的武器没收了,铸成十二个大铜人。把批评他的知识分子,捉了四百多个来,一齐活埋了。所有书籍也一火烧了。

不久,始皇死了。他的儿子胡亥继了位,叫做二世。就在这年,陈胜和吴广,从河南押了九百多个贫民,到河北守边去。半路上遇了大雨,不能按期赶到。按秦朝的法律,这是要处死刑的。陈胜本来是个雇农,家里的土地,早被官厅、地主和商人盘算光了。现在眼看前去就是死,不如死里求生干起来。特别当时和他一起贫民,愤恨秦朝的压迫,于是陈胜和吴广,领导大家,没有别的武器,就拿起木棍、竹竿起义了。打到河南,发展成一支有六七百辆战车、一千多骑兵、几万步兵的大队伍。

由他们开头,引起到处农民暴动,把个统治十五年的秦帝灭亡了。秦虽灭亡,可是农民并没有翻身,因为这中间有个刘邦,他利用了农民运动,夺取了胜利果实,自己就做了皇帝,建都长安。国号汉,历史家叫做西汉(公元前二〇六年——公元七年)。

注1: 齐、楚、燕、韩、赵、魏六国。
注2: "万里长城"是用来防匈奴的,和清朝挖的运河,同是中国古代两个最巨大的工程。
注3: 阿房宫是秦始皇的皇宫。

第五课　赤眉和黄巾

西汉到了末年，土地问题又严重起来了。"富者田连阡陌，贫者无立锥之地。"农民们的土地，被地主的租粮，政府的款子和差役，弄光了，还要卖了妻儿。或是卖了自己去还高利贷的债。外戚王莽，灭了西汉，实行改良，想稍微缓和一下农民的情绪，遭到贵族和地主们的反对，怎也行不通。在位不过十多年，就被赤眉推垮了。

赤眉的领袖，是山东的农民樊崇。他们为了和官兵有区别，都把眉毛涂红了。官兵们骂他们是"赤眉贼"。一年之间，发展到一万多人。他们的纪律比官兵好。当时有这样的歌谣："宁逢赤眉，勿逢太师（官兵）。"

当一些农民军，纷纷战乱的时候，许多的地主豪族，起来混水摸鱼了。汉朝皇帝的同族刘秀，乘机夺取了天下，做了"光武"皇帝。历史上把它叫做东汉(1)（公元二四——公元二一九年）。

东汉末年，农民被生活逼得又大"造反"了。最大的一支农民军，是张角领导的"黄巾"。(2)他用符水替人治病，人多信仰他。他身受着重重的压迫和剥削，眼看都活不下去了，便领导农民在各地同时发起暴动，一时声势十分浩大。在官兵拼命屠杀，和镇压之下，不到一年，就失败了。但是东汉也因此引起军阀的混战，以致灭亡，形成魏、蜀、吴三国鼎立的局势。

注1：东汉前的又称西汉，或前汉。东汉又叫后汉。都洛阳。以前的汉，都西安。

注2：他们用黄巾裹头，官兵骂他们是"黄巾贼"。

第六课　"五胡乱华"与南北朝

三国鼎立了五六十年，又被晋统一了（二六五年——三一六）。不久，就发生了"八王之乱"(1)的大混战。当时住在中国北边的，有五个落后的种族，就是匈奴、鲜卑、羯、氐、羌五族。首先乘机起来的，是匈奴人刘渊。他杀了晋帝，自称汉王。于是羯、氐、羌、鲜卑各族，均纷纷侵入。他们占据了长江上游和黄河流域。前后建立了十六个国家，混战了一百多年。中原的人们，流离死亡的，超过半数以上。中国二三千年的文化、建设，大遭破坏。历史上把它叫做"五胡乱华"。

晋朝因为北方不能安居了，只得迁避江南。南京为首都，史称东晋。以前的也叫西晋（三一七——四一九年）。东晋经过一百〇四年，被宋灭了。齐又灭宋，梁灭齐，陈灭梁。宋、齐、梁、陈四朝，合称南朝。连东晋，前后共二百多年，是中国文化南迁时代。

公元三八六年，黄河流域，被魏国（鲜卑人建立）统一，结束了五胡十六国的局面。后来魏国又分裂成东魏和西魏两国。东魏又被北齐所灭，西魏被北周所灭。北魏（因区别于三国时的魏称北魏）、东魏、西魏、北齐、北周，前后约二百年，合称北朝，是各族大同化时代。南朝和北朝，都同在一个时期，一在北，一在南，所以又叫南北朝对峙。最后统一于隋。

注1：晋朝的皇帝，特把自己家里人，封了很多王，以保护皇朝。结果这些王，自己残杀起来，前后共八王，叫"八王之乱"。

南北朝

南朝：东晋（一二一七——四一九）——宋（四二〇——四七八）——齐（四七九——五〇一）——梁（五〇二——五五六）——陈（五五七——五八八）——共二七二年。

北朝：北魏（三八六——五三四）
- 东魏（五三五——五四九）——北齐（五五〇——五七七）
- 西魏（五三五——五五六）——北周（五五七——五八一）

第七课 "黄巢造反"

隋朝统一中国，不到三十多年，又被农民起义军推翻了。继起的便是唐朝。唐朝在我国历史上，是一个极强盛的国家。农业、手工业和商业，都很发达。但到后来，朝政腐败，军阀各据一方，再加上宦官的专权，把唐朝的政治，弄得腐败到极点。人民无法生活，于是又被逼得，纷纷暴动起来了。

僖宗皇帝的时候，山东好汉王仙芝，在河北起义了。黄巢和王仙芝同乡，起兵响应。他们宣言："官吏贪暴，赋税苛重，刑罚不公。"他们要"替百姓伐罪魁"。几个月的功夫，发展到几万人。后来仙芝战死了，大家公推黄巢做首领。黄巢自称"卫天将军"。

黄巢带领着群众，从河南打到浙江，沿海打到广州。从广州回头北上，从湖南打到湖北。经过河南，一直打进了长安（唐首都）。僖宗皇帝逃到四川去了。黄巢入长安，百姓夹道观看。黄巢对他们说："黄王起兵，本为百姓，不像唐家，他是爱惜你们穷人的。"进了长安，次序很好，所谓"黄巢杀人八百万"，那完全是统治阶级诬蔑他的。

后来唐朝借了沙陀国李克用的兵，大败黄巢。黄巢的大将朱温，又投降了唐朝。但巢就失败了。黄死没有好久，朱温又灭了唐朝，建立一个梁国。从此，又出现了五代十国的局面。

附：五代十国

唐朝亡了以后，军阀们前后建立了许多国家，在中原地区的，前后经过五个朝代：梁、唐、晋、汉、周，环绕中原地区的，还有十个国家，合称五代十国。

第八课　岳　　飞

五代十国的局面，继续了五十年左右。赵匡胤统一了中国，国号宋。宋朝在我国历史上，领土最小，国势最弱了。北方，前后受辽和金的侵略。西北方，有夏的威胁。整个宋朝一代，对内压迫，对外妥协投降，弄得敌人步步深入。公元一一二七年，金兵大破汴京（开封），掳走徽宗、钦宗二帝，和后妃大臣二千多人。钦宗的弟弟高宗皇帝，逃到江南，以杭州为首都，建立南宋。以前的又叫北宋。

华北完全沦陷敌手了，不愿做奴隶的人们，纷纷组织武装，抗击敌人。金人本来说:"高宗跑到那里,追到那里。"现在受了这些游击队的困扰,抗战部队的坚决抵抗,便改变政策:放还汉奸秦桧,[1]叫他回宋诱降。

岳飞正是南宋抗战将军之一,他一直把收回失地,驱逐金人为自己的责任,他联络华北的游击队,进军到郾城。金国的元帅兀朮,亲自带了一万五千拐子马,南逼郾城,和岳飞决战。岳飞当时身边只五百人,便令步兵拿刀砍马脚,大破金兵,追击到朱仙镇。兀朮骇的往河北逃跑。有一个书生扣马说道:"岳飞快退兵了。"兀朮不信,他说:"从来没有权奸在内,大将能在外立功的,岳飞性命快不保,还能进攻么?"可怜岳飞还在河边鼓励他的兵士说:"直捣黄龙府(辽宁开原县),与诸君痛饮一场呀。"正准备渡河了,一天接连来了十二道金牌,叫岳飞回去。

岳飞回去,就被秦桧杀死在风波亭上。投降派胜利了,把南宋变成了金国的属国。

注1:秦桧是和徽宗、钦宗一道被金国虏走的。他一被俘就投降金人了,很得金人信任。所以把他放回做内奸。

第九课　元朝的残暴统治

南宋自从岳飞被害以后,一直是奸臣当权。后来金国背后,出现了一个蒙古国。它的开国始祖是成吉思汉(元太祖),他们本来是游牧民族。人民强悍,会骑马又会打仗。他们几次向西侵略,一直打到了欧洲的中部,等到灭金灭宋的时候,已经是一个地跨欧亚两洲的大帝国了。

忽必烈(世祖)统一了中国,改国号叫元。元朝政治的贪暴,比任何一个时代都要凶得多。所用的官吏,高级一点的都是蒙古人和色目人(外国被征服的人)。他们公开买卖官职,他们勾结汉族的官僚和地主,合伙儿压榨农民,所有的土地,大部分被官家夺去,成了官田。再加上官僚、地主们的掠夺,农民们没有了土地,大批大批的农民,变成了奴隶和佃户,私人的地租和官府的赋税,逼得人民嫁妻卖女。没有妻女可卖的,成千成百的逼得自杀了。

元朝把汉人分为"汉人"(住黄河流域的)、"南人"(南宋辖民),汉人和南人,都只能做县以下的官。南人比汉人更被贱视,蒙古人打汉人,汉人不许回手,回了手便要"从重治罪"的。

汉族是容易压服的么?决不,自从忽必烈开国以来,汉族就没有停止过反元的斗争。最后全国掀起了农民大暴动,朱元璋北伐,中国又回到中国人手里来了。

第十课　推翻明朝的李自成

朱元璋是一个贫农出身的皇帝,他利用农民得了天下,反过来,又压榨农民了。所以明朝开国不久以后,就不断发生农民暴动。到了末年,农民们普遍的破产了。陕甘的情况,更为严重,人民一年的收获,"一半纳粮,一半纳饷"。(1)人民相率逃散,百里内人烟断绝。官府就现存民户,催逼粮饷,富户变成穷户,也弃家逃亡。

崇祯元年,延安的张献忠、米脂的李自成,领导饥民和失业的驿夫们起义了。饥军(2)也纷纷加入,声势浩大。不久,公推自成为闯王,自成是一个很好的农民领袖。他不好酒色,布衣粗饭,和兵士共甘苦。军纪也很好,提出"杀一人如杀我父,淫一妇如淫我母"的口号。把抢得的东西,分给贫民。所到的地方,"民从之者如流水"。自成和张献忠,分头跑过了甘肃、四川、河南、湖北、湖南、安徽等省。明朝的官兵,骂他们是"流寇"。

张献忠攻下成都,自称"大西国王"。自成攻下西安、太原,打进北京,崇祯(3)皇帝吊死在煤山上,明亡(一六四四)。

这支久经战斗的农民军,以为打进了北京,万事大吉了。大伙儿找金银,玩女人,闹内哄,大乐特乐起来了。等到吴三桂领了清军打来的时候,那里招架得住。五月清军入据北京。自成被迫退出北京,最后由于脱离群众,招致了悲惨的结局。在四川的张献忠,不久也走上了同样的命运。从此,满洲人进来统治中国,有二百多年。

注1:即辽饷,用来抵抗清兵的军费。
注2:饥军即欠饷多时的、饥饿的军队。
注3:明朝最后一个皇帝的年号。

第十一课　满清的屠杀和软化政策

满清入据北京以后，继续向南侵略。史可法死守住扬州，经过七天七夜的血战，城被攻破了。史可法壮烈牺牲了。他的部下，和清军巷战，全部光荣殉国，没有一个投降的。清兵进了城，大屠杀了十天，杀死八十多万老百姓。到了康熙皇帝的时候，有人告发庄廷钺做的《明史》，有反对满清的一句话，那时候，廷钺已经死了。下令戮廷钺的尸首，杀了廷钺的父亲和他的兄弟。凡是印刷《明史》的人，都处了死罪，因为一本书，杀死了七十多个人。

清朝皇帝，除了杀人的面孔外，还有一副好看的面孔，凡是在地方上，有名望有学问的人，都请出去做官。不想做官的，就请他们编书。许多的知识分子，都爱上这副好面孔了。但是很多有骨头的人，是不上这个当的，如顾炎武、黄宗羲他们，终身不替清朝做一点工作。

正气是常在人们的心中的，清朝这种残酷的屠杀，消灭不了人民的反清情绪，他们秘密的组织了哥老会和三合会，进行"反清复明"的工作，后来大大小小的农民暴动，就是它们领导的。

第十二课　孔　子

春秋战国时代（公元前七七〇年——公元前二二一年），[1]中国的学术思想界，空间的发达。最重要的：有儒家和墨家两派。

墨家的代表是墨子。墨子的学说，是代表下层广大群众利益的。因此，被统治阶级极力排斥，没有流传下来！

儒家的代表是孔子。孔子名丘，号仲尼，春秋时候的人。他是鲁国一个没落的贵族。他最看不起农民了，把他们叫做"小人"，他说："小人"应该受"君子"的统治，反抗的便是"乱臣贼子"，"人人得而诛之"，他也看不起妇女，说："惟女子与小人为难养也。"

孔子很想出来做一番事业的，他周游列国，诸侯们都不用他，他只好回到鲁国，专门做教育和著述的工作。一时他的弟子三千人，学问好的七十二人。现在流传的古书，《春秋》是他编的，《易经》是他增订的，《诗经》和《书经》，是他选定的。

西汉的武帝，他懂得儒家的学说，对于统治阶级是十分有利的，便极力提倡儒学，尊崇孔子。从此，世世代代的皇帝，都是尊孔的，称孔子为"至圣先师"，所以儒学在我国的教育、思想界，一直是占统治地位的。孔子就替这般统治阶级，服务了二千多年。但孔子"学不厌"的学习精神和其他好的方面，却是值得我们学习的。

注1：从周平王东迁到洛阳起，以后的周叫东周，同时又是历史上的春秋战国时代。周平王东迁到洛阳（公元前七七〇年），到韩、赵、魏三家瓜分晋国止（公元前四〇三年），共三六九年，叫春秋时代。

东周封韩、赵、魏三家为诸侯（公元前四〇三年）起，到秦灭六国止（公元前二二一年），共有八十多年，叫战国时代。

附：三大发明——指南针、火药、印刷术。

附录　从黄帝到鸦片战争大事年表

民国纪元	大　　事	公　　元
约元前四千多年	传说中的原始公社时代：	约元前二千多年
	黄帝开国	
	苍颉发明文字	
	帝尧在位，天下发洪水	
	舜在帝位，命禹治平洪水	
约前元三七〇〇年	奴隶社会时代：	约元前一八〇〇年
	禹即帝位，为夏朝开国之君	
	开始畜用奴隶	
	商汤赶走夏桀，自做"天子"，国号商，夏亡。奴隶社会确立	
元前三〇三三年	封建社会的确立	元前一一二二年
	武王灭纣，自即天子位，改国号叫周。行封建制度，商亡	

（续表）

民国纪元	大　　事	公　　元
元前二六八二年	犬戎杀死周幽王，平王迁都洛阳，是为东周。春秋时代开始	元前七七一年
元前二四六二年	孔子生	元前五五一年
元前二三一六年	东周封韩、赵、魏三家为诸侯，战国时代开始	元前四〇三年
元前二一三二年	秦始皇并灭六国，中国真正统一自此始	元前二二一年
元前二一一三年	刘邦统一中国，是为汉高帝	元前二〇二年
元前一五九五年	晋迁都江南，史称东晋	三一七年
元前一三二三年	杨坚篡周灭陈，统一中国，国号隋，即隋文帝	五八九年
元前一二九四年	唐高祖即位于长安，隋亡	六一八年
元前九五二年	宋太祖在汴京即帝位，五代终	九六〇年
元前七八五年	宋朝南渡，称南宋	一一二七年
元前六四一年	蒙古建国号元	一二七一年
元前五四四年	明太祖即帝位，元亡	一三六八年
元前三七七年	葡人租中国澳门为租界	一五三五年
元前三三一年	利马窦来中国传教	一五八一年
元前二六八年	李自成陷北京，吴三桂引清兵入关，明亡	一六四四年
元前二二三年	中俄两国订尼布楚条约	一六八九年

第十三课　鸦片战争

帝国主义用武力侵略我国，是在清朝道光十八年（一八四〇）开始的。原来英国占领印度以后，就把印度的鸦片，大批地输入到中国来卖。道光的时候，鸦片的入口，越来越多，吸食鸦片的，越来越普遍。两广的总督林则徐，上书痛说鸦片的害处，他说："烟不禁绝，国日贫，民日弱,数十年后,岂惟无可筹之饷,抑且无可练之兵。"道光皇帝很感动,一八三八年,派林则徐为钦差大臣,到广东去查禁鸦片。

则徐到了广东,实行查禁鸦片,勒令英商缴出鸦片两万多箱,都把他烧了。并且要各国商人具结:"不再贩卖鸦片,否则货和船没收,人即正法。"英国便借这件事情,一八四〇年三月,派兵舰来打我广州。因为则徐守备得很严密,打不进去。英国的兵舰,乘我没有防备,北攻浙江,直逼天津。清政府害怕了,罢免林则徐,派琦善到广东和英人讲和。

当时满清政府,动摇在主战派和主和派之间。三次主战,三次求和。不特不发动人民起来参战,还把人民自发的反英运动压下去。所以最后只得投降。一八四二年七月和英国订立了南京条约,这就是中国第一张耻辱的不平等条约。

附录:南京条约
一、中国赔款二千一百万元。
二、永远割让香港给英国。
三、开广州、厦门、福州、宁波、上海为商埠。
四、英货入口,秉公议定税则。

第十四课 太平天国

太平天国的领袖洪秀全,是广西花县人。他假藉上帝会的名义传教,来反对满清压榨,主张穷富平等。一时穷苦的农民,十家就有八家参加的。

道光二十八年,广西大饥荒,秀全乘机在金田村起义。第二年(一八五一)建立太平天国,自称天王。从湖南北上,沿长江东下。一八五三年,占领南京,定南京为首都,改名天京。

太平天国定都南京以后,颁布了很多的新政策和法令:废除土地的私有权,宣布土地收归国有;提倡男女平权,禁止买卖婚姻,买卖奴婢和赌博,禁止妇女缠足。他的军队,仍回到汉人的老习惯,一律留长头发,和满清的薙发留辫相区别,因此,满清骂他们是"长毛贼"。

太平天国全盛的时候,所有江苏、安徽、江西、湖北各省的重要城市,都是太平军的。可惜他们不知道依靠群众,把群众发动起来,组织起来,坚决执行土地政策,也没有组织人民的革命政权,加上内部又闹不团结。一八六四年,清军攻破了南京。城内十多万官兵,都奋起和清军进行剧烈的巷战,全部壮烈牺牲,没有一个投降的。太平天国前后共经过十五年。

第十五课 中日战争

甲午之后(一八九四年六月——一八九五年四月)

日本自从一八六八年,明治维新以后,(1)便走上帝国主义的道路,开始向中国侵略了。

朝鲜本来是中国的属国,因为清政府的昏庸腐朽,和日本的迫胁,一八八五年,承认朝鲜归中日两国共管,这就引狼入室啦。一八九四年,朝鲜发生了内乱,中日两国同时出兵到朝鲜平乱,兵到朝鲜,乱事已经平定了。中国便邀日本,和中国一道撤兵回国。日本不肯,反而强迫朝鲜政府,和中国脱离关系。同时,突袭驻在牙山的清军。中日战争,便这样爆发了。结果,中国海陆军大败,清政府派李鸿章到日本求和,一八九五年,在马关订立条约。这便是我国近代史上,最痛心的"马关条约"。

马关条约的重要内容是:一、中国承认朝鲜独立;二、割台湾澎湖群岛给日本(2)(原来还有辽东半岛,因俄、法、德三国的压迫,由中国增加赔款三千万两收回);三、中国赔款二万三千万两;四、开沙市、重庆、苏州、杭州为商埠;五、日本人民,得在各商埠,设立工厂。

从此,朝鲜成了日本的殖民地,(3)日本一跃而成世界列强之一。对中国的侵略,更加加紧了。中国的国际地位,一落千丈,促进各帝国主义进一步的向我侵略。

注1:日本在一八六八年以前,也是一个落后的农业国家,曾受欧美帝国主义的侵略。一八六八年,明治天皇即位,实行君主立宪,史称明治维新。

注2:台湾、澎湖,在这次日本投降以后,由我国收回。

注3:朝鲜至这次日本投降以后,北部由苏联出兵解放,归苏联管理,实行了民主自由的政治。南部由美国解放,归美国管理。

第十六课　戊戌变法

由于中日战争的失败，一般进步的知识分子，和开明的官僚地主们，都认为中国的政治，非改良不可了。康有为和梁启超的维新运动，便是代表这种主张的。

康有为几次上书清政府，请求变法。那时候，光绪皇帝，亲自管事不久，一切大权，都握在慈禧太后手里。他自己是没有力量的，可是他一想到当前的大势，只有变法，才能稳定清朝统治的时候，光绪就不顾一切，决心变法了。一八九八年（戊戌年）六月，光绪起用康有为、梁启超，和谭嗣同他们，实行变法维新，废科举，办学堂，编练新军，裁掉多余的官吏等等。从六月到九月，下了九十道维新的命令。

一般顽固守旧的大臣，都不满意光绪那样做法，便怂恿慈禧太后，把光绪幽禁起来，杀掉谭嗣同等维新分子，并下令取消一切新政。康梁二人，因早得了消息，逃到外国去了。这三个月的维新运动，叫做戊戌变法。

第十七课　义和团运动
（一九〇〇年即辛丑年）

义和团本来是一种迷信的农民的秘密组织。自从马关条约以后，帝国主义对中国的侵略，更加加紧了。外国人在中国到处横行，尤其是那些传教士和教徒们，在各地敲榨、剥削和欺压乡民。清政府害了怕洋人的病，遇到人民和教徒打官司，不问是非曲直，总是判定人民吃亏。人民仇恨帝国主义，到了极点。义和团，自然也就成了一个群众性的反帝团体了。他们自称能用符咒，躲避枪炮。慈禧太后和一般守旧大臣，正在怀恨外国人。说他们保护了康梁，同情了维新运动，便利用义和团来报复了。

义和团得到清政府的鼓励，杀教徒，烧教堂，围攻使馆，实行排外，帝国主义更找到了藉口，于是英法等国联军攻打入北京。

联军在北京，公开烧杀淫掠了三天。宫中的珍宝，抢劫一空。慈禧太后带了光绪，逃到西安。下令李鸿章和各国讲和，订立辛丑和约；赔款四万万五千万两，拆毁大沽至北京一切炮台。东交民巷使馆界，和北京、天津之间，由各国驻兵保护。

中国正式沦为半殖民地的国家了。

第十八课　辛亥革命

自从鸦片战争以来，清朝政府的政策是：对外妥协投降，对内坚持独裁专制。人人都觉到：要救中国，非推翻满清不可了。于是全国各地，勃发了反满的革命运动。当时最著名的革命领袖，便是孙中山。他创立一个兴中会，鼓吹革命，确定民族、民生、民权的三民主义，为救国宗旨。一九〇五年，又成立同盟会，不断的在各地进行武装起义。

一九一一年三月，黄花岗一役，(1)掀起了全国反满的革命愤怒。四月清政府下令：把全国商办的铁路，收归国有，引起全国人民的反对，四川反对得更激烈。清政府把湖北的军队，调到四川去镇压。武昌的革命党人，便在八月十九日那天（阳历十月十日），乘机举事。公推黎元洪为都督，占领了武昌，又把汉口和汉阳攻下。各省军队都纷纷响应，不久，江浙各省的联军，又攻下了南京。各省将领，都派代表到南京，组织临时政府，制定约法，成立国会，选举孙中山做临时大总统。正在这个时候，袁世凯却利用他的新军，一面压迫满清政府，一面又威胁革命军。结果双方妥协：满清退位，孙中山辞总统职，推举袁世凯为总统。

妥协走向投降，辛亥革命流产了。

注1：黄花岗之役：一九一一年三月，同盟会党人在广州起义，牺牲干部七十二人，都丛葬在黄花岗，所以叫做黄花岗之役。

第十九课　窃国大盗袁世凯

袁世凯做了大总统以后，便一味扩张自己的势力，排斥异己了。民国二年，袁世凯暗杀了宋教仁，(1)又向帝国主义借了一大笔款子，来进行内战。当中山领导国民党发动二次革命的时候，他下令讨伐"暴徒"

了。他说:"孙文(中山)以捣乱为主义","危害民国"。他自己是"民国保护人",为了军令政令的"统一",他是万不得已,"挥泪"起兵的。

袁世凯扑灭了二次革命以后,他威胁、利诱那般国会议员们,都投票选举袁做正式大总统。民国三年,便下令解散国会,省议会和国民党党部。另外由自己,召集一个"约法会议",修改约法。在他自己的约法里,把总统的权力,规定得和皇帝一般大。

民国四年,他收买一些人,组织筹安会,假造民意。说是民意要他做皇帝,后来又召集甚么"国民代表大会",一致通过不要共和要专制,拥护袁世凯做皇帝。

日本在这个时候,乘机提出二十一条的要求,作为承认袁做皇帝的交换条件。袁一心要做皇帝,便在五月九日,承认了二十一条的要求。这便是我国历史上的"五九国耻"。

真正的民意是不允许袁世凯做皇帝的。年底,东南各省,纷纷独立讨袁。袁军连战连败,二年六月,袁羞愤死了,皇帝的好梦做完了。

注1:民国成立以后,由同盟会扩大,联合各政党,成立国民党。因为分子复杂,原来同盟会的革命精神没有了。当时宋教仁是国民党中的一位领袖。他想利用国民党在国会占多数,自己来组织内阁,因此袁把他刺杀了。

附:二十一条约

二十一条共五号。其重要内容是:

(一)中国承认日本在山东的势力范围。

(二)中国许给日本在东蒙和南满的特权。

(三)中日合办汉冶萍公司。

(四)中国沿海港湾和岛屿概不得割让他国。

(五)中国军、政、财各部,须聘请日人为顾问。这些条约,如全部实现,日本便可独吞中国了。

第二十课　军阀混战

袁世凯死了以后,北洋军阀[1]分裂成皖、直两系。皖系的主子,是日本帝国主义,直系的主子,是英帝国主义,奉系张作霖的主子,也是日本。这般军阀,都是袁的孝子贤孙,拿了帝国主义的钱和武器,就来进行内战,镇压革命,替帝国主义争地盘。

当时黎元洪代理总统，皖系首领段祺瑞，当内阁总理。段受了日本的指使，主张中国对德国宣战，(2)黎元洪和国会反对，段胁迫黎解散国会，黎却免了段的职。段底下的大小军阀，纷纷反对。民国六年七月，张勋乘机带兵入京，强迫黎解散国会，随即把黎赶走，实行复辟。(3)段祺瑞起来，又把张勋赶走，迫冯国璋当总统，自己担任内阁总理，另外成立一个国会，通过了对德宣战，实行独裁卖国。

这个时候，中山在南方成立护法军政府，(4)中山被举为海陆军大元帅。形成南北两政府的对峙，在段的武力统一中国方针之下，南北大战爆发了。(5)

此后，南方政府内部，因为有帝国主义的播弄，中山被赶走了两次。政局是混乱的，北方以奉、直、皖三系为主干，发生了一连串的内战。甚什直皖之战啦，一次、二次的奉直之战啦等等。人民的痛苦，到了极点。

注1：袁世凯练新军，是在前清当北洋大臣时练的，因此把他叫做北洋军阀的首领。袁这一系统的，都是北洋军阀。

注2：当时世界第一次大战正在进行。

注3：拥前清帝溥仪（即在满州当傀儡皇帝的）入朝听政，把清朝旧的制度，完全恢复，这就叫复辟。

注4：即拥护元年约法，反对解散根据约法成立的国会。

注5：战事互有胜败，不久便停止了。

附录　自鸦片战争至五四运动以前大事年表

民国纪元	大　　　事	公　元
元前七四	清道光帝派林则徐往广东，查禁鸦片	一八三八
元前七〇	和英议和，订立南京条约，割地赔款	一八四二
元前六二	洪秀全起义，明年称太平天国天王	一八五〇
元前四八	洪秀全在南京自杀，太平天国亡	一八六四
元前四四	日本明治天皇即位，政治维新	一八六八
元前二九	中法战争，二年议和，承认安南属法	一八八三

(续表)

民国纪元	大　　事	公　元
元前二六	英并我缅甸	一八八六
元前一八	中日战争	一八九四
元前一七	与日订马关条约，割地赔款	一八九五
元前一五	德强租胶州湾。沿海重要港湾，相继被英、法等国，强迫租去	一八九七
元前一四	光绪帝变法维新，慈禧太后禁闭光绪，废止新法，杀谭嗣同等	一八九八
元前一二	清朝利用义和团，实行排外，八国联军破天津、北京	一九〇〇
元前一一	我、八国联军议和，订辛丑和约，赔款四万万五千万两	一九〇〇
元前八	日俄在中国辽东境内打仗，俄国战败	一九〇四
元前二	日本灭朝鲜	一九一〇
元前一	辛亥革命	一九一一
民国元年	清帝退位，孙文辞临时大总统职，推袁世凯自代。袁以北京为首都，中华民国正式成立	一九一二

第二册

目 录

第一课　五四运动前国内外形势 / 126

第二课　五四运动 / 126

第三课　中国共产党的诞生 / 127

第四课　中国工人运动的发展 / 128

第五课　中国国民党的改组 / 128

第六课　五卅运动 / 129

第七课　北伐 / 130

第八课　国共分裂 / 130

第九课　南昌和广州起义 / 131

第十课　国共分裂后的南京政府 / 131

第十一课　土地革命 / 132

第十二课　"九·一八"事变(上) / 133

第十三课　"九·一八"事变(下) / 133

第十四课　上海和长城各口的抗战 / 134

第十五课　"安内攘外"与团结抗日 / 135

第十六课　二万五千里长征 / 135

第十七课　华北事变 / 136

第十八课　西安事变 / 137

第一课　五四运动前国内外形势

袁世凯垮台以后，中国陷入了军阀大混战的局面，[1]中国的工商业，一方受着洋货的排挤，一方受着军阀统治和内战的摧残，简直奄奄一息。但在一九一四年以后，英美等帝国主义，正忙着打仗，对中国的经济侵略放松了些，因此，中国的工商业，便乘机发展起来。一时纺织和面粉工厂，增加了两三倍。火柴和卷烟工厂，也增加了许多。

随着工业的发展，中国资产阶级的力量增强了。同时也把中国无产阶级，加倍壮大起来。但欧战一停止，外国资本卷土重来，民族工业又被打得落花流水了。这时候，资本家、工人和农民，都感到帝国主义的压迫，和军阀官僚统治的痛苦。特别是工农群众，感受这种痛苦更深，大家对于反对帝国主义，反对军阀内战，要求民主的觉悟，一天天提高。

当时许多进步学者，发起"新文化运动"，写文章，办报纸，提倡民主和科学，公开驳斥旧礼教，提倡白话文。李大钊、鲁迅，都是运动中优秀的代表。

注1：见第一册二〇课。

第二课　五　四　运　动

第一次世界大战结束（民国七年），帝国主义在巴黎举行和会（民国八年）。当时我国也派代表参加，向和会提出取消二十一条等要求，不料英法和日本早有勾搭，他们串通一气，欺压中国。二十一条问题，不但不提出讨论，反把德国在山东权利，全部让给日本。日本并把段祺瑞政府，暗地同意日本取得山东权利的签字，当众公布，这个消息，传到中国，激起了全中国人民的愤怒。

首先，北平的学生们动员起来了，他们在五月四日那天，举行壮烈的游行示威，高喊着"外争国权，内除国贼"的口号。当队伍走到赵家楼时，放火烧毁了曹汝霖的住宅，并痛打章宗祥。⁽¹⁾反动政府派大批军警镇压，拘捕学生。学生就再接再厉，组织学生联合会，举行总罢课，跪倒街头，宣传抗日救国的道理。

这个爱国怒潮，激动了全中国。各地学生，纷纷罢课响应。接着各地商人罢市，工人罢工。工、商、学大联合起来，反对帝国主义，反对卖国政府。五四运动，轰轰烈烈的展开了。

反动政府只好低头，下令把曹、章等人免职，答应拒绝巴黎和会的签字。

注1：曹汝霖是当时外交总长，章宗祥是中国驻日公使，都是亲日派。

第三课　中国共产党的诞生

帝国主义在中国开办的许多工厂、矿山和铁路；加上中国自己办的工厂，合起来，中国就有了三百万产业工人，他们受着帝国主义，中国资本家，和封建势力的三重压迫，生活最痛苦，革命性也最彻底，最坚决。一开始参加斗争，就表现得很英勇。

五四运动前后，李大钊、毛泽东等，先后接受共产主义思想。在各地创办刊物，宣传共产主义。并且深入到工人中去，帮助组织工会，建立补习学校，领导工人斗争。在多次的斗争中，特别是俄国十月革命的影响，工人们的觉悟更加提高了，开始要求有自己的领导，中国共产党就在这个基础上渐渐形成了。

民国九年，许多信仰共产主义的人，在各地建立了共产主义小组。第二年七月一日，各个小组的代表在上海开了一个代表大会。那时出席的代表只十三人，代表党员五十名。毛泽东就是湖南的一个代表。这次会上，中国共产党诞生了。

中国共产党，自从成立到现在，始终领导着中国人民，坚持反帝反封建斗争，也就是新民主主义的革命，因为他代表了全中华民族的革命要求，所以在短短的二十五年中，党员发展到二百万人，成为今日中国独立、和平、民主运动的领导中心。

第四课　中国工人运动的发展

中国工人运动,在共产党没有诞生以前,就已经存在。中国共产党正式成立以后,工人运动有了领导,就更加开展起来。

首先是民国十一年,香港海员[1]要求加薪大罢工。这是反对英帝国主义剥削的。因为有中共领导,罢工坚持到八个星期。斗争胜利结束,工资增加百分之十五到三十。

民国十二年二月一日,平汉铁路工人的总工会,在郑州开成立大会,吴佩孚派军警捣毁大会会场,监视工人代表,不准自由行动。代表们在军警阻击之下,冲进会场,宣布总工会的成立,并在交涉无效之后,下令总罢工,作为向军阀蹂躏人权的抗议。从二月四日起,二千多里的平汉路,都停止工作。

军阀强迫工人复工,工人们说:"头可断,工不可复!"继以收买,工人们不为所动。于是军阀们就在帝国主义撑腰之下,开始屠杀了。二月七日那天,乘工人在江岸[2]开会的时候,突然派大批军警包围射击,当场死三十二人,伤二百多人。同一天,京汉铁路各站,都遭同样的惨杀。所有工会,都被捣毁、封闭。这就是"二七"惨案。

从此,工人运动就转入反帝反封建的政治斗争。

注1:海员是在轮船上工作的人员,香港海员是在英帝国主轮船上工作的人员。

注2:江岸在汉口,当时总工会已由郑州迁到江岸办公。

第五课　中国国民党的改组

中国国民党,就是前清的同盟会,民国元年改称国民党;民国三年,改称中华革命党;五四以后,才改称中国国民党。第一次世界大战结束后,帝国主义的加紧侵略,和军阀的混战,加重了人民的痛苦。全国各阶层中,反帝反封建的情绪,日益高涨。它坚定了孙中山先生的革命信心,特别是俄国十月革命的胜利,更鼓舞了孙中山的革命勇气。他说:

"中国革命,非以俄国为师,断无成就。"他接受了中国共产党"国共合作"的建议,决定把国民党改组,并允许共产党加入国民党。

民国十三年,在共产党帮助下,国民党在广州召开第一次全国代表大会。决定了反帝反封建的奋斗目标:联俄、联共、扶助工农三大政策。从此,国民党的三民主义,变成革命的三民主义,即新三民主义。

当时,国民党的反动派,反对国共合作。孙中山斥责他们说:"共产党加入国民党,可以帮助国民党进步,如你们反对共产党,我便加入共产党。"的确,国共合作以后,国民党的革命朝气焕发,又因为得到群众的拥护,巩固了广东的革命根据地,开展了全国的革命斗争。

第六课 五卅运动

民国十四年,广东工农群众的革命运动,搞得轰轰烈烈,成为当时全国反帝反封建的中心。全国的民心,都被卷入了这个反帝运动的怒潮。

五月,上海日本纱厂大罢工,反对日帝国主义,日帝国主义派武装镇压,枪杀工人顾正红,枪伤工人十多人。上海学生和工人起来反对,五月三十日那天,上海各校学生,为顾正红枪杀案,分头到街上宣传讲演。英日帝国主义,联合压迫群众,逮捕学生。群众要求释放被捕学生,他们就开排枪射击。当场打死十人,伤十五人,捕走几十人。

英日帝国主义这场屠杀,全上海的人心沸腾了,工人罢工,学生罢课,商人罢市。大家一齐起来,反抗英日帝国主义的暴行。北平、汉口、九江、长沙全国各地,工、学、商界,立即响应,纷纷游行示威,抵制日货,英日帝国主义,一一用屠杀来镇压。最悲壮的是沙基惨案,[1]而因此引起的省港大罢工,[2]给了英帝国主义一个大打击。

五卅惨案引起的全国反帝运动,叫做"五卅运动",它把中国的革命推到顶点,它是大革命来到的先声。

注1:六月二十三日,广州工人、学生、市民、军人七万多人,举行援助沪案示威游行,至沙面(租界区)英军开枪射击,英、法、葡炮舰开炮轰击。当场死五十二人,伤百七十多人,这便是沙基惨案。

注2：沙基惨案发生后，广东政府宣布与英经济绝交，同时香港的中国工人，在中共的领导下，全部离港返省，和广州工人，组织省港罢工委员会，主持罢工。坚持了十六个月，几乎把香港变成了一座荒岛。

第七课 北　　伐

五卅运动中，广东国民政府成立了。(1) 它依靠群众的力量，统一了广东，把全国的革命推到了高潮。帝国主义着了慌。在北方，利用他的走狗军阀们，到处惨杀群众。并在广东，勾结国民党内的反动派，阴谋破坏国共团结，刺杀孙中山的忠实信徒廖仲恺。

但是甚也抵不住革命的进展。民国十五年七月，广东政府下令北伐。沿途群众，闻风兴起，作向导，搞运输，参军参战。而每个共产党员，都英勇的站在战争最前线。所以北伐军连战连胜，不到半年，就把两湖、江西、福建、浙江等省，一齐占领。民国十六年，国民政府迁都武汉。它在群众支持之下，前后收回了汉口和九江的英国租界。

北伐军打向上海的时候，上海的工人们，在共产党的领导下，一连三次起义响应。头两次被孙传芳(2) 的残杀镇压下去。第三次又宣布总同盟大罢工。罢工的人数，达八十多万。随即进入暴动，经过两天一夜的剧烈巷战，把孙传芳赶走，北伐军得以顺利的进驻了上海。

注1：当时国民政府，由国民党和共产党合组而成的。
注2：孙传芳是北洋军阀之一。

第八课 国 共 分 裂

大革命轰轰烈烈的展开，特别是上海工人的起义，吓坏了帝国主义，和中国大资产阶级。帝国主义乘机挑拨离间，威胁、利诱、破坏国共合作，结果蒋介石为首的国民党反动派叛变了。他们抛弃了孙中山的革命三民主义，投到帝国主义的怀里，翻过来反苏反共反人民了。四月十二日，开始在上海屠杀工人和革命群众。在南京另外成立"国民政府"，联合帝国主义，压迫和分化武汉国民政府。

武汉政府,当时发生许多困难,政府里的国民党员也动摇起来,大喊农民运动"过火"。那个时候,陈独秀占据中共领导地位,不但不帮助武汉政府,打开困难局面,发展工农运动,武装工农群众,反而跟着喊"过火",要取消工农群众运动,下令不许湖南农民起来反抗反革命的屠杀,并且自己收缴武汉工人纠察队的武器。

陈独秀这种投降,取消革命的作法,使得武汉政府的国民党,由动摇走向变节,第一次国共合作最后破裂了![1]

注1:国共正式破裂,在十六年七月十五日。

第九课　南昌和广州起义

武汉变成了屠场,大批共产党员和工农革命群众被惨杀,被监禁。朱德、周恩来、刘伯承等,率领一部工农武装,退到江西。为要挽救革命的败局,八月一日,在南昌起义。

这次起义,纠正了陈独秀妥协投降的错误。由朱、周、刘等将军,组织前敌军委会,领导进军广东。一路遭到反革命部队的堵击。九月到达潮州、汕头。[1]随被反革命武装包围袭击,退出潮汕。朱德将军率领一部武装,从广东转入湖南游击,这就是后来红军的一部。

广州变成反革命的基地,比武汉还早。工农革命群众,陷在白色恐怖中,迫切要求武装自卫。这年年底,广东军阀大混战。工农群众便在广州起义,占领广州,成立苏维埃政府。

帝国主义和军阀,立即联合向广州进攻。工人英勇抵抗,血战三天,终因双方军力太悬殊,失败了。

这次广州起义,结束了大革命,进入新的土地革命阶段。从此,孙中山的革命事业,完全由中共继承了。

注1:潮州、汕头,均在广东。

第十课　国共分裂后的南京政府

蒋介石依靠帝国主义,背叛了孙中山的联俄、联共、扶助工农三大政策。对于帝国主义的外交，也完全变成了妥协投降。当蒋介石一进到南京，帝国主义就给他下马威：指使军舰向南京城发炮轰击。蒋介石反而向帝国主义道歉赔款。这是蒋介石投降外交开宗明义的第一章。第二年，蒋军进到济南，日军炮轰济南城，死伤军民数千。[1] 蒋介石再次投降，下令部队退出济南，并通令各地，保护日侨。

至于南京政府的对内政策，那就是消灭共产党，和排斥异己部队，以武装巩固专制统治。几年之间，一直和李宗仁、唐生智等混战。后来又发动对红军三次"围剿"。十九年，张学良进兵平津，赶走冯玉祥和阎锡山。中国表面上，算是被蒋介石统一了。

在南京政府统治下，连年的战祸，一年年加重的苛捐杂税，以致造成全中国遍地的灾荒和土匪，人民死亡流离。民国十八年，全国饥民五千多万。二十年，长江、淮河大水灾，灾民竟达一万万以上，占全国人口四分之一。而长江堤防基金和导淮基金呢？被蒋介石拿去打仗和作鸦片买卖去了。

注1：惨案发生于十七年五月三日，所以叫五三惨案，又叫济南惨案。

第十一课　土地革命

自从国共分裂以后，反革命在全国各地，拼命的屠杀人民。人民武装的反抗，到处风起云涌。特别是湘、赣边境，和井冈山区域[1]的农民运动，在毛泽东的英明领导下，始终坚持着。

民国十七年，朱德和毛泽东的两支游击队伍，在井冈山会合，成立红军第四军，这就是中国最早的红军。此外，还建立了苏维埃的民主政府。

同年七月，彭德怀在平江起义，开辟了闽粤赣苏区。在那般军阀混战、人民痛苦日深的时候，真正实行孙中山新三民主义的红军，到处受人欢迎，很快的开辟了豫鄂皖苏区、陕甘苏区和湘鄂赣苏区等。

在那些苏区里，彻底实现孙中山的新三民主义。废除苛捐杂税，实行"耕者有其田"，取消帝国主义和剥削阶级的特权。男女一律平等，人民直接选举苏区政府,以改善工农的生活。

中共这种正确的政策,得到群众的拥护,因而国民党多次的"围剿",都被红军粉碎了。苏区更加巩固和扩大了。二十年一月,在江西瑞金成立中华苏维埃中央政府,毛泽东被选为主席。

注1:井冈山在湖南。

第十二课 "九·一八"事变(上)

自从蒋介石背叛孙中山,投降帝国主义以后,一直打内战,结果把日寇打进来了。

民国二十年九月十八日晚上,日寇突然进攻沈阳城北的北大营。国民党为了坚持内战,事前就通令各军,"遇到日军寻事,务须慎重,避免冲突"。及事变发生,张学良一夜发十几通电报,向国民党政府请示。蒋介石十几通回电,都是不准抵抗。这样,日寇没有遇到丝毫抵抗,第二天早晨,就占领了沈阳。不到三个月,整个东三省的肥沃领土,三千万人民,和无尽的宝藏,被国民党政府轻轻断送了!

东北人民,在日寇奸淫掳掠下,无依无靠。千百万农民,从自己的土地上,家园里,被赶走,情况是十分悲惨的。中共乃领导人民奋起自救,组织"东北义勇军",到处袭击敌人,保家卫国。他们经常吸引着十多师的日伪军。到七七事变前,五年之内,毙伤日伪军达十四万。这对于国内的救亡运动,起了极大的配合作用。

第十三课 "九·一八"事变(下)

国民党政府,对于"九一八"事变的政策,是不抵抗和依赖国联,而全中国人民是坚决要求自卫。因此,从上海到成都,从平津到广州,所有人民,一齐卷入抗日救亡的怒潮中,上海十万大、中、小学生,举行罢课。三万五千日本码头工人,举行大罢工,广州、香港等地日商,日厂的中国工人，一律辞工，宁愿回家挨饿受冻。后来上海八十万工人，组织抗日救国会，派代表到南京，要求政府出兵抗日，要求政府发给枪支，参加抗日。北平的工人，成立抗日救国会、义勇队，热烈进行抗日救亡的工作。上海的商业界，也宣誓不买卖日货。

十二月，日寇又向山海关进攻，华北危急。十多万平、津、粤、沪、汉各地的学生，齐集南京，联合向国民党中央党部，要求对日宣战。国民党指挥军警，向请愿学生冲突、刺杀，当场死三十多人，伤的无数，被捕的一百多人。第二天，军警指挥所有学生到车站，迫令离开南京。这就是国民党及其政府，对外如绵羊，对内如虎狼的国策。

当时，共产党和人民在一起，提出"武装人民，进行民族革命战争"的口号，并领导各地人民进行抗日救国的英勇斗争。

第十四课　上海和长城各口的抗战

南京政府的不抵抗主义，更增加了日寇的侵略野心，所以日寇在完全占领东三省后，第二年一月二十八日，又进攻上海。想压迫国民党政府，正式承认日寇占领东三省，并作为进攻中国内部的准备。

事前，日军司令盐津，夸下海口说："四小时占领上海。"不料当时驻守上海的十九路军，受人民的推动，一致奋起抵抗。国民党政府却一面电请英美调停，一面电令驻在上海的中国海军，"应守镇静"，坐观日寇海陆空军虐杀中国人民。

正因为十九路军的抗战，是代表全国民意的，所以有上海工人、学生和广大群众，踊跃参战。全国各地民众，特别是海外侨胞，热烈募捐支援。同时上海共产党，发动全上海日厂十万工人大罢工，协助抗战。十九路军完全依靠了民众的支援，和日海陆空军苦战了三十三天。无奈国民党政府，抱定对日妥协投降的宗旨，蓄意破坏抗战，断绝十九路军的接济，迫使十九路军离开了上海，便和日本进行停战谈判。

二十二年，日寇陷山海关，进攻热河。只七天，攻陷了热河的省会，又南向进攻长城各口。各口驻军二十九军等部，自动抗击，敌寇负创很大。国民党政府均先后迫令停止抵抗，并和日寇订立塘沽协定，进一步的投降、卖国。

后来，冯玉祥、吉鸿昌等，又在张家口组织"民众抗日同盟军"，抵抗敌人从热河向察北的进犯，并把敌人赶出察北。国民党政府，却派庞逆炳勋率部等入察，配合日寇把冯逼走，把"抗日同盟军"消灭。

第十五课 "安内攘外"与团结抗日

国民党政府抱定"安内攘外"，即"降日剿共"的国策，把上海划给日寇，作为进攻长江的基地。[1]转过来，调动九十多个师，举行四次"围剿"。由蒋亲自下令，在苏区当行杀光、烧光、抢光的三光政策。这次"围剿"，虽被红军粉碎，但蒋介石又把日寇引进山海关来了。当时中共发表和国民党停战抗日的宣言，及平津危急，又号召全国人民起来反对日本帝国主义进攻平津，反对国民党新的卖国。

当时，蒋介石一面破坏抗日部队，镇压抗日运动，下令"言抗日者，杀勿赦！"一面和日寇签订塘沽协定，承认了日寇对东三省和热河的占领，并创定长城线以南，滦东以北广大地区，为中立地带。

然后又开始五次"围剿"。蒋介石在庐山对剿共军训话："革命的敌人，不是日本，而是中共，东四省失掉，没有多大关系。"这次"围剿"，规模特大，向美国借了一大笔款，向德国请来许多军事顾问，调动了一百万大军。

红军坚持团结抗日的方针，号召组织抗日民族统一战线。二十三年十月，为了贯彻抗日主张，红军便退出中央苏区，北上抗日，开始了二万五千里长征。

注1：上海停战协定中，承认划上海一部，作为日寇驻兵区，在此区域，中国军队撤去。

第十六课 二万五千里长征

红军从江西出发，横过湖南，经广西，入贵州，一路遭受国民党军和地方军的追击、截击，第二年，由云南入四川，准备东渡大渡河，完成北上抗日任务。

红军一天一夜急行军二百四十里,赶到了大渡河边。可是河的东西两岸渡口,早被驻军把守住了。经过一场恶战,红军占领了西岸的渡河点,还得到一支渡船。

大渡河两岸壁立,水流湍急,只能用船横渡。红军找到几位老船夫,请他们载着红军勇士渡河。老船夫说:"从前有一位石达开,带领三十万大军,都没有渡过去,被清军消灭在这里,你们即使是钢铁铸成,怕也难飞过这样的天险!"

但是十八个共产党员,由连长率领上船了。船在枪林弹雨、惊涛骇浪中前进,敌人的炮火专对着河里的小船。船慢慢靠近东岸了。敌人从堡垒里杀出来,一颗子弹,贯穿了船底。战士们奋不顾身,就往岸上跳,两手攀住岩石,跃登岸上,一阵机关枪、马刀、手榴弹的冲杀,占领了东岸的渡口。红军又度过了一个天险。

最后,爬过雪山、[1] 草地,[2] 突破天险腊子口,[3] 进到甘肃,和陕北红军会合,完成北上抗日的任务。

注1:雪山在川康边境。山很高,终年积雪不化。地下雪深三四尺,雪风、雪冰雹,不断地刮着下着,空气稀薄,气候严冷,坐下去就会停止呼吸死去。

注2:草地在四川西北境。地上河流交错,几全是黑的泥水土。水在地面泛滥着,到处有很深的水洞,洞口上长着草,一不小心,踏下去就陷在泥里。每天下雨,雾气很重。这样的草地,一连几百里。既无人烟,又没粮食。

注3:腊子口为入甘肃境的一个险要。

第十七课　华北事变

塘沽协定以后,日寇又打整个华北的主意了。蒋介石却大唱其"中日亲善",而对于国内救亡运动,则实行残酷的镇压。这种近乎"开门揖盗"的政策,又招来第一次华北事变。

二十四年五月,日寇向北平军分会提出苛刻要求,胁迫答覆,蒋介石当即全部承认。由何应钦与华北日军司令梅津,秘密签订协定:[1]取消河北省及平津国民党党部,撤退河北驻军,取消河北反日运动,把冀察主权,大部奉送日寇(协定中并规定成立冀察政委会)。没有隔几个月,日寇又在平津等地,收买汉奸、流氓,冒充华北人民代表,向国民党政府请愿,要求自治。唆使汉奸殷汝耕,在通州成立"冀东防共自治政府"。策动宋哲元联合华北五省脱离南京政府。一时把华北弄得乌烟瘴气。蒋介石又赶忙撤退北平军委会,下令设立"冀察政务委员会",实行华北变相的自治,轻轻的把华北奉送了,这就是第二次华北事变[2]。

十二月九日,北平学生抗议冀东汉奸政府成立,举行示威大游行,高喊着"反对华北自治,停止内战,一致抗日"的口号,途中遭宋哲元部袭击,水龙、皮鞭、枪刺齐下,学生死伤数百人,这就是"一二·九"爱国运动。它推动了全国各地学生,突破国民党的恐怖统治,跑出街头,一致高喊"团结抗日"的口号,造成全国抗日救亡运动的新高涨。

注1:又叫"何梅协定"。
注2:发生于二十四年十月。

第十八课　西 安 事 变

日寇实际掌握华北以后,又企图直接占领华北,便在华北各地增兵,并到处生事,制造藉口,这正是亡国灭种,大祸临头,因此,全国救亡运动,更加如火如荼的展开。

那个时候,东北军正被迫在陕西"剿共"。他们面对着全国救亡运动的高潮,与红军团结抗日的感召,便开始反对内战,倾向抗日。

独蒋介石坚决站在反对全国人民立场,固执内战。他亲自飞到陕西,强迫东北军和西北军进攻陕北。

张学良和杨虎城,受部下要求抗日的推动,见蒋介石如此执迷不悟,便把他扣留,强迫他承认"停止内战,实行抗日"的要求。

国民党反动派何应钦等,唯恐天下不乱,乘机下令讨伐张杨,进兵陕西,幸赖中共坚持和平,通电揭破"日帝国主义与中国亲日派,以拥蒋为名,挑拨内战"的阴谋,向双方提议和平解决。在这种情势下,蒋介石表示接受抗日条件说:"只要我生存一天,中国决不致再发生反共内战。"第二天,蒋被释放。由张学良陪同飞返洛阳,这就叫做西安事变。[1]不料张、蒋到达南京,蒋即背信扣留张学良。后来又把杨虎城也扣住,至今都没有释放。

这次事变,结束了中国的内战,开始第二次国共合作。

注1:西安事变,发生于二十五年十二月十二日,因此又叫双十二事变。

第三册

目　录

第一课　七七事变 / 140
第二课　平型关大捷与南京失守 / 140
第三课　敌后根据地的创造 / 141
第四课　汪逆精卫投敌 / 142
第五课　十二月政变与反磨擦斗争 / 143
第六课　百团大战 / 144
第七课　皖南事变 / 144
第八课　敌后极端困难时期 / 145
第九课　第三次反共高潮 / 146
第十课　抗战中的经济（上）/ 147
第十一课　抗战中的经济（下）/ 148
第十二课　抗战中的政治 / 149
第十三课　抗战中的教育与文化 / 150
第十四课　抗战中的外交 / 151
第十五课　豫湘桂战役与大后方民主运动 / 151
第十六课　敌后的胜利 / 152
第十七课　日本投降 / 153
第十八课　双十协定 / 154

第一课　七七事变

第二次华北事变的第二年,日本又发动七七事变。

日军半夜里,在北平附近的芦沟桥演习,藉口一个日兵失踪了,深夜硬要进宛平城里去搜查。(1)宛平的驻军,正是曾在长城各口,用大刀抗击日寇的二十九军。他们拒绝日寇进城。日寇就用大炮、机枪向城里轰击。二十九军自动奋起还击,中日战争,就在这里开始了。事变发生在七月七日,所以叫七七事变。

自从九一八以来,国民党政府,一贯是不抵抗,和依赖国联。芦沟桥炮响以后,处在抗日高潮的全国人心,更加沸腾了。而汪精卫却高喊着:"一面抵抗,一面交涉。"蒋介石也说:"中日战争是否打大,全凭日本。我们是希望用和平外交方法来解决的。"并且向日本提议:"双方约定日期撤兵。"此外,仍然是向英美求救。只有共产党坚决主张:"武装保卫平津,保卫华北。"

日军利用和南京谈判的时机,向平津运兵。到月底,北平已经被日军团团包围住,大炮、机枪直向南苑(2)打来,驻军奉命不许抵抗,平津就拱手让给日寇了。

日寇垂手取得了平津,又大举进攻上海,(3)来势汹汹,声言要消灭南京政府,不以蒋介石为谈判对象。国民党政府,在全国抗日怒潮的激荡下,为了保存自己的统治地位,被迫开始抗战。

注1：宛平县就与芦沟桥靠近。
注2：南宛在北平城外南郊,为我驻兵之所。
注3：八月十三日,开始进攻上海。

第二课　平型关大捷与南京失守

七七事变一爆发,红军将领向国民党政府通电:"请求立即明令敌军,改编为国民革命军,在统一指挥下为抗日先锋。"八月底政府发表命令：改编红军为八路军,委派朱、彭为总、副指挥。(1)

当时敌人长驱直入，华北七八十万国军，望风逃窜，情形异常混乱。指挥平汉路军事的刘峙，从保定一气退到郑州，撇下华北人民，任受敌寇的奸、淫、烧、杀。

八路军昼夜兼程，赶到平型关，(2)正迎上寇军向平型关进攻。一一五师得到群众的协助，在一条十几里长的山沟里设伏，待敌人进入山沟，伏军奋起和敌人肉搏一整天，消灭了敌人最精锐的板垣师团约四千人，毁汽车一百多辆，缴获武器、战马、军用品无数。这就是有名的平型关大捷。它粉碎了汪精卫的失败论，(3)振奋了全国的人心，澄清了华北的混乱局面。

这时候，国民党政府，虽被迫起而抗战，但对于人民和共产党的抗日活动，限制极严，而和日寇，又藕断丝连。(4)南京危急的时候，德国派陶德曼大使，到南京见蒋介石，公然提议调停。所提条件，十分苛刻。(5)而蒋介石还表示："如此尚不算亡国条件"，"不应该拒绝调停"。

在这样拉拉扯扯的抗战情形下，南京守将，不战而溃。(6)德国顾问设计的所谓工事，一分钟也没有利用。党、政、军、民，争相夺门逃窜，被汽车碾死，自相践踏，抢渡长江溺死的，总有几万人。

注1：八路军下辖三师：一一五师、一二〇师、一二九师。限定编制为四万五千人。奉令一路开晋西北，一路开晋东北，迎击敌人。

注2：平型关位山西与河北的接合部。

注3：汪精卫在平津失陷前一天，在南京播讲"最后关头"说："我们是弱国之民，我们所谓抵抗，只是牺牲"等民族失败论。

注4：大汉奸汪精卫，仍然当着国民政府的行政院长，仍然不肯对日绝交，驻日大使许世英，仍叫留东京，南京政府要人，往来上海、南京，谈判和平。

注5：陶德曼所提日寇条件：把原来上海协定中规定的非武装区域扩大；由国际警察代替保安队；中日经济合作；中日共同防共；根绝反日运动等。

注6：南京失守，在民国二十六年十二月十三日。

第三课　敌后根据地的创造

抗战初期，国民党军向西向南溃退。八路军奉中共中央"与华北人民共存亡""创造敌后根据地"的指示，在朱、彭总、副司令领导下，留在敌后，为收复国土，保卫民众，领导民众抗日而斗争。

创造抗日根据地，最初是困难万分的。所有政府工作人员，都跑光了。社会秩序非常混乱，战士们衣食无着。而到处要和敌人作战，兵员的补充、弹药的接济等等，都没有办法。

解决困难的办法，就只有依靠群众。八路军便派出许多工作团在各地普遍组织战地动员委员会，发动各阶层抗日民主人士，参加抗日工作。在八路军积极打击敌人下，每个县、区、村，都掀起参军的热潮。义勇军、游击队、自卫军等人民武装，蓬蓬勃勃地生长起来，到处打击敌人，摧毁伪组织，建立抗日政权。

后来，八路军又进行减租减息，优待抗属，和"有力出力，有钱出钱"的合理负担，改善人民生活。军民进一步结合，在各地再次粉碎敌人的进攻。二十七年一月，冀察晋边区的抗日民主政府，首先成立了。接着，晋冀鲁豫、晋西北等边区民主政府，都先后成立。

第四课　汪逆精卫投敌

国民党政府行政院院长汪逆精卫，整天坐在政府里，广播中国抗战只有失败，并和敌人一唱一和，在中外报纸上，反复表示中国愿意和日本妥协，直到武汉、广州沦陷前后，还发表"和平之门未闭"的谈话。蒋介石对于汪逆这种乞降的言论，装聋作哑，直到汪逆通敌证据被人查获，蒋还暗示说："就是果真有其事，也要让其完全证实，才可处分。"

武汉和广州，在国民党政府空口抗战下，相继沦陷。[1]汪逆夫妇，就从重庆坐飞机到河内投敌去了，[2]还率领陈公博、陶希圣等大批国民党高级官员，公开发表宣言，主张"和平"，号召重庆国民党投敌卖国。

国民党政府，在全国上下一致要求讨逆声中，才把汪逆撤职。国民党只好把他的党籍开除，但同时却禁止扩大反汪运动。

这时候，敌人对国民党政府，改以政治诱降为主，军事进攻为辅。在华敌兵，半数以上，都抽调敌后，向八路军、新四军进攻。自此，敌后战局，一天天紧张。国民党政府，以为敌人不会再向它进攻了，便开始停止抗战，恢复到反共反人民为主的政策，暗中颁布"限制异党活动办法""共党问题处理办法"等反动法令。蒋介石且公然声明：抗战到底，是恢复芦沟桥事变以前状态。一时国内妥协投降的空气，再趋浓厚。正如上海《导报》所说："今天中国之所以继续作战，而不能实现投降的原因，完全是共产党的关系"，"如其没有共产党，中国早已接受日本的条件而'讲和'了。"

注1：广州沦陷，在二十七年十月二十一日。同年二十五日，武汉沦陷。
注2：汪逆从重庆出走，在二十七年十二月十八日，河内是安南商埠。

第五课　十二月政变与反磨擦斗争

　　晋西和晋东南，在日寇进攻中，被阎军丢掉了。后来牺盟会和新军[1]在那里发动人民战争，树立抗日民主政权，坚持敌后抗战。阎锡山因此十分忌恨。加上敌寇的引诱：要把他们在太原几十家工厂的财产，退还百分之四十九。[2]于是，在国民党反动派整个军事反共策动下，爆发十二月政变，[3]造成抗战后第一次反共高潮。

　　首先由阎部在晋西围攻决死二纵队，[4]用暴力解决县政府及抗日团体，杀害所有抗日干部及其家属。这种惨杀，自晋西迄晋东南，一千多个优秀的、坚决抗日青年干部，都惨死在这般叛军手里。

　　早在武汉沦陷以后，国民党反动当局便开始停止抗战，实行反共、反民主、反人民政策，纷纷派军北上，向八路军和抗日人民"收复失地"，到处制造磨擦。及十二月政变爆发，一时张荫梧在河北，朱怀冰等在太行，勾结敌寇，袭击八路军。八路军被迫反击，反共军便土崩瓦解。张荫梧、朱怀冰等又都逃到大后方做官去了。这次反磨擦斗争，克服了第一次反共高潮，坚持了敌后抗战。而解放区在反"扫荡"反"磨擦"的斗争中，一天天壮大了。

注1：牺盟会，即牺牲救国同盟会。它和新军，都是阎锡山用抗日作招牌，收罗一些前进青年组成的，目的在供给私人利用。后来他们把阎锡山的假抗日政策认起真来，阎便说他们"赤化"，要消灭他们。
注2：阎锡山一群大地主、大资产阶级，在山西有五十三家大工厂，战前资本在两万万以上。
注3：十二月政变爆发在二十八年十二月。

注4：决死二纵队，即新军一部。

第六课　百团大战

希特拉在欧洲，一连打垮了十四个国家，一时国际法西斯气焰，凶恶万分。日寇想迫使中国投降，好放手南下侵略，和希特拉东西相呼应。它一面阴谋进攻西安、重庆，一面加紧诱降。于是，国民党反动派又大大活动起来。

正在这个国际国内局势险恶的时候，华北八路军，发动了百团大战。(1)他们在广大民兵配合下，向全华北主要交通线，进行总破击战。打击的重点在正太路。娘子关是正太路上敌人的重要据点。八路军就在大战爆发的当天夜里，经过一场血战，把他克服了。同一个夜里，把井陉煤矿也炸毁了。

当八路军势如潮涌，扑向正太路时，敌人还在做梦哩。连续雷鸣般的爆炸声，震动了二百里的地面，沿正太路的敌伪军，都被消灭了。所有桥梁、车站等建筑物，都彻底削平了。

这样的破击和歼灭，接连一个半月，使华北敌区，陷入了大混乱。伪军纷纷动摇，人心激奋，伪组织几乎维持不下去了。敌人恼羞成怒，便急调大军，向华北各解放区，进行凶恶的报复"扫荡"。"扫荡"首先在太行山开始。在太行山上，到处燃起了反"扫荡"的烽火。有些部队，自大战以来，一二十天没有吃过饱饭，睡过好觉，但是战斗热情，极端高涨。在彭副总司令亲自指挥下，打了无数次的大歼灭战。

这次大战，粉碎了敌人的"囚笼政策"，(2)再度克服了国内妥协投降的危机。

注1：百团大战，开始于民国二十九年八月二十日。
注2：敌人用铁路、公路、碉堡、壕沟来围困八路军的办法，叫"囚笼政策"。

第七课　皖南事变

百团大战，八路军打得华北敌人，惊慌失措。国民党政府，不但袖手观战,从而发动第二次军事反共,配合敌人,阴谋消灭江南新四军。

事变的经过是这样的:二十九年十一月,国民党政府下令江南新四军,全部开过江北。日期和路线都指定了。新四军一心只顾团结抗战,忠实执行命令,没有警惕反动派的暗算。第一批先走的,是辎重和一千多后勤人员。叶军长率领军部和教导团等九千多人,第二批走。三十年一月四日,叶军长率部从皖南泾县起程。第二天到达茂林地区。

茂林竟是这样一个绝地:地面狭窄,四围都是悬崖绝壁。国民党反动派早在一个月以前,就从七八百里的地方,调来七个师布置在这里。新四军一进到这个地点,就遭到这七师大军的伏击,新四军仓卒被迫自卫。将士水米不沾,独自奋勇血战,国民党军连续猛攻,终于在十四日夜,全部被杀害,突围的只千多人。

事后,蒋介石反说新四军不遵守"军令""军纪",下令撤消新四军番号。中共中央除揭露国民党反动派阴谋外,又任命陈毅代理新四军军长,领导全军,坚持抗战大业。新四军在广大人民拥护下,不但没有被消灭,反而走上了发展的新阶段。

第八课 敌后极端困难时期

百团大战以后,敌人大声疾呼:"对华北应有再认识。"敌酋冈村提出"治安强化运动":实行"清乡""蚕食"和"扫荡",(1)并继续加强"囚笼政策":大修公路、碉堡,企图彻底摧毁解放区。

而国民党军,在"反共第一"声中,纷纷投敌。解放区又闹着空前蝗旱大灾荒,以致造成敌后极端的困难(三十、三十一两年)。特别是太平洋战争爆发后,敌酋又提出"完成大东亚战争兵站基地"的口号,(2)对华北的"扫荡",更加疯狂,更加残酷。因此,敌后形势,益趋严重。

最初,解放区在敌人疯狂、恶毒的扫荡中,面积缩小了六分之一。平原地区,局势更是恶劣。后来,中共领导各解放区,首先加强建设:在各区实行三三制的民主政治,(3)认真实行减租减息,精兵简政,大量培植地方武装和民兵,发起生产渡荒,开展大生产运动。展开反"扫荡"、反"蚕食"的斗争。组织武工队,深入敌区,争取群众,打击伪组织。

这些办法实行以后,解放区的局势,便开始好转。

三十一年,敌寇的"扫荡",虽然更频繁,更毒辣。冀中的"五一扫荡",尤其是残酷:冈村亲自坐飞机指挥。寇兵所到之处人畜、房屋、财产一扫而光。不问军民,一律使用毒气。且到处散布鼠疫和病菌。光老百姓被杀害和抓走的,达五万多人。"扫荡"连续两个多月。由于中共领导的正确,我军民均能深相结合,到处创造惊天动地的战绩,终于粉碎了这一空前残酷的"扫荡"。

其他各解放区,也同样在敌人多次毒恶的"扫荡"中,赢得胜利。华北敌后战场,就这样站稳了脚,渡过最困难的时期。

注1:对敌占区,以"清乡"为主;对游击区以"蚕食"为主,恐怖与怀柔并用,强迫人民"换头""维持",或制造"无人区";对解放区,以"扫荡"为主,实行杀光、烧光、抢光的"三光"政策。

注2:企图把华北变成日本反英、美战争的后方基地。

注3:各边区成立民选的参议会(县区参议会早已成立),由参议会选举边区政府。参议会和政府委员,共产党员只占三分之一,其余三分之二,由各阶层、各民主党派人士参加。

第九课　第三次反共高潮

民国三十二年,日寇进攻八路军、新四军和东江游击队,更加厉害。又提出以华制华的新办法:"对华新政策",(1)加紧对重庆的政治诱降:以日寇撤出广州、武汉,国民党政府反苏反共,作为中、日"讲和"条件。

但国民党反动派,"投降必须反共,反共必须投降",便阴谋发动第三次反共内战,准备投敌。一时敌后的国民党军,如二十四集团军总司令庞逆炳勋、新五军军长孙逆殿英等,都在国民党政府密令"反共第一,抗日第二"的指使下,纷纷率部投敌。至此,国民党军投敌的,已有四十万。他们在敌寇指挥下,进攻八路军,牵制八路军许多力量,不能打击更多的敌人。

这批国民党反动派,利用共产国际解散的机会,(2)叫嚣中共也应该解散,作为爆发内战的藉口。将驻防河南黄河南岸的大军,全部调到陕北,准备闪击陕甘宁边区。前锋已开始了炮击,但终因中共再三呼吁团结，反对内战，中外人士也一致猛烈反对，才把这次反共内战镇压下去。

当国民党反动派，调兵遣将，要打内战的时候，日寇诱降，更趋积极。一面发表公开诱降广播，一面自动在华中撤兵让路。[3]它不懂的人民是最后的胜利者，空忙了一场。

注1：即实际上，日本掌握中国。表面上承认中国的独立、自由，交还租界，废除不平等条约。

注2：共产国际解散于三十二年七月。

注3：撤退驻在宜昌、岳阳、浙江一带的三个师团，让开进攻八路军、新四军的主要路口。

第十课　抗战中的经济（上）

中国自从抗战以来，各方情况，大体分成三个类型：一是敌占区，一是国民党统治区，一是解放区。

敌占区的农民，八年来所受损失与痛苦，实在难以形容。他们身受着地主、高利贷残酷的剥削，和敌人无穷尽的掠夺：敌人除了任意抢占农民土地之外，又用军需名义，规定"一切土产（如羊毛、皮革等）必须卖给特务机关指定的工厂"，严格实行棉花、粮食的统制。强迫种棉花，强迫收买。严禁农民使用棉花和纺纱织布。[1]收的粮食，必须全部交给敌人，然后再由敌伪，按人口配给很少的杂粮。[2]

此外，苛捐杂税、强征壮丁、强迫服役，都集中在农民身上。农民日在死亡线上挣扎，再加上饥荒水旱，死亡流离，十室十空，农村经济，陷于毁灭。

国民党统治区：一切剥削，也都集中在农民身上。八年来，全部抗战重担：如年年加重的赋税、苛杂，征兵派夫，驻军就地的额外摊派、支差等，那一样不是农民承担的；而大地主和高利贷，还利用国难加紧剥削。[3]官僚资本，利用国难，实行贱卖贵买的"统制"政策。[4]这种敲骨榨髓的压榨，与敌人或国民党自己的掘堤放水等等，造成大后方伤心惨目，遍地饥饿灾荒。三十二年，河南大饥荒，饿死的农民达三百多万。

至于解放区，当敌人"扫荡"最严重的时候，又发生蝗旱大灾荒。这正是敌后极端困难的时期。由于党、政、军全体人员,吃糠咽菜,节约粮食救济灾民,组织灾民生产渡荒,领导群众合力打蝗捕蝻,开展大生产运动等,终于克服灾荒,还救济和安插了许多外来的难民。

更由于彻底减租减息,和大生产运动,实行组织劳动互助,奖励劳动英雄和吴满有方向,(5) 从三十三年起,解放区又慢慢走上"丰衣足食",和"耕三余一"的道路。

注1：敌伪经常下乡巡查,发现纺织行为,除了捣毁纺车和织机外,还要处罚。
注2：后来配给粮、杂和二十几种东西：如头发、花生皮等,而且不按时,领的时候,常发生拥挤死人的惨事。
注3：如退佃、加租、加押金等。
注4："统制"得物价飞涨,以致农村把食盐当作宝物看待。
注5：即是不剥削雇工的新富农方向。吴为陕甘宁边区新起的富农。

第十一课　抗战中的经济(下)

日寇对敌占区的掠夺,比其他帝国主义对殖民地的掠夺,更来得凶。它在华北的掠夺机关,如华北开发公司,还有子公司好多个,遍设华北大小城镇。所有华北农、工、矿业,都是它的掠夺对象。

华中的兴中公司,作用和华北开发公司一样。另有"华中蚕株式会社"专门收买蚕茧和土丝,是统制华中制丝业的机关。在这几个公司吸吮之下,华北、华中敌占区的中国人民血汗,都流到日本去了。

国民党统治区完全是银行资本垄断一切。它们操纵物价,屯积居奇,买卖黄金。大后方物价的飞涨,都是它们造成的。人民陷于饥饿绝境,它们却大发其财。这些银行资本家,又都是政府的大官员,所以又叫官僚资本。

大后方也是一切"统制"的。把所有原料和工业品,都统制了,实行贱买贵卖,以致物价越统制越贵。全国人民大受其苦,而所有钱财,都流向官僚资本家的腰包了。

解放区是新民主主义的经济。它是服务于抗战,服务于人民的。八年来,组织对敌的经济斗争：打击伪钞信用,不使物资资敌,和维持解放区物价的平稳。此外，大批发放农业贷款，扶助和推动大生产运动。普遍的建立了皮革、农具制造、造纸、印刷、肥皂等工厂。手工业和合作社，也在政府扶助下，蒸蒸日上。

第十二课　抗战中的政治

日寇在其占领地区，利用汉奸进行殖民地统治。南边扶植汪逆精卫，成立一个伪国民政府，打着国民党的招牌，欺骗和迷惑人民。北边成立一个政务委员会和伪新民会。[1]日寇就通过这些汉奸组织，对人民奴役掠夺，实行奴化和毒化。从汪逆以至区、保长等，都须听命于敌人所派顾问。而毒品充塞市场，雅片馆遍大街小巷，务使人民麻醉堕落。而这群汉奸走狗，更倚仗敌寇势力，无恶不作。

国民党主要是靠着武装和特务，实行专制独裁。至于抗战初成立的"国民参政会"，完全是装饰品，《抗战建国纲领》也从未实行过。其特务组织，是学的德国法西斯的，一派是陈立夫的头子，一派是戴笠的头子。[2]所有国民党、政、军、教各级机关，以至茶社、旅馆，都有特务组织。他们以全国人民为敌，其中心工作，为破坏抗日战争，巩固独裁统治。放毒、暗杀、勾引日寇，都是他们的手段。此外，还仿效德国法西斯的办法，在重庆、西安等地，遍设集中营。凡认为有抗日爱国嫌疑的，都关入集中营。

至于政治上的贪污、腐化，和敌占区差不多，这里不多说了。

解放区实行的是三三制民主政治。[3]民国三十年起，各解放区成立民选参议会（县议会早已成立），由它选举政府，制定法令。而政府须对参议会负责，每年向参议会报告工作。参议会根据"时时刻刻为人民兴利除弊"的原则，检查政府工作，提出问题和意见。这种政治，正是目前全国各阶层人民所奋斗争取的旗帜。

注1：伪新民会是一种反共的汉奸组织。
注2：戴笠现在死了，由郑介民继任。
注3：所有各级参议会和政府人员，虽是由人民选举，但共产党限制自己党员，只能占三分之一，其余都由选出的各阶层、各党派代表充任。

第十三课　抗战中的教育与文化

我国教育和文化机关，以及图书仪器，八年来，所受敌人炮火的摧残，实无法统计其损失。这里只谈谈抗战来，我国教育与文化的大概情形。

敌占区的教育，是消灭我国家民族意识，和民族文化的奴隶教育。所有伪学校，一律不准读中国历史、地理。中小学课本，都是敌伪改编过的，专讲些"中日共存共荣"等鬼话。

大中学校，一律派有日籍教员监视。教员都须加入伪新民会，或入伪讲习班。小学教员，有遍设的训练班，灌输奴化思想。

国民党那边，一切都是"统制"。教育文化，自然也是"统制"。实行大学总考，中小学会考的制度。设"导师制度"：由指定的导师，负责"严密训导学生之思想、行为、个性"。此外，教职员和学生中，还有专派的特工人员，监视一切。所有爱国、进步的教员学生，特工可以任意打、捕、杀和绑架。

而《现行出版法》《文化团体登记办法》和《新闻检查办法》等法令，把人民言论、出版、集会、结社等自由，剥夺净尽。三十年，马寅初[1]在讲演中：提议把官僚资本发的国难财，拿一部分充作抗战经费，竟被监禁。直到最近，经各界的要求，才被释放。

三十一年延安举行的文艺座谈会，毛主席在会上的讲演，解决了文化人的思想问题：明确了新民主主义的文化，必须与工农兵密切相结合的方针。会后，造成文化下乡大运动。从此，为工、农、兵的写作，与工、农、兵自己的创作，便不断的出现。

教育方面，夏陶然、陶端予，[2]创造了小学教育与家庭、生产相结合的范例，进一步明确了小学教育的新方向。

注1：马寅初是全国著名的经济学者。

注2：夏、陶二人都是小学教员。前者在淮南区，后者在陕甘宁边区，为一女性。

第十四课　抗战中的外交

中国自从七七事变以来，国民党政府的外交是两条路线：一条是日、德、意路线，即对日妥协投降的路线；一条是英美路线，即依赖英美来解决日本的问题。至于和日本密使的来往、谈判，到日寇投降前，一直没有停止过。

直到三十年，因为英美的关系，不能不和德意绝交。但何应钦等亲日、亲德派，还大摆酒席，欢送德代办，以为将来复交亲德的地步。席间并相约将来在天山会师，阴谋反苏反共。

英美对于中国的抗战，在太平洋战争前，是十分冷淡的。不特军火的援助很少，特别是在滇缅公路被日寇截断以后，这种接济，几乎停止。而且再三企图牺牲中国，和日本妥协。那个时候，真正援助中国的，只有苏联。大批的军火，从新疆源源运重庆。这个事实，国民党政府自己也是承认的。

太平洋战争爆发以后，由于敌后解放区的坚持和扩大，使得英美认识中国在太平洋战争中的重要，对中国的态度，转趋积极。而蒋介石企图和日本单独"讲和"，对英美有些表示消极。这时候，英美为结好中国，才增加中国的物资援助，并声明放弃在华特权（这些特权，是早被日寇夺去了的）。三十二年一月，中英、中美签订新约，废除不平等条约。

去年八月中国和苏联签订《中苏友好同盟条约》。因为订了这个互助同盟条约，得以迅速打败日帝国主义，解放东北。

第十五课　豫湘桂战役与大后方民主运动

三十三年，希特拉失局之势已成。敌人为图最后挣扎，便发动豫湘桂战役，企图打通平汉路、粤汉路，以便利用它们维持大陆与南洋的交通，避免英美海上的封锁和截断。

四月，日寇发动河南攻势，人马据说有五六万。当时驻防河南的，是蒋介石嫡系汤恩伯等部队，装备精良，有众四十万。而八路军和新四军，正在敌后发动攻势，牵制敌寇十三万，不能南调。如果汤恩伯能在正面抵抗，定可夹击大败敌人。不料汤恩伯等，一听得敌人进犯，望风逃窜，以致郑州、洛阳等重镇，相继沦陷。

五月，敌人进犯长沙。敌军据说是十万，而湘南有四十万精锐的国民党军，还有美国十四机队全力的支持。然而，敌人头天向长沙进攻，第二天便占领了长沙城。从此，敌军长驱直入，如入无人之境，不出三个月，国民党军折损兵力六七十万，丢掉长沙、洛阳、福州、桂林四个省城，[1]郑州、衡阳、梧州、南宁等一百四十六个城市，[2]遗弃四十多万平方公里的国土，六千多万人民。

这完全是五年半来，蒋介石反共、反民主造成的恶果。因此，中外舆论，一致要求中国要有一个民主政府，担负起配合盟国反攻日寇的任务。

特别是国内人民，痛感蒋介石专制独裁的祸害，从广西，到四川、云南等省，从国民党的民主派，如宋庆龄等，到民盟[3]以及学生之人，一致要求国民党政府：立即召开各党派会议，成立民主联合政府。他们认定"用民主抢救中国的死"。大后方民主运动，正日益汹涌澎湃。

注1：长沙是湖南的省城，洛阳是河南的，福州是福建的，桂林是广西的省城。
注2：郑州在河南，位陇海与平汉路上。衡阳是湖南重镇，位长沙南，由此有湘桂路入广西，梧州、南宁均在广西。
注3：即民主同盟简称。内包含大学教授、工商业家、学生及一部分军人等。

第十六课　敌后的胜利

三十二年以后，解放区减租减息的工作做得更好，各阶层的团结更加加强，生产更有成绩。解放区再次走上了扩大和发展的时期。

这个时候，敌人对解放区的"扫荡"，是更加凶恶了。可是八路军不但粉碎了敌人无数次的"扫荡"，而且在主动出击与讨逆战斗中，得到极大的胜利，形成三十三年国民党战场节节败退，解放区战场接连胜利的对照。

这一年,华北战场上:山东方面,半年之内,收得八个县城。最漂亮的一次战斗,要算收复莒县。敌人在这里苦心经营了五年的强固工事,一个黑夜,化为灰尘,而一举收复县城,还争取了三千五百伪军反正。晋、冀、鲁、豫方面:收复七个县城,解放人口五百多万。其余各区,都有无数大的战果。

至于华中:一连串的辉煌战果中,车桥攻击战,(1)也是很出色的。只三十分钟,越过几道工事,冲进到城里。据俘获的一个日寇伍长说:"日本军不管战斗意志,思想方面,完完全全比新四军差。"

华南游击队,这一年间,由几千人扩大到万人以上,经常威逼广州,出没香港、九龙间。还组织海上游击队,截击敌人海上交通,营救香港附近五位美机行师脱险,和护送沦陷香港的国际朋友六十多人脱险。

南北解放区战场,三十三年一年间,毙伤敌伪二十二万余人,俘敌伪六万余,争取伪军反正近三万。收复十六个县城,攻入四十七个县城。光复国土八万多平方公里,解放同胞千二百多万。

注1:车桥是离淮安县四十余里的一个大镇。

第十七课 日 本 投 降

去年一月,美军在菲岛登陆,接着又在冲绳岛登陆。同时美英的联合机队,对日本本土的轰炸,也一天天激烈。世界大战的重点,由于苏联红军攻入德境,开始向太平洋转移了。

可是日寇的抵抗,也是十分顽强的。仅仅在冲绳岛上,日寇就抵抗了八十二天。美国牺牲了一个军长、一个师长和四万多陆军。由此,可以想见战斗的激烈。同时,日寇"肉弹"(1)硬拼的办法,也给予美海军以重大的创伤。

及德国法西斯投降,美国决定调六百万大兵来到太平洋,准备进占日本本土,结束战争。但这六百万人,至少须半年才能运齐。美国的军事专家都认为:日本在亚洲大陆,还有二百万强大的陆军,特别是一百万的关东军,他们号称日本陆军之花,最为精锐。大陆上还存在着这样强大的日本陆军,即使占领整个日本本土,也不能使日本屈服。因此,何时打败日本,便成为美国人士所最关切的问题。

好了,八月八日,苏联对日宣战了,这个消息,震奋了美国的朝野。美参院外委会的主席说:"谢谢上帝,战争快结束了。"美国军事负责人说:"苏联的出兵,对于摧毁日本本土,和亚洲陆军的力量,实有决定的作用。"

果然,苏联红军以迅雷之势,两天之内,攻入伪满一百七十公里。关东军在红军毁灭性的打击下,垮台了。十日夜,日皇宣布无条件投降。对日战争,因苏联的参战,两天便结束了。

而坚持抗战的东北民主联军,曾英勇配合苏联红军作战,和红军一道,解放被奴役十四年的东北同胞。中华民族的解放战争,进入了新的阶段。

注1:"肉弹",即拿人连飞机和美军舰拼。

第十八课 双十协定

日本投降以后,国民党反动派,便大规模布置内战。共产党和全国人民,纷起坚决反对。蒋介石不得已,便邀请毛主席去重庆,说是商谈团结建国大计。他算定毛主席不会去重庆的,然后他便可以把内战责任,都放在共产党身上。不料毛主席一心为国,那顾一己安危。在大后方人士热烈盼望中,居然到了重庆。

蒋介石没了主意,不得不开始国共谈判。中间,中共作了很多重大的让步,(1)取得某些方面的同意。经双方代表签字,于双十节发表。这就是有名的《双十协定》,又叫《国共会谈纪要》。

会谈的最大成果,是确定了和平建国的方针。其次是"政府承认保证人民享受身体、信仰、言论、出版、集会、结社之自由","各党派一律平等",这都是使中国政治民主化的初步条件,保证战后人民享受和平、民主的最初步条件。

根据这个会谈,才又有今年一月停战命令的颁布,和政治协商会议的召集，以及政协决议的产生。

政协决议：通过了结束国民党一党专政，成立各党派及无党派的民主联合政府，实行省、县地方自治等方案。虽然，蒋介石对于它，一开始就没有诚意，多方破坏，但人民是要把它来实现的。

注1：自动退出五个解放区，并自动承认缩编八路军和新四军为二十四师。

第四册

目 录

第一课　第一次世界大战（一）/ 157
第二课　第一次世界大战（二）/ 158
第三课　十月革命 / 159
第四课　外国武装干涉和国内战争 / 160
第五课　三次五年计划 / 161
第六课　世界革命潮流的开展（一）/ 162
第七课　世界革命潮流的开展（二）/ 163
第八课　金元帝国主义——美国 / 164
第九课　日本帝国主义 / 165
第十课　苏联和平政策 / 166
第十一课　张伯伦搬起石头打自己的脚 / 167
第十二课　人类恶敌希特拉 / 168
第十三课　第二次世界大战（一）/ 169
第十四课　第二次世界大战（二）/ 170
第十五课　德日法西斯无条件投降 / 172
第十六课　新民主主义的勃兴（一）/ 173
第十七课　新民主主义的勃兴（二）/ 174
第十八课　新民主主义的勃兴（三）/ 175
第十九课　世界的总趋势 / 176

第一课 第一次世界大战（一）

德国是一个后起的帝国主义。在它兴起来的时候，世界上弱小民族的土地，已经被英法等帝国主义瓜分完了。德国说："这是不公平的，必须重分。"殖民地最多的英国，便和法国、俄国说："那是不容许的。你看，德国强盗已经和奥、匈、意大利结成同盟，准备来掠夺我们的殖民地了。我们就订个协约，要打就打吧。"

恰巧，奥国的皇太子，被塞尔维亚的爱国青年刺死了。[1]而塞国却是和俄国关系很密切的一个小国。[2]德国捉住这个机会，便策动奥国和塞国宣战。俄国准备帮助塞国。德国说："你要帮助塞国，我就打你。"于是，德国和俄国就打起来了。随后，德国又找了一个藉口，向法国宣战。从比利时进攻法国的北部。英国说："你破坏了比利时的中立，我得打你。"英国又加入了战团。第一次帝国主义大战，就这样爆发了。

德国本来预备三个月结束战争。不料遇到比利时和法国的顽强抵抗，战争进入胶着状态。打到第三个年头，欧洲各国，发生了严重的粮食和煤的恐慌。成千百万的劳苦大众，不是被迫战死在前线，就是饿死冻死在后方，而军火商和大地主们，却大发其战争财。人民不满的情绪，一天天增长。各国工人罢工运动开始了，兵士的厌战情绪发生了。

美国看到这种情形，恐怕协约国支持不下去，它借给协约国的战费，就会落空。因此，美国要帮助协约国，他找个藉口和同盟国宣战。[3]协约国的声势，遂为之一振。

接着，俄国十月革命成功，退出大战。这个革命的消息，马上传遍了欧洲。各国工人和兵士的革命运动，更加迅速开展，特别是在德国和奥国。

这时德皇威廉第二宣布退位，并向协约国投降。第一次世界大战，便结束了。[4]

注1：塞国属斯拉夫民族。为了镇压奥国内南斯拉夫人的解放运动，奥太子积极主张以武力干涉塞国的民族解放运动，所以塞国的爱国青年，把他刺死。

注2：塞国和俄国，同属一民族。俄国利用和帮助塞国民族运动，以便扩自己

的势力于巴尔干半岛(塞国位巴尔干半岛)。

注3：德国急于结束战争，便宣布无限制潜艇政策，不论交战或中立国的船只，一律用潜艇攻击。美国便藉口德国潜艇打沉了它的商船，向德宣战（一九一七年）。

注4：一九一八年，德国投降，大战告终。

第二课　第一次世界大战（二）

世界大战结束了。第二年，协约国在巴黎召开和会，各国代表，在凡尔赛宫，签订了对德、奥、匈等战败国的和约——即凡尔赛和约。

对于德国的和约：规定没收一切武装装备；德国和法国接界的莱茵河岸，不许建设国防；陆军只许保存十万人；赔款数十万万；割罗林、亚尔萨斯二州给法国；(1)所有殖民地，全部归英、法、日"分管"。

此外，英、法帝国主义，为了削弱德国和奥匈帝国，把它们的领土，又分裂一部分出来。加上从俄国分裂出来的一部分领土，合建六个小国，作为反苏前哨。(2)在这次和会后，欧洲的地图都改样了。

和会上，英、法、美帝国主义之间，充满了矛盾。对于战败国和弱小国家，只顾掠夺和宰割。而对于新兴的社会主义的苏俄，(3)更多方阴谋破坏。因此，就放松对德国的管制，甚至后来有意的扶植他，让他反苏。二次大战的祸胎就在这里种上了。

这次大战的结束，一面是大批劳动人民遭受屠杀和死亡，仅前线双方战死的，就有一千万人，伤二千四百万人；另方面，是战争祸首德意志和奥匈帝国的崩溃。俄罗斯帝国，也因之而垮台。而且，在帝俄的废墟上，建立了社会主义的苏联。从此，划时代的世界无产阶级的革命开始了。

注一：罗、亚二州，盛产煤铁，本来是法国割给德国的。这次大战后，重归法国收回（大战中曾亡于德）。

注二：即立陶宛、爱沙尼亚、拉脱维亚、波兰、捷克斯拉夫、南斯拉夫六国。

注三：苏俄就是社会主义苏维埃俄罗斯共和国的简称。

第三课 十月革命

俄国二月革命，推翻了沙皇政府。[1]资产阶级的临时政府，[2]一面仍然继续帝国主义的战争；一面却勾结地主和贵族，镇压昨天还是自己的战友——工人和农民。

工农群众，也很快的认识到，临时政府和沙皇政府没有分别，都慢慢转到共产党的周围。农民们，纷纷自己起来，夺取地主的土地。工人们，在共产党号召下，开始武装自己。革命的高潮，日益增涨着。

临时政府为了借助德国镇压革命，阴谋迁都莫斯科，把彼得格勒让给德国。[3]因为遭到彼得格勒的工人和兵士强烈反对，没有搬成，便急忙从前线调军队到彼得格勒，图谋扑灭革命。列宁向工人和革命的士兵说："形势急迫了，我们必须在几天之内，开始起义。"

当临时政府下令：查封共产党报纸的时候，列宁立即号召：推翻临时政府。他亲自指挥着起义，把革命兵士的队伍，和工人赤卫队，调到首都中心，并围攻临时政府的巢穴——冬宫。海军也同时起义，向冬宫开炮轰炸。

革命的工人和士兵，英勇并肩作战。第二天的深夜，便攻下了冬宫，逮捕了临时政府当局。国家政权，转入了苏维埃[4]之手。彼得格勒的起义胜利了，这正是一九一七年十月二十五日（阳历十一月七日），伟大社会主义革命的新纪元。[5]

苏维埃立即宣布：退出帝国主义战争。又颁布土地法令："立刻废除地主土地私有制。"把土地分配给农民。所有银行、铁路、矿山等，全部收归国有。

第一届苏维埃政府——人民委员会成立了。列宁被选为人民委员会的主席。

不到三四个月，苏维埃革命，轰轰烈烈地普遍到全俄国。伟大的十月社会主义革命胜利了。

注1：二月革命发生于一九一七年阳历三月（俄历二月）。沙皇即俄皇。
注2：二月革命，成立临时政府，政权掌握在资产阶级手里。

注3：当时俄国革命中心在彼得格勒（俄首都，现改名列宁格勒）。
注4：苏维埃，即工农兵代表会。
注5：十月革命节，便定在这一天。

第四课　外国武装干涉和国内战争

俄国革命胜利了，当时英、法、日、美等帝国主义都来武装干涉，派兵登陆，东、西、南、北把苏俄包围封锁起来，并且也用大批的军火、金钱，帮助俄国反动派进行内战。

这时苏维埃政府号召人民起来抵抗，列宁提出"一切都为前线"的口号，无数工农群众参加红军，很短时间成为百万大军。

但红军刚刚建立，武器很坏，弹药也少，而外国和国内反动军队情形却正相反，而且产粮和出煤的地方大都被他们占了，苏维埃国家吃没有吃的，烧没有烧的，情形非常困难。当时好多人从这些方面比较，以为苏维埃政权一定要失败，不知道战争胜败，决定于人民，人民中间隐藏着无穷无尽的力量，特别有布尔塞维克(1)的领导，更是有保证的！

于是战争到处起来了，敌人的后方人民游击战也到处开展起来了。外国帝国主义者宣布海军上将高尔察克为"俄国最高执政"，他原是帝国主义在西伯利亚的走狗，倚仗帝国主义帮助，调动大军从东面一直打到伏尔加河，战争形势很危急，布尔塞维克派斯大林到了东线，领着红军把高尔察克的军队打垮，并把高尔察克捉住枪毙了。在西伯利亚曾流行着一种歌谣，形容这个反动头子倚靠外国帮助也失败了。(2)

可是另一个反动头子但尼金还在南方，(3)帝国主义者就尽力帮助他，这反动军队打得快接近莫斯科来了，形势又很危急，布尔塞维克再调斯大林到南线，接连几次胜仗，把但尼金也消灭了。

同时，英、法等帝国主义军队占据俄国地方，很快怕受了革命思想的感染，英军起了骚动，法国海军起义，吓得英、法赶快把军队撤回；而他们本国的工人阶级，对他们进攻苏维埃国家都起来反对，也迫使他们不得不改变反苏的方法。

这样，经过了两年多，外国的武装干涉和国内战争，才得到结束。

注1：就是现在苏联共产党。

注2：当时西伯利亚民间，唱出关于高尔察克的歌谣："英国的军装，法国的肩章，日本的烟草，鄂木斯克（西伯利亚一个大城为高尔察克所据）的执政王。军装穿破了，肩章掉落了，烟草吸完了，执政王滚蛋了。"

注3：在北高加索一带。

第五课　三次五年计划

斯大林记住了列宁的话："没有重工业，就不能保卫国家独立；没有它，就会使苏维埃灭亡。"因此，斯大林制定一个用大力发展重工业的五年计划。当时，一部分党内外的人，都纷纷反对。他们说：共产党忽视了人民的痛苦："不能先发展轻工业，把人民的生活改善些吗？[1]而且，没有轻工业，怎样能发展重工业呢？"至于国外的嘲笑，更是不堪，说那完全是"斯大林的梦话"。[2]

斯大林和党，坚持这个计划。但是没有机器，没有技术人材，和必需的一切。斯大林号召全党、全劳动人民，克服一切困难，为实现五年计划而奋斗。于是，鸡蛋、牛油被节省下来，送到美国换机器；高厚的薪俸聘请来外国的技师，并从他们那里虚心学习。实行农业集体劳动，开展劳动竞赛大运动。第一次五年计划，就在一九二八年，轰轰烈烈地开始了。

全体党员和全体劳动人民，在斯大林领导下，节衣缩食，和高度的工作热情，四年完成了五年的任务。第三次五年计划，进行到第四年，被德国的进攻阻止了。三个五年计划，总共进行了十三年。苏联已经从一个落后国，变成先进国，从农业国变成工业国。一九四零年，铁的生产，比第一次大战前，增加了三倍，钢三倍半，煤四倍半，粮食一倍半，棉花两倍半。苏联就靠了这个家当，在二次大战中，生产了现代的、精良而又充足的武器，供给红军。而红军就凭了这个武器，与自己无比的英勇，粉碎了在欧称霸的德军。这时候，英、美等专家才深深信服苏联二次五年计划的伟大成功。

注1：俄国本是生产落后国家，经过四年帝国主义的战争；和十月革命后，三

年反武装干涉战争,国家经济,完全破产。所有粮食、衣服、鞋袜等日用必需品均极缺乏。

注2：照说重工业是在已经发展的轻工业基础上发展的,而当时苏联的轻工业,也只是开始。

第六课　世界革命潮流的开展(一)
——德国和奥匈的革命

自从第一次世界大战以来,各交战国的劳动大众,疲惫不堪。十月革命,却带来一个启示：即如何从战争与资本主义之下,真正的把自己解救出来。于是各国工人和兵士的革命运动,就更加普遍开展。现在且拿几个国家来说吧。

奥匈帝国的劳动群众,为俄国弟兄的榜样所鼓励。他们为了援助俄国同志,宣布了总的罢工和示威：反对德奥帝国主义对苏俄"和平"条件的无理要求,(1)并且,进一步主张："立刻把罢工转为起义,夺取政权和实现和平。"

四十个兵舰上的水兵,起义响应,在所有兵舰上,飘扬了红旗。军官都被缴械和逮捕起来。这个起义,被统治阶级,用欺骗的和屠杀的方法,镇压下去。但随即又爆发了民族解放运动,(2)各地的民族政府纷纷成立,奥匈帝国就四分五裂,迫得投降了。

接着德帝国主义的海军,拒绝执行作战命令,举起了义旗。所有军舰军港的水兵,和大城市的工人,都起义了。不到十天,全德国,除柏林几个大城市外,完全都在苏维埃的手中了。

军队到处转到起义的方面来。德皇威廉第二,要指挥从前线调下来的军队,去镇压革命。军队拒绝服从命令,后来柏林的警卫队和守备队,都转到起义的无产阶级方面来了。

德皇威廉不得已,便宣布退位。想这样来缓和群众,藉以保持帝制。群众说："这不是一个皇帝退位的问题。"革命是更加汹涌地开展。可惜这样轰轰烈烈的革命运动,半路里被资产阶级掌握了,出卖了革命。

但是这个革命,曾推倒了威廉,结束了战争。"在革命浪潮的基上,欧洲各国共产党,已经出现了。"

注1:十月革命后,苏俄向各国提出和平建议,被协约国政府拒绝了。苏维埃政府便单独和德国订了布列斯特停战条约,条约是很苛刻的:德国割去波兰、立陶宛、拉脱维亚、爱沙尼亚等地。

注2:有捷克、南斯拉夫、匈牙利等民族,各自成立民族委员会,与奥皇断绝关系。

第七课 世界革命潮流的开展(二)
——亚洲被压迫民族解放运动

第一次帝国主义大战,和十月革命,同样激起了亚洲被压迫民族解放运动的高潮。这个高潮,和欧洲无产阶级革命运动,汇合起来,就构成了世界革命的巨流。

我们现在只拿几个较大的国家来说吧。中国的大革命运动,是最轰轰烈烈的了。可惜国民党的大资产阶级中途叛变,革命遭到了暂时的挫折,转入到苏维埃的革命运动。这些,我们以前都讲过,不再重复了。

土耳其的国民革命,也曾轰动一时。它是在民族资产阶级领导之下进行的,依靠人民大众的力量,废除了不平等条约,把英、法帝国主义的武装赶出了国境。在苏联援助之下,政权慢慢巩固。后来,又和帝国主义妥协、勾搭,开起反苏、反共、反人民的倒车来了。因此,土耳其直到现在,还不是一个完全独立、自由、幸福的国家。

其次,就是印度的革命运动了。印度的反英斗争,自从亡国以来,不曾停止过。十月革命以后,达到了高潮。

在第一次大战中,英国为了骗取印人参加作战,答应在战后,给印人的民族自决权。甘地极力拥护英人这个号召,帮助征募印人,加入欧洲英军作战。大战结束以后,印人要求英国实践诺言。英国就用飞机大炮来代替诺言,大肆屠杀,造成印度独立运动史上悲壮的一页。

甘地奋起领导这一群愤怒的人民,进行不合作运动,[1]普遍的掀起了全印反英运动。运动的进展,很快的展开了斗争的新形势。几十万工人的大罢工，和全国农民革命的酝酿，超过了甘地的领导，他们进一步要求印度完全脱离英帝国而独立。这一革命运动的领导，就由尼赫鲁(2)代替了。

印度共产党正式成立以后(一九三五)，开始建立反帝统一战线，印度便走上了新民主主义的革命道路。

注1：即不入英国所办学校念书，不买英货，不在英国机关工作的消极抵抗英帝国主义的运动，叫不合作运动。甘地即其领袖。

注2：尼赫鲁为印度资产阶级的左派领袖，为国民大会主席，主张较甘地进步。现任临时政府副总理。

第八课　金元帝国主义——美国

美国和德国，同是后起的帝国主义。它的帝国主义的面孔，在日本投降以前，中国人民是很少发现的。因为它都是用借款的方法，逐步侵入中国的。

美国是世界上最富的国家。在第一次世界大战后，便成为欧洲帝国主义的大债主。因为各国都借了它的钱，无形中，美国就成了世界帝国主义的大哥哥。

全世界的黄金，都朝着美国流去。假如全世界一共有一百黄金吧，美国就占有五十以上。它这样多的钱，绝大部分是集中在六十多个富人手里。政府的官吏，就是这些富人的办事员。说起来吓人：一个美国的阔太太，一年作衣服、买化装品的钱，抵得一万户美国穷人全年的收入。(1)

美帝国主义，就代表这些富人，压榨美国人民。同时它还要剥削全世界的劳动人民。只要那国有内乱，或者是闹饥荒，美国就说："我供给你军火和钱，你给我煤油开采权，或者是最后决定权吧。"就这样，中美洲、南美洲，和其它许多国家，都逐渐变成美国的殖民地了。

二次大战中，美国成了世界军火制造厂，更是富上加富。战后英国要找它借钱，它说："你把太平洋上的某某岛给我吧，你把印度的大门敞开，让我进去作买卖吧，我马上借钱给你呵。"

太平洋战争爆发以后，美国对中国，也表现得很"慷慨"，借钱又借武器。日本投降后，美国又帮助国民党的反动派打内战：替蒋介石装备军队，还送大批的飞机、大炮，和军舰。把顽军一船船运到东北去，屠杀中国人民。派许多美军登陆中国，和蒋军并肩进攻解放区。它已经从蒋介石手里，把中国买去作殖民地了。[2]

从此，美国的金元和原子弹，被美帝国主义分子利用来代替"卍"字旗，[3]向全世界爱好和平的人民，张牙舞爪了。

注1：美国一个阔太太，一年做衣服和买化装品，须三百万美元，而美国一个穷人，全家全年收入，仅二百五十万美元。

注2：蒋介石把海关、内河航行、陆上海上驻军、领空飞行和"最后决定权"等等，统卖给美帝国主义了。

注3：法西斯德国的国旗，当中缀有卍，即卍字旗，它是代表法西斯德国的。

第九课　日本帝国主义

日本是一个军事封建的帝国主义，几十年前，曾有过不彻底的资产阶级革命，叫做明治维新。不过封建势力，在国内还是占着相当大的地位。例如日本天皇，就是封建势力的代表。它一开始，就实行军事掠夺，靠着抢掠中国，一天天强大起来了。[1]

第一次帝国主义大战，日帝国主义就趁火打劫，在中国大抢特抢，[2]变成了世界五强之一。它是五卅惨案的帮凶，[3]五三惨案的主角。[4]这些明晃晃的事实，谁都是知道的。至于日帝国主义又拿钱拿武器，帮助中国的军阀——袁世凯、张作霖、段祺瑞等，进行一连串的内战，企图帮助军阀们用武力"统一"中国。中国人民，几十年来，在内战中，被日本武器杀死的，不知千千万万。九一八以来，日帝国主义，就公然用武力来吞灭中国了。

最初，日帝国主义，和英帝国主义互相利用，结成英日同盟。[5]日帝国主义靠了这个同盟，曾打败俄帝国主义，变成了世界的强国。十月革命以后，日帝国主义，又成了东方的反苏先锋，特别得到英、法帝国主义的宠爱。英、法等帝国主义武装干涉苏俄的时候，日本也曾出兵到西伯利亚。日本帝国主义，就在高喊反苏反共的口号下，来进行它吞灭全中国的阴谋。

后来，日本慢慢法西斯化了，和德、意成立了轴心，[6]公开向全世界宣战。七七事变，把中国人民，投进了血腥的血海里。要不是共产党、八路军、新四军和解放区人民，以及全国抗战军民的坚持抗战，中国早已被灭亡了。

现在日帝国主义虽是投降了，但是日本的法西斯并没有消灭。它们在各种伪装下，隐蔽起来了。在麦克阿瑟的庇护下，阴谋卷土重来，几十年来血的经验，教训了我们：中华民族，和日帝国主义，是绝对不能并存的。为了保证中日两国人民的和平幸福，与东亚和平，唯一的道路，就是和日本劳苦大众，密切携手合作，根本摧垮日帝国主义，帮助它们建立一个自由幸福的新民主主义的新日本。

注1：日本原来只是本州四岛的一个小岛国，后来占我琉球，中日战争战败了我国，割去台湾、澎湖群岛，后来又并吞朝鲜，国土日大，国势日强。

注2：取得二十一条的承认，强占德国强租我之青岛及在山东一切权利，还有由借款取得的筑道权等等。

注3：五卅惨案的主角是英国。日本曾在上海、长沙各地屠杀，镇压五卅运动。详情见二册。

注4：详情见二册。

注5：英日同盟，订于一九○四年，以后还有联盟，直至德意日轴心成立止。

注6：即德、意、日法西斯同盟。

第十课　苏联和平政策

苏联的对外政策，一贯是和平政策。[1]

苏联为了努力国际和平事业，曾加入国联；和法国和捷克订立互助协定；[2]竭力想和英国，和一切愿意和平的国家，订立保障安全的条约；积极援助西班牙的政府军，反抗德、意的联合侵略；并极力反对英、美、法对于西班牙的不干涉政策；[3]当日本侵略中国，而英、美、法同样采取不干涉政策的时候，苏联不但和中国，订立了互不侵犯条约，并积极援助中国的抗战；[4]当英、法两国牺牲奥国和捷克，并纵容希特拉侵略的时候，苏联竭力揭穿慕尼黑政策[5]的黑幕，并向英、法提议合作，制止侵略的进一步的发展。苏联这一切努力，都因英、法不要和平，而孤掌难鸣。

直至德国法西斯又要进攻波兰，大战一触即发的时候，英、法还在玩弄阴谋诡计，和苏联说："咱们订个互助公约吧，如果波兰、土耳其等五个国家，[6]遭到侵略的时候，请你保证出兵援助它们。"

苏联说："好的很。不过，要使德国无隙可乘，欧洲的和平，真正的有保证，那么，爱沙尼亚这三个小国，[7]还得你们同样给以保证才行。"

苏联这个光明正大的提议，英国的一位议员也承认："俄国人的要求，是完全有根据的，不应该使和平的围堰有漏洞。"谁知英、法并不真心想和苏联订立一个平等互助的协定，而是一个圈套：想把希特拉引向苏联。同时，也是对他们本国人民的一种欺骗。所以他们派去苏联谈判的代表，都是二等角色。

苏联最后制止大战的努力失败以后，便接受了德国的提议：订立德苏互不侵犯协定。赢得了一年半的时间，准备力量，来迎击日后德国对苏联的侵犯，和进行拯救整个世界和平的战争。

注1：苏联和平政策的基础，是建筑在国力的强大上。
注2：法苏互助协定，后来由法国取消了。捷苏互助协定，因捷克政府投降了德国，苏联无法履行其义务。
注3：一九三五年，德、意联合帮助法西斯佛朗哥，反叛政府军。英、美、法宣布不干涉政策。这个政策，实际是援助了佛朗哥的。
注4：见第三册"抗战中的外交"一课中。
注5：慕尼黑政策，即牺牲小国，以达到反苏阴谋的一种政策，可参考第十课。
注6：即波兰、土耳其、希腊、罗马尼亚、比利时五国。
注7：即爱沙尼亚、立陶宛、拉脱维亚三国，均是苏联西方的邻国。

第十一课　张伯伦搬起石头打自己的脚

帝国主义第一次大战以后，英国对欧洲大陆的外交政策：是捧着德国，来作为对法国的威吓，作为法国在欧洲称霸的对抗；作为进攻苏联的工具。英国首相张伯伦，就是这个反动政策的代表。

张伯伦不仅把德国,一手抚养大了,并且眼看着他吞噬了奥地利,又要进攻捷克。捷克和法国和苏联都订有互助协定,不能像奥国一样,马马虎虎可以吞吃了的。德国一面调兵遣将,表示自己决心要占领捷克,一面又向张伯伦表示:"捷克是进攻苏联的跳板,作为反苏先锋的我,不应该取得么?"这是一道灵符,把张伯伦勾到柏林两次。结果,却碰了一鼻子灰。英国没有办法,只好约了法国,大唱其动员,表示要援助捷克。苏联呢?一面作着援助捷克的准备;一面向德国声明"苏联是要:忠实履行苏捷互助条约,帮助捷克抵抗任何侵略的"。全世界爱好和平的人士,也都出来反对侵略,要求和平。这是一个有利于和平的局势。"如果张伯伦坚持下去,和平是有望的。"不幸,张伯伦并不这样做,反而向希特拉表示屈服。

希特拉眼看形势不对,便在慕尼黑地方,召集英、法、德、意四强会议,拆散英、法和苏联援助捷克的结合。张伯伦也打定主意:"给德国些甜头,好一起杀向苏联。"所以在会上,张伯伦和达拉第[1]承认了,把捷克的土地,割让一部分给德国,由到会四强保证捷克的新国界。这就是慕尼黑协定。这个协定:是世界人类史上,弱小民族被牺牲的大悲剧之一,是张伯伦政策反动的高峰。

英、法反动政府,歌颂这个协定:"保障了几代的和平。"但是不出半年,希特拉就进兵灭了捷克。后来,还灭了法国,打得英国抬不起头来。这就是张伯伦搬起石头打自己脚的悲剧。

注1:达拉第为当时法国内阁总理。

第十二课　人类恶敌希特拉

世界人类的恶敌,希特拉法西斯,是德国大资产阶级把它牵上司令台的。[1]它就是大资产阶级的军犬,叫咬谁就咬谁的。

希特拉恶魔一上台,首先就是德国人民大众的遭殃。成千成万的德国革命者、劳动者被屠杀、被关到集中营去了。人民两三个人在街上讲话的权利,都被剥夺了。许多学者文人,被赶到外国去了。只不过三年多点,二十二万五千德国人民,被关在牢里了。但是希特拉这种血腥的统治,并没有吓倒德国人民大众。他们转入地下,坚持着反法西斯的斗争。

希特拉对外的第一炮,就是退出国联,开始秘密建设军备,煽动战争。接着,就是进兵莱茵区,撕毁凡尔赛条约。而希特拉却打着"反苏防共"的招牌,取得了英、法反动派的支持,一步一步,迈向侵略。

结果是欧洲各国人民的遭难。希特拉就好像疯了样,一方面,使劲鼓励它的伙伴——意大利的和日本的法西斯到处点火;[2] 一方面,就疯狂地,指挥着它的兽军、飞机、大炮,吞并奥地利,毁灭捷克,冲进波兰和法国等。欧洲大陆上,大部分的国家,都成了法西斯德国的俘虏和奴隶。成千成万各国的和平居民,被赶上战场,化为肉糜、炮灰。集中营和俘虏营里,几千几万的饿死、烧死、折磨死的尸骨,堆积成山。希特拉把整个德国,变成了人类的大屠场。大部分的德国男女青年,都被希特拉法西斯,训练成人类屠宰夫了。

希特拉的兽军,在苏联更为残暴,所到之处,有计划的烧、杀、淫、掠。但是它们在苏联,却碰到了:比它自己更顽强的红军。等到红旗飘扬柏林上空的时候,希特拉恶狗,不知所终。

注1:希特拉在德国上台,是在一九三三年。
注2:一九三五年,意大利侵略阿比西尼亚战争,三六年德、意联合进攻西班牙共和国,三七年,日本在中国发动七七事变。

第十三课 第二次世界大战(一)

九一八事变,是世界二次大战的开始。[1] 紧接着,发生了一连串的侵略战争。英、美、法帝国主义,一心要把法西斯战火引向苏联。对于这一连串的侵略战,一半是鼓舞,一半是坐观,以致酿成全面性的世界第二次大战。所以这一时期的战争——九一八至捷克灭亡——实际是二次大战的第一阶段。

当英、法帝国主义,阴谋挑起苏德战争失败,变成惹火上身,自己的利益受到希特拉的侵害,于是不得不挺身出来,打着援助波兰的旗号,和德国进行掠夺大竞赛了。二次世界大战,就进入了新的阶段。

大战开始以后,英、法原来给予波兰的保证,啥也没有做,就是答应给波兰的一千架飞机,也一架没有见。因此德国得以全力闪击波兰,两个星期的功夫,攻下了华沙。(2)波兰一百多万的军队被击溃了,波兰政府,纷纷流亡到了伦敦去了。(3)

苏联为了国家的安全,和拯救自己的同胞,(4)在波兰政府逃亡以后,红军挺进到波兰。红军进军的神速,使得希特拉吃了一惊。希特拉便和苏联说:"对的,你把你的旧领土收回去吧。我们就按照这个来划界好了。"

关于波兰问题,苏德的合理解决,使得英法很丧气。但他们却说:"我们还是把兵摆在边疆,让德国不敢过来就行了。我们到东方组织反苏战争去吧。"

不幸得很,英法这着棋又失败了。德国灭了波兰以后,眼看苏联国富兵强,并且已先着一鞭,进兵波兰,一时不易下手,便扑向西方去了。这样英法和德国,才开始了主力的作战。

廿来天吧,荷兰、比利时和卢森堡,被德国闪击完了。意大利乘机宣布参战,派兵侵入法国。一个月功夫,法国又被毁灭了。剩下英国,单独应付德意两个法西斯野兽。而这两只野兽,却是英国一手抚养大的。

注1:指英、法、苏谈判,详情见第九课。
注2:华沙系波首都。
注3:波兰政府,原来依靠着英法进行反苏、反共、反人民的政策。
注4:波兰东部,原属乌克兰与白俄罗斯的领土,系苏联的国土。

第十四课　第二次世界大战(二)
——斯大林格勒之战——

英国正慌着要把首都,搬到加拿大去避难的时候,德国法西斯野兽,已经被胜利冲昏了头脑,它又跳到东方,撕毁了德苏互不侵犯协定,背信弃义地进攻苏联了。(1)

这样,大战的重点,移到了苏德战场。最初德国是很占优势的。[2]到了冬季,红军虽然击退了德军对莫斯科的进攻,但由于没有开辟欧洲第二战场,[3]第二年夏天,德军得以集中一切力量,突破苏联西南方面的防线,进入斯大林格勒城下,展开了剧烈的斯大林格勒之战。

斯大林格勒之战,是苏德战争的转折点,是民主与法西斯胜败的关键。德国曾把最大的注意力,放在斯大林格勒的身上,准备占领它之后,包抄莫斯科,结束战争。[4]所以它用了最精锐的师团,大量的坦克、飞机、大炮投向斯大林格勒。斯大林城下,沸腾了规模巨大的空前战争。

有一次,德国的飞机、大炮,一连轰击了八十点钟。三天三夜,斯大林格勒,简直成了烟火轰鸣的世界。接着,便是各种坦克和步兵的冲锋。当德国人冲破了防线,截断了红军的指挥部和前线联络的时候,每个红军战士,都成了指挥官,用各种持阵地,击退敌人的进攻。甚至炮弹用完了,拣石头来掷跟前的自动枪手。[5]

这个空前未有的残酷斗争,延长到几昼几夜。这已经个别的房屋了,而是争夺楼梯的每一级;争夺狭窄走廊中落。

在这种残酷的战斗中,红军由守势转为攻势了。在斯城下,消灭了三十三万德国的精锐,俘房九万名,其中有名军官,二十四名将军。

从此德军开始全面的崩溃。直到红军打进柏林,德国界的和平居民,才被红军在法西斯魔爪下,拯救出来。

注1:德国进攻苏联,是在一九四一年六月。

注2:因为"德国是正在进行着战争的。它已经全部动员好了,有一□,集中苏联边境,只要一声命令,就出动的。而苏联,却需要时间向边境上调动"。

注3:原来苏、美、英会议定在欧洲西部开辟第二战场,东西夹击德国,赶早结束战争。无奈英美存观望,以致德国得以把全部兵力东调。红军承受二百四十师法西斯军队,三百万希特拉和它的盟国的大军的攻击。直到四四年六月,红军已经把德军赶到边境,欧洲第二战场才开辟。

注4:希特拉计划占领斯大林格勒之后,从东方包抄莫斯科,切断它和后方的联络。于是进占莫斯科,计划在夏天结束战争。并且,以占领斯大林城这一战略堡垒,和巨大工业经济中心,来打击红军政治威信。所以斯大林格勒是万分重要的。

注 5：保卫斯大林格勒之战中，红军许多英勇故事，可参考四四年出版的《时代文摘》第一册。红军在斯大林格勒的反攻，在一九四三年十一月。

第十五课　德日法西斯无条件投降

苏联红军突破柏林，是在一个夜里开始的。这次夜袭，朱可夫元帅使用了二万二千门大炮和迫击炮，五千架飞机，四千辆坦克和二百多个探照灯。在这个压倒的打击下，五十万德寇迅速瓦解了。当红旗飘扬在柏林城上时，欧战基本上是结束了。(1) 全世界的人们，为这个胜利而鼓舞狂欢。

可是这个人类恶敌希特拉，直到现在还没有人发现他的尸首，是死了或者是跑了，还是一个谜呢。他的老大哥墨索里尼却被意大利人民捉住枪毙了。(2)

半月以后，德国正式向苏、美、英、法四大盟国，无条件投降。苏、美、英、法成立一个管制委员会，共同管制德国。割分德国为四区，由四国分别驻军管制。柏林也由苏联让给四国共同管制。

红军占领区，由德国共产党及民主党派，组成一个民主联合政府，彻底实行土地改革，三十多万农民，因此得到土地。英占领区一个德国人民领袖说："西方与东方占领区最大差异：是在苏占领区有建设与工业计划。他们正在为建立新德国而工作。这里（指英占领区）只见战犯被优待，和到处饿死人。"(3)

三个月以后，日本无条件投降了。照理，日本是应该和德国一样，由美、苏、中、英共管。但是不幸得很，日本一直在美军统帅麦克阿瑟一手管制下，天皇制和法西斯战犯政府，仍然高压在日本人民头上。首要战犯东条在监狱里，盖着绸被，吃着美味。人民要求民主、粮食的运动，却被美、日军警，用大炮和机枪来镇压。美国这种对日政策，已引起全日本人民，和全世界民主人士，强烈反对。特别是日本人民，在日共和民主党派领导下，示威运动，正日益汹涌澎湃。

日本的殖民地朝鲜，北部是由苏军解放的，红军在那里，帮助朝鲜各民主党派，成立了联合政府，实行八小时工作制和土地改革。南部自从美军登陆以后，却把政权交给朝鲜反动分子及亲日派，并保存日籍官吏，企图把朝鲜人民，仍旧拖回到亡国奴的生活。朝鲜人民，正为着独立、自由而奋斗。

注1：红军攻入柏林市中心区，是在一九四五年四月二十二日夜。
注2：意大利是四四年投降的。
注3：英占区，有一个工厂里，一天饿死了三十三个工人。美占领区情形也差不多。

第十六课　新民主主义的勃兴（一）
——新法西斯的复活——

当千万法国人民，在德国进攻下，向南逃亡的时候，法共游击队的组织便开始了。他们受着德国和法奸的残酷镇压，还是留在巴黎，领导全国人民，作顽强反德国法西斯与法奸的斗争。他们从德军仓库和兵营里，夺取武器，武装自己。盟军登陆前，游击队已经发展到十三万人。

当盟军在法国北部登陆的时候，命令法国游击队，把增援的德军延缓两天，而游击队却把它拖住了六天。他们到处武装起义，破袭交通，攻城拔镇和阻击援军，使盟军的进展，出乎意料的顺利和迅速。

八月，法共发动全国总起义。游击队和民兵，发展到二十五万人。在一个早晨，巴黎五万爱国志士，和几十万游击队，在法共领导下，武装起义了。法兰西儿女，个个为报仇雪耻，英勇地和德军展开激烈巷战，血战四天，解放了巴黎。⁽¹⁾没有走得及的残余德寇，和一些法奸，都逮捕了。这一天和第二天，接连解放了四大名城，⁽²⁾连以前解放的，共十四个省。德军在游击队和法国人民到处打击下，四分五裂，纷纷滚出了法境。

法国人民，经过这次亡国惨痛，眼睛都亮了。在各种选举中，法共由战前的第三大党，一跃而成第一大党。党员由战前二十几万，发展到一百万。在全国人民热烈的要求下，和苏联签订了二十年同盟互助条约。⁽³⁾

前法国临时总统戴高乐，他在当政期间，固执大资产阶级的利益，重复过去亡国政府，反苏、反共、反人民的政策：坚决排斥法共在政府中担任要职；对于劳资纠纷，也偏向资方；人民痛苦的生活，不但不改善，反而降低；还有投英、美帝国主义分子的罗纲，阴谋充当反苏先锋；对于法国的复兴和改进工作，却多方阻碍。法国人民就在今年一月总统的选举中，抛弃了他。五百张选票，戴高乐只得到三票，而法共所提候选人古恩，[4]却以四百九十七票，当选为法国现任临时总统。法共领袖多列士，荣任副总统。

注1：自巴黎沦陷至一九四四年八月二十二日，共四年又七十天。
注2：巴黎、马赛、里昂、波尔多为法国四大名城。
注3：四四年十二月签订。
注4：古恩为法社会党进步领袖。

第十七课　新民主主义的勃兴（二）
—— 南斯拉夫与波兰 ——

南斯拉夫，也是被希特拉闪击垮的一个国家。当时他的国王彼得，和一群官僚，都逃到伦敦去了。南共铁托，便领导南国人民，组织游击队，到处抗击德军，创造游击根据地。

天下乌鸦一般黑，南国也有一个南奸米海洛维区。[1]他经常率领武装部队，配合德军，向游击队进攻。而南国流亡政府，也是受着英、美反动派的支持，暗地又和德国勾搭，阴谋破坏南国人民的抗战。

正因为铁托的游击队，是南国人民子弟兵，为南国人民所爱护。所以在三面夹攻中，依然一天天壮大。四四年，它已有十四万精锐的部队。在配合苏联红军和盟军作战中，牵制并粉碎了德军二十个师。还解放了很多城市。最后，和苏联红军把全部国土解放。

由于游击队力量的强大，和全国人民的拥护，以及苏联的主持正义，得以破除一切阻碍，于去年正式成立各民主党派的联合政府，得到了各国政府的承认。由铁托和一位共产党员，任内阁正副总理。南国政府，在南共领导下，正在建设着新民主主义的新南斯拉夫。

波兰也有一个流亡政府住在伦敦。而波兰人民却一直在波共（工人党）及各民主党派领导下，组织游击队，坚持国内抗战。四四年，成立了波兰临时政府,得到苏联的承认。及红军解放华沙,临时政府又容纳一些国内外民主人士,组成举国一致的民主联合政府,得到苏、英、美、中、法等国的承认。它实行了土地改革,所有大地主的土地,都转入了八百万农民的手里。十五万完全无地的农民,第一次在自己的土地上耕种。

注1:米海洛维区,系南国前陆军部长,今年已伏法。

第十八课　新民主主义的勃兴(三)
——印度与东南亚民族运动——

新民主主义运动,是这次大战中的主流。全世界都被这股巨流卷进去了,特别是亚洲的民主运动,在日寇投降以后,达到高潮。

比如印度,在这次大战中,民族独立运动,日益开展。日寇投降以后,民族运动,更趋激烈。英国提出一个临时计划欺骗他们说:"我承认你的独立,但英帝国在印度的一切权益得保存。"同时又使用一贯的老手段,挑拨印、回两教的团结,破坏印度民族的统一运动。

印共在印度,是唯一能团结印、回两教群众的政党。它现在的党员,已发展到三万人,成为印度第三大党。最近它在加尔各答[1]召集群众大会,参加的群众,达一百万。所有工厂、商店、机关都在这一天停工了。这在印度,还是空前的大会呢。我们希望印度从此走上团结胜利的大道,解除百年来奴隶的枷锁。

自从日寇把美、英帝国主义赶走,占据东南亚以后,各地人民,纷起武装自卫。几年来,爪哇的印度尼西亚人,在抗击日寇中,夺取了日寇许多武器。现在它已有"组织良好的十五万正规军"。日寇投降后,他们要求独立;而美帝国主义,却强要他们仍然回到荷兰去作奴隶,[2]强迫他们缴出武装,退出泗水,叫日军仍然"维持秩序",迫得印尼人起而自卫。一批一批的青年,争赴前线,和帝国主义的武装,进行可歌可泣的英勇战斗。

越南独立运动的领袖是胡志明。四四年领导越南人成立临时政府,抗击日寇。他领导下的正规军,有三十万,民兵一百五十万。

越南各民主党派,和各阶层民主人士,都团结在他的周围。日寇投降后,半年之内,解除了五万日寇武装,几十次击退英、法联军。最近已成立越南共和国政府,由胡志明任总统。

英、美等这种反民主的帝国主义暴行,引起亚洲各国人民,特别是印度、澳洲各地人民的反对。他们纷起举行同盟罢工,表示抗议。而苏联及全世界各民主国家,各民主党派、人士,都一致反对,主张让他们自己管理自己。

注1:加尔各答,是印度的大商埠。
注2:爪哇原属荷兰帝国。

第十九课　世界的总趋势

二次世界大战结束,世界上主要的三个法西斯国家——德、意、日三国垮台了,全世界的人们,本来就可以进入和平建设的生活,不料美帝国主义分子,却妄想走希特拉没有走通的路——独霸世界,以致把全世界弄得乌烟瘴气。

美帝国主义分子,把苏联和民主运动,看作它实现世界霸权的头等敌人,于是它又拾起张伯伦的反苏反民主的法宝,极力破坏战时美、苏、英合作的种种决议;对于德、日法西斯实行"宽大",并公开庇护战争罪犯;在法国这次大选中,公然恐吓法国选民,不叫投共产党的票,并借三万万美金,给法国的反动派作竞选资本;帮助蒋介石打内战,妄图把中国作为菲律宾,[1] 把东北作为反苏基地。

美帝国主义分子,把英国也当作侵略对象说:"我借款给你,你把市场让给我吧,还有,为了建立空军和海军基地的需要,你把大西洋和太平洋上一大堆的殖民地租给我吧。"所以英美的关系,也是很紧张的。[2]

可喜的是,苏联红军,打败了德、日法西斯,成为世界和平的堡垒。全世界爱好和平的国家和人士,都热诚的爱戴它。它现在正搞第四次五年计划。生产正在迅速的恢复和发展,生活改善,物价降低了百分之四十。[3] 它的力量,正在蓬勃生长呢。

而美国自身民主派的力量，也是很大的。中国、英国和全世界的民主力量，比起这些法西斯残余势力，强大得多。现在全世界，除苏联和中国外，由共产党领导或参加政府的，有十八个国家。(4) 所有世界各国的民主力量，是正在生长。这个以苏联为首的民主力量，一定能战胜这股反动逆流。世界的前途，一定是和平、民主的。

注1：菲律宾为美国殖民地。

注2：现在世界上，一是帝国主义的美国，与社会主义的苏联的矛盾；一是金元美帝国主义，与衰老英帝国主义的矛盾。

注3：同时，美国的物价，上涨了百分之二十。罢工风潮，正风起云涌，人数动辄数十万。

注4：法国、南斯拉夫、波兰、捷克、保加利亚、挪威、比利时、意大利、芬兰、匈牙利、奥地利、罗马尼亚、阿尔巴尼亚、西班牙、德国、越南、印度尼西亚、朝鲜，这十八个国家中，有半数国家已实行部分的或全部的土地及经济改革。

晋绥边区
《小学校高级用历史课本》

上 册

编者说明

一、这部课本是根据陕甘宁边区的《史地课本》稍加补充修改而成。原课本第二、三册是讲中国历史，我们把它抽出来单列为历史课，分印为上下两册，留供小学校高级生两学年之用。

二、中国历史的叙述，是从古到今，以大事为中心，尽量采用故事性。教学目的，在使学生了解中华民族的由来及其光荣的史迹，使学生学习模范历史人物的精神，接受革命的历史教训，以养成学生爱护民族的观念和高尚的品德与革命人生观。

三、为便利学生对课文的复习，和启发学生思想，在每课后面，提出几个问题。但这些问题，只可作一个参考。在教学时，教员、学生，可根据课文内容自由提出问题问答讨论。

四、因为没有教授书，和缺乏参考书及补充读物，本书在某些课文后面，加上些必要的注解和补充材料，以供教员的参考和程度较高学生的阅读。

五、希望在教学时，对本书的内容上、编制上、文字上都尽量多加研究，根据教学的实践多提具体的意见，以供改编时的参考。

目　录

第一课　远古的人类和黄帝的传说 / 183

第二课　尧舜让位和禹王治水 / 184

第三课　天下传子和武王伐纣　插图：西周疆域图 / 185

第四课　西周社会 / 186

第五课　春秋战国　插图：战国七雄图 / 187

第六课　孔子和墨子　插图：孔子、墨子画像 / 188

第七课　秦始皇 / 190

第八课　揭竿起义 / 191

第九课　张骞和班超　插图：汉代疆域图 / 192

第十课　王莽改革和黄巾起义 / 193

第十一课　诸葛亮 / 194

第十二课　淝水之战 / 196

第十三课　张天师和唐三藏 / 197

第十四课　文字和文具的进步　附：五种字体 / 198

第十五课　隋炀帝下扬州 / 199

第十六课　唐太宗征东　插图：唐代疆域图 / 201

第十七课　黄巢起义 / 202

第十八课　王安石变法 / 203

第十九课　岳飞　插图：岳飞造像 / 204

第二十课　三大发明 / 206

第二一课　马哥孛罗　插图：元化疆域图 / 207

第二二课　三保太监下西洋　插图：明代疆域图 / 209

第二三课　李自成 / 210

第二四课　史可法守扬州城 / 211

第二五课　留发不留头　插图：清代疆域图 / 213

第二六课　中华民族 / 214

附：中国鸦片战争前的大事年表 / 216

第一课　远古的人类和黄帝的传说

远古人类的生活

我们远古时代的祖先，他们的生活，和我们现在的人大不相同，只认识母亲，不知道谁是父亲，没有器械和用具；吃生的东西，穿树叶或兽皮。

据传说，他们最初是住在树上，那时有一个叫有巢氏的，教人们学鸟儿搭窠巢居住；采取树上的果子当饭吃。后来他们爬下树来，在地上居住了，除了采吃果子和草根以外，还捉些虫、鱼来生吃。后来有一个叫燧人氏的，发明了取火的方法，保证了人们经常熟食。后来又有一个伏羲氏，发明了网，用来捕鱼和捉兽；又发明了饲养家畜，开始了畜牧业。后来又出了一个神农氏，发明种五谷。这样人们的生活，经过五六十万年的时期，渐渐的有了进步。

黄帝及其后代

中国中部黄河南北，是气候温暖、肥沃的平原地区，住在周围的各种族，都想搬进来住。因此就成了各种族斗争的舞台。最先搬进来的，是住在西部的羌族，他的首领叫炎帝。后来苗族从南方搬来了，他有一个著名的酋长叫蚩尤，非常强悍，要驱逐炎帝。当时有一个黄帝族，住在西方，炎帝就请黄帝援助，黄帝带领全族的人民，和蚩尤在涿鹿地方，打了一场大战，把蚩尤杀死。接着又和炎帝族经过几次战争，后来渐渐同化了。

黄帝族和炎帝族占领了中原以后，他的子孙，继续不断的和外族斗争、融化。经过四五千年的时间，形成了我们今天的汉族。古代传说中的黄帝，就成了汉族最早的祖先。

问题：

1. 远古时代人类的社会生活怎样？有些什么发明？
2. 汉族是怎样形成的？
3. 你听过关于黄帝的什么故事吗？请讲出来。

注解：

（注一）传说中的有巢氏、燧人氏、伏羲氏、神农氏，这些人不一定真有的。他们只算是一种社会生活的代名。

（注二）远古的人，也称为原始人。人类最初，是由一种类人猿进化来的。中国的原始人，二十年前，在北平西南周口店发现，在那里挖出了一些大约五十万年前的人骨头，据说那时候的人，已经知道用火，并制造了粗糙的石器和骨器，这种人，我们称他做"北京猿人"。

（注三）火的使用很古，最初是用自然火，如雷电燃烧树林的火。因为火容易熄灭，于是后来就有取火方法的发明（经过若干万年）。传说：中国燧人氏发明钻木取火。

第二课　尧舜让位和禹王治水

尧舜让位

传说黄帝以后，有一个叫尧的做领袖，国号唐，尧老了，把帝位让给一个叫舜的，国号虞，舜老了，又把帝位让给禹。据说这些领袖人物，生活非常俭朴。住的茅草屋，吃的粗米饭，冬天穿一件破鹿皮衣；他们自己还参加劳动，和群众打成一片。这故事说来好像很奇怪，其实是一点也不奇怪的。原来那个时代，是氏族社会，人人都是平等的，财产都归公有，就是帝位，也不能由私人霸占，要由公众选举公正能干的人，出来担任；一个老了，又选另一个来接替，尧、舜、禹的做领袖，实际就是由公众选举的。

禹王治水

传说在尧、舜时候，天下大水成灾，叫做洪水，人民被逼到山顶上去住，田地也没法耕种，真是痛苦极了。尧叫禹去治水，禹疏通河流，水便平了。禹为了给群众谋利益，在外工作了十三年，三次走过自己的门前，都没有进去坐一下。

关于禹治洪水的传说，是不可靠的，因为那时候的人，还在使用石头工具，怎能凿得开高山大河呢？不过在禹的时候，农业已开始了好久，禹发明了开凿水渠，灌溉田地，这对农民，倒有莫大的利益，在农业上也是一个进步。

问题：

1. 传说中尧舜时代的情形怎样？
2. 禹王为人民的服务精神怎样？他对人民实际上有什么功绩？

3. 你听过关于禹的什么故事吗？请讲出来。

注解：

（注一）洪水的传说，中国外国都有，据说古代地球上，曾经有一个时候，忽然下起猛烈的大雨，接连下了许多天，成为洪水的灾害。又有人说，中国的洪水，就是黄河水灾。

第三课　天下传子和武王伐纣

天下传子

禹发明了灌溉，增加田产不少。他又打败了南方的蛮族（苗、黎等），俘虏了许多蛮族人做奴隶。禹的儿子启，就把禹积下的牛羊、田产、奴隶，作为私有。他还想霸占父亲的帝位，于是在禹死了以后，他便赶跑了公众选出接替帝位的益，夺了帝位，国号夏。从此以后，世事就变了样——财产渐渐私有了，人渐渐分成主人与奴隶了，帝位不由公众选举，由一家子孙相传了。

启和他的子孙，成天只是喝酒、游猎、跳舞、玩女人，剥削群众和奴隶。到桀更加厉害了，人民非常怨恨。那时有一个住在东方的部落，他的领袖叫汤，就起兵把桀赶掉，建国号商，后来改名叫殷。汤的子孙和启的子孙一样荒淫暴虐。传到纣，更加残暴，人民痛苦极了，都想起来反抗。

武王伐纣

那时西方有一个小国叫周。他的领袖，就是有名的文王。文王努力发展农业，使老百姓有积蓄，又禁止喝酒、游猎。这样，国家就渐渐强盛起来。文王死后，他的儿子武王，继承他的事业。武王决定伐纣，先派间谍到殷去调查，回来说，坏人当权，昏乱极了，武王认为时机未到。又来报告说，好人会被排斥，武王认为时机还未到，最后报告说，老百姓闭口不敢说话了。武王得报，马上出兵，约集许多反对纣的国家，在牧野（今河南汲县）地方，和纣王决战，纣兵比周兵多得许多。但纣兵都不愿帮纣打仗，欢迎周兵杀纣，殷被灭亡了（公元前一一三四年）。

问题：

1. 中国私有制度是那个时代开始的？

2. 周国为什么强盛起来？
3. 武王兵少，纣王兵多，为什么武王能战胜纣？
4. 你听过周文王和殷纣王的什么故事吗？请讲出来。

注解：

（注一）公历纪年，本来是欧洲人的纪年方法，现在世界通用。公历纪年法，是把耶稣降生那年定为元年。从元年往前数，叫公元前，如黄帝即位，传说是在公元前二六九七年。从元年往后数，叫公元，例如民国三十五年，是公元一九四六年。

（注二）殷代以前的历史，都是根据传说，不很可靠。殷代历史，因为有地下发掘出来的许多古物、古字，可做证明，才真得多了。

附图 西周疆域图

第四课 西周社会

金字塔的构成

武王灭殷以后，和他的弟弟周公，把夺得的土地，分封给自己的亲族，和有功的大臣，这些被封的人，各领一块大小不同的土地，称做诸侯。诸侯下面，挨次又有卿、大夫、士，也各领有一块大小不同的土地。这样的社会组织，就好像一座金字塔一样：顶上的塔尖是王，是最大的地主。中层是许多诸侯，也是大地主。再下面是卿、大夫、士，都是地主；士是最小的地主。最下面是广大的农民和手工业者。

金字塔下农民的生活

农民领取地主的田地来耕种。领得的田地，分为公田和私田。公田的收获，交给地主享受，私田的收获，是维持自己家庭生活的。这时农民似乎比当奴隶好了些，因为他们耕种的私田，收获是属于自己的，但是他们的生活，并不能美满，因为那些贵族地主，除了收取地租以外，还要强迫农民给他做苦工，当兵打仗；给他猎取狐狸，织布做衣裳，献送礼物等等。这样，农民的生活，仍是极其悲惨的。农民对地主阶级的仇恨，渐渐生长起来。《诗经》上有几句诗，就是反映他们这种仇恨的感情的：

你们并不曾种地，那里来那许多谷米？

你们并不曾打猎，房子里怎么会挂着山珍？

你们这些不劳而食的人啊！

我们的血汗，都变作了你们肥美的食品！

问题：
1. 西周社会的组织是怎样的？
2. 在封建社会里农民的生活怎样？他们对地主的关系如何？
3. 你曾经见过地主剥削农民的什么事实吗？请讲出来。

注解：
（注一）金字塔是一种三角形的尖塔，是古代埃及国王的坟墓。现在非洲埃及的尼罗河边，还有这种古迹存在。这里说的"金字塔"，意思是用他来比喻封建社会的结构的。

（注二）这几句诗，是编者把它译成现在的白话了，他的原文是这样的："不稼不穑，胡取禾三百廛兮？不狩不猎，胡瞻尔庭有悬貆兮？彼君子兮，不素餐兮！"这里的译文和旧来的解释有些不同，因为旧来的解释，与当时实际不大符合。

第五课　春秋战国

卧薪尝胆

武王、周公时代，分封的诸侯和原有的诸侯，大大小小有一千多国，这些国家，互相吞并，好像大鱼吃小鱼一样。经过三百多年，到了春秋时代，只剩下一百多国了。其中最强大的，是齐、晋、楚、秦、吴、越六国。他们互相战争不息。有一个吴、越争霸的故事，可以说明当时各国间斗争激烈的情形。

吴、越两国，是南方蛮族新发展起来的强国。他们为了争霸，不断打仗。有一次，在会稽地方，吴国把越国打得大败。越王勾践，和他的大臣范蠡（音离），一心要想报仇雪恨。一方面埋头苦干，在柴薪上睡觉，吃饭时，尝着胆的苦味，来警醒自己。同时和农民在一起工作，团结农民，武装农民。另外，把一个美女西施，送给吴王夫差，使他腐化。他经过了二十年的努力，就起兵报仇，把吴国打败。吴王夫差自杀。越王便称了霸王。

合纵连横

这样，又经过了三百多年，到了战国时代（公元前四〇三到二二一年），只剩下七个强国了。这七国叫秦、楚、齐、燕、韩、赵、魏；秦国最强。他们差不多经常打仗，所以称作战国。那时有许多说客，其中一个叫苏秦，主张六国联合，共同抗秦（合纵）。一个叫张仪，他竭力劝说六国投降秦国(连横)。这些说客,都是贪图富贵、反复无耻的小人,对于人民痛苦,是丝毫也不关心的。

陶朱公

越国胜利以后,范蠡就辞官不做,用船载着从前的爱人西施,游五湖,到山东经商去了。改名朱公。不多久,赚了几千万,成了有名的商人,因为他住在陶这个地方,人们称他"陶朱公"。

原来中国在殷代已经使用青铜器,到春秋时候,发明了铁器,农业大大进步。随着农业进步,手工业、商业都发展起来。在春秋、战国时代,出了不少有名的商人。除了陶朱公以外,如孔子的弟子子贡、郑国的弦高、秦国的吕不韦,都是很著名的大商人。

问题:
1. 春秋时代的情形怎样?越王勾践的精神如何?
2. 战国时代的情形怎样?
3. 铁器的发明,和农、工、商业有什么关系?

注解:
吴——现在的江苏。越——现在的浙江。会(音快)稽:现在浙江的绍兴。

插图 战国七雄图

第六课　孔子和墨子

封建社会的圣人

孔子名丘,字仲尼,是春秋时人(生于公元前五五一年),他生在鲁国,是一个穷下去的小贵族。

从周公以后,渐渐定出许多人人应当遵守的规则,叫做礼,例如定出尊卑、贵贱、君臣、父子等许多差别。每一等人,有一定的义务和权利;尊贵的人权利大、义务小,卑贱的人权利小、义务大。到了春秋时候,这种规则,渐渐破坏了,卑贱的人和尊贵的人常常争夺权利,竟至发生臣杀君、子杀父的事情。孔子希望有像尧、舜那样的好君主出现,自己去帮助他恢复周公时代的礼,造成一个太平的、稳固的社会制度。

孔子竭力提倡道德,他教臣对君要忠,子对父要孝,女人要服从男子,朋友要讲信义。这种思想,几千年来,在中国社会里的影响很大。

孔子是一个很有学问的人。在孔子以前，文化、知识，只有贵族才能享受，孔子招收许多贵族以外的人做学生，使文化、知识普及。他又编著《春秋》，整理《诗》《书》《易》《礼》等书，对中国文化上的贡献很大。特别是他学习不厌、教人不倦的精神，是值得我们学习的。

孔子竭力维护西周制度，提倡封建道德；在文化和教育上，都有很大的贡献，所以被尊称做封建社会的圣人。

孔子教卑贱的人要绝对服从尊贵的人，历代的统治者，就利用孔子这种保守方面的思想，作为实行专制的工具。

中国古代被压迫人民的同情者

墨子名翟，鲁国人，比孔子稍晚一些。他反对统治者争权夺利的战争，因为那些战争，只是使人民加重负担，遭受痛苦和死亡。他又主张兼爱，要大家过着亲爱、互助的生活。

墨子是同情被压迫人民的。他的生活非常刻苦，又很注重实际行动。比如他反对当时各国争城夺地的战争，就亲自拿出办法去进行反战的活动。有一次，一个叫公输般的，帮楚国造了爬城的"云梯"，要去攻打宋国，墨子就步行了七天七夜，去劝说楚王不要攻宋。楚王说："公输般已经给我造下'云梯'，定好了攻城的方法。"墨子说："如果你们一定要去攻宋，我有守城的方法。"公输般不信，墨子就和公输般斗攻守城的战法。结果，把公输般斗输了，并且说："我已经叫我的学生们，去帮助宋国守城去了。"楚王听说，就停止攻打宋国。

墨子因为是同情人民的，他的思想和学生，很受历代统治者的压制。但是他的精神，为后来许多行侠仗义的豪杰所承继了。

问题：
1. 孔子是拥护什么阶级的？他的主张怎样？他在文化学术上有些什么贡献？
2. 墨子是同情什么阶级的？他的主张怎样？他的精神怎样？
3. 你过去对孔子的认识怎样？现在的认识怎样？

注解：

（注一）孔子有学生三千，其中"身通六艺"的七十二人，后人称做七十二贤。

（注二）《春秋》是孔子作的一部历史书，春秋时代，就是由这部书得名的。还有《论语》是孔子的学生把孔子的言行记下来的记录，里面记载着孔子对各方面的思想和理论。

(注三)据说孔子曾删订过《诗》《书》《易》《礼》《乐》等五部书,和《春秋》合称六经,又叫《六艺》。

第七课　秦始皇

秦的统一

秦始皇姓嬴(音营)名政,自称始皇帝。

秦国在孝公时候,用商鞅变法,准许土地自由买卖,奖励开荒,农业生产提高,商业也很发展,秦国就富强起来。到了始皇,更加强盛,他就灭亡六国,完成一个统一的大帝国(公元前二二一年)。始皇统一以后,废止封侯,建立郡县,建立了君主专制的政权。

焚书坑儒

秦始皇采取独裁专制,怕人民有自由思想,批评他的不对,就命令人民要读他法令规定的书;凡是不合法的书,通统烧掉。他为了镇压当时批评他的知识分子,曾经活埋了四百六十多人。

他又怕人民反抗,没收天下的兵器,定出严厉的刑法。用杀头、抄家、灭族来威胁人民。

万里长城和阿房宫

秦始皇派了三十万大兵,去攻打北方的匈奴人,又强迫三十万农民,去筑"万里长城",防止匈奴人南下。

秦始皇为了个人享乐,建筑了一百四十五个华美的宫殿,藏美女一万多人。他还嫌不满足,又强迫七十万农民,在京城咸阳的东面,修了一座高大美丽的阿房宫。

民不聊生

战国时代,连年战争不息,人民痛苦极了,需要统一,更需要和平。秦完成了统一,虽然是一个进步,但是给予人民的,不是和平,却是残暴的刑法,和严重的徭役! 搞的人民不能生活,不得不起来反抗。

问题:
1. 秦统一以后,建立了什么样的政权!
2. 秦的暴政是些什么?

3. 秦完成统一是好的，但统一以后，人民为什么更加痛苦？

注解：

（注一）秦分天下为三十六郡，郡以下设若干县，郡和县的长官，由皇帝任命，随时调动。

（注二）万里长城——在战国时代，秦、燕、赵等国，都在边界筑长城，防御外族侵略，彼此不相连接。秦统一以后，派大将蒙恬（音田）筑新长城，西起甘肃岷州，东到辽东。后来历代都有修筑，西起甘肃嘉峪关，东到河北山海关，长五千多中国里，号称"万里长城"，成为世界最大工程之一。

第八课 揭竿起义

揭竿起义

始皇死后，他的儿子胡亥，做了皇帝，号称二世，更加凶暴。当时山东阳城（今河南登封县）地方，有个雇农，名叫陈涉，和九百名被拉的壮丁，杀了秦的带队官，用竹竿做旗帜，拿木棍做武器，号召人民反秦。千千万万的人民起来了，拥护陈涉做领袖，称张楚王。

陈涉称王以后，骄傲起来，乡间的穷朋友、亲戚去看他，理也不理，有说起他贫贱的故事的，他就杀掉，因此失掉了群众的信仰。不过六个月期间，就被秦将章邯（音韩）打败，陈涉被杀。

乌江逼霸

陈涉失败以后，各处反秦的力量，渐渐形成了两个强大的集团：一个领袖叫刘邦，他是平民出身，曾经做过泗水亭长，后来称汉王。另一个首领叫项羽，原是楚国的贵族，后来称西楚霸王。项羽的势力很大。他们共同攻进关中，把秦灭掉。灭秦以后，都想争做皇帝，互相战争，刘邦屡次都被打败。但刘邦出身农村，知道民间痛苦，政治上有些改良，能得民众拥护。他又用地位、金钱，收买项羽的干部。项羽出身贵族，随便烧杀，人民对他害怕。他又自恃勇力，不会团结干部。因此许多谋士勇将，都离开他，投到刘邦方面。后来在垓下地方一战，项羽被刘邦打得大败，并且把他包围起来。项羽见大势已去，就向他心爱的老婆虞姬，唱了一个悲哀的别离歌曲，在安徽的乌江边上自杀了。

刘邦当了皇帝以后

刘邦战胜项羽（公元前二〇二年），当了皇帝（高祖），国号汉。他当了皇帝以后，自己就成了最大的地主，把农民一脚踢开，建立了代表地主利益的政权。

问题：
1. 陈涉为什么很快就失败了？他失败的教训，那一点是我们特别应该接受的？
2. 刘邦胜利，项羽失败的原因是什么？
3. 刘邦当了皇帝以后怎样？

注解：
（注一）因为秦收天下兵器，集中在咸阳，铸成十二个铜人，民间没有兵器，所以陈涉就用木棍做兵器。
（注二）秦建都关中咸阳。
（注三）泗水，是江苏北部沛县的一个小地方。亭长，秦十里一亭，设亭长，好像现在的保甲长一类的职位。

第九课　张骞和班超

匈奴和西域

匈奴从战国到秦朝，已经是汉族的强大敌人，秦始皇曾经筑了"万里长城"去防止他的侵入。到了西汉初年，匈奴更加强盛，常常向南侵略。汉高祖曾经亲自带兵征讨，遭了大败，被迫把一个假女儿嫁给匈奴王子，还约定每年送给许多金钱、绸缎。

西域，在中国西北甘肃玉门关以西一带地方，有三十六国，是汉族与匈奴中间的一个势力。在汉朝初年时，他附属匈奴。

张骞出使西域

汉武帝时，国家力量渐渐充足，派大将卫青、霍去病，先后攻打匈奴。同时，为了削弱匈奴势力，又派张骞作使臣（公元前一二二年），去说服西域各国，投降汉朝。前后两次，都没有成功，但是对于西域的情形，却了解清楚。武帝就派兵攻灭了大宛，其他各国害怕，都投降汉朝。匈奴孤立，结果被汉朝打败，投降了。

班超出使西域

到了东汉，匈奴、西域，又各自独立，不听汉朝节制，汉和帝一面派大将窦宪，带兵攻打匈奴；一面派班超出使西域，说服各国。

班超到了鄯善，那时匈奴也派了使臣到鄯善。鄯善国王，害怕匈奴，对班超不大理睬。班超就带领同行的三十六人，乘黑夜攻杀了匈奴使臣，骇得鄯善国王投降。接着，西域各国，都投降汉朝，当附属国。

同时窦宪也大败匈奴兵，俘虏三十多万人，夺得牛羊一百多万头。北匈奴的残部，逃到欧洲去了。

于是，匈奴被汉族战胜了。

问题：
1. 汉朝以前和汉朝初年匈奴和西域的情形怎样？
2. 汉武帝是怎样战胜匈奴的？
3. 张骞和班超出使西域的结果怎样？出使西域和战胜匈奴有什么关系？
4. 你听见过什么张骞或班超出使西域的故事吗？请你把它讲出来。

注解：
（注一）西域大部分是现在的新疆，一部分在甘肃西北部和中亚细亚东部。
（注二）从汉高祖到王莽篡汉的二百多年间，称西汉，建都在潼关西面的长安。从光武帝到汉末一百九十多年，称东汉，建都在潼关东面的洛阳。
（注三）鄯善在现在的新疆省内。

插图　汉代疆域图

第十课　王莽改革和黄巾起义

富人田连阡陌，穷人无立锥之地

农民替刘邦打下天下没有得到多少好处。后来地主、高利贷商人的剥削，反而大大加重了。农民欠租欠债，偿还不起，只好卖掉土地，有的竟至逼得卖身作奴隶。连当时为地主谋划的董仲舒也向汉武帝说："富人田连阡陌，穷人无立锥之地！"

王莽改革

到了西汉末年，有一个贵族叫王莽，他把汉朝的政权，夺在手里。他想从上而下施行改良政策：把天下的田，称做"王田"，不许买卖，分配给农民耕种，国家收三十分之一的租税。企图用这样办法，来缓和农民和地主的矛盾。但是遭到地主、商人的反对。后来，王莽就搁下不做，同时官吏贪污舞弊，弄得农民不但没有得到一点利益，反而受害不浅。因此，农民认识了王莽的欺骗，全国反对王莽的暴动起来了！结果，王莽被杀，贵族地主出身的刘秀，夺得了政权（公元二四年）。

黄巾起义

刘秀做了皇帝（光武），土地问题，仍旧丝毫没有解决。贫农租种地主土地，要缴十分之五的租税。土地兼并，比西汉更加厉害。

到了东汉末年，政治腐败，贪污横行，又遭天灾，农民生活，弄到人吃人的景况。当时有一个道人，名叫张角，创立"太平道"组织群众。分天下为三十六方，大方万人，小方六七千人，各方都设有军事首领。号召农民起义，起义的人，头上都裹着黄巾，称为黄巾军。起义发动以后，不上十天，全国响应，声势浩大，骇得汉朝皇帝，动员全国的大兵围攻。不到一年，这个轰轰烈烈的人民起义，被镇压下去了！同时，东汉的统治，也崩溃了。

问题：

1. 西汉时的土地问题怎样？
2. 王莽改革为什么失败？
3. 黄巾起义的原因是什么？结果怎样？

注解：

（注一）田连阡陌，就是田地相连，土地很多的意思。立锥之地，是立一个锥子那样一点地方，土地很少的意思。

（注二）太平道，是张角创立道教的名称。

（注三）方，是一个组织单位，设有一个军事领导人，称将军。黄巾军各方上面，有三个统帅：第一个是张角，称"天公将军"，第二、第三是张角的弟弟，张宝、张梁，称"地公将军"和"人公将军"。

第十一课　诸葛亮

军阀混战

黄巾起义失败以后，军阀割据称雄，连年混战。曹操势力最大，霸占中原。孙权势力也不弱，割据江东。

三请诸葛亮

当时有个卖草鞋出身的人，名叫刘备。原来是个破落贵族。因打黄巾起家，组织了一枝军队，驻在荆州附近。他一心想和曹操、孙权争夺天下。

那时有一位大政治家，名叫诸葛亮，号孔明，人称卧龙先生。隐居隆中地方。刘备听说，就亲自去请他出山帮助，请了三次，才肯出山。诸葛亮对刘备说："今天曹操最强，应该结好孙权，共同抗操。同时夺取荆州、西蜀，作根据地。对内革新政治，对外连结东吴。等待时机一到，就可夺取天下。"刘备大喜，就请他做了军师。

赤壁大战

曹操带领八十三万大军，打下荆州，进攻东吴。诸葛亮就劝说孙权，和刘备结成联盟，采用火攻，在赤壁地方，把曹操打得大败逃回(公元二〇八年)。刘备夺取了荆州。

三分天下

刘备夺取荆州之后，进兵占领西蜀。这时曹丕(曹操儿子)篡夺汉朝政权，改国号魏。刘备就在西蜀称帝(先主)，建都成都。孙权也在东吴称帝。这样就造成了魏、蜀、吴三分天下的局面。

"鞠躬尽瘁，死而后已"

刘备称帝以后，请诸葛亮做丞相。他竭力整顿内政，奖励农业，训练军队，准备伐魏。不料孙权破坏同盟，夺去荆州，引起蜀吴战争，互相削弱力量。后来南方各郡(云南的夷人和汉人)叛乱，诸葛亮就亲自带兵征讨，将叛乱首领孟获，捉住七次，释放七次，结果降服了。平定南方以后，休息五年，领兵伐魏。因荆州失去，西蜀孤立，每次出兵，魏都用四五倍的兵力抵御，诸葛亮虽然智谋无敌，却不能有什么成就。结果在五丈原病死了。

诸葛亮死后不久，蜀被魏将司马昭灭亡了。后来，魏和东吴，也被司马炎灭亡。

问题：

1. 东汉末的局面怎样？
2. 赤壁大战胜利的原因何在？结果造成了怎样的局面？
3. 孔明怎样治理西蜀？
4. 孔明伐魏为什么不能胜利？

注解：

(注一)隆中在今湖北襄阳城西。

(注二)荆州是现在的湖北一带;西蜀是现在的四川。

(注三)赤壁在今湖北嘉鱼县西南,属浦圻县。

(注四)"鞠躬尽瘁,死而后已"这两句话,是孔明向后主刘禅(刘备儿子)说的。意思是说:他要尽心竭力忠实于事业,直到死了才罢。

第十二课 淝水之战

五胡乱华

司马炎废魏灭吴,统一天下,国号晋(公元二八〇年)。他的儿子惠帝,非常愚蠢,同族弟兄叔侄,互相争斗,连年内战,叫做"八王之乱"。

八王混战,引起北方的胡人,乘机侵入,胡人共有五种,叫匈奴、鲜卑、氐、羌、羯。先后建立了十几个国家。

胡人屠杀汉人,非常残酷,连小孩都要杀死,弄得千里不见烟火。许多没有被杀的汉人,逃亡到江南去了。

淝水之战

胡人侵占北方,晋朝皇帝,作了俘虏。琅邪王司马睿,在江南称帝(东晋,公元三一七年)。

北方有个氐族的首领,名叫苻坚。建国号秦(前秦),势力强大,他带领九十万大军,南下进攻东晋。他很骄傲的说:"我这么多的大兵,只要把马鞭扔在江里,就可以把长江阻断了!"

东晋听说苻坚大兵南下,就派大将谢玄、谢石,领兵八万,前去抵御。在安徽淝水,和苻坚大兵相遇,因为这是汉人反对胡人侵略的战争,所以东晋兵将,人人勇敢,个个争先。谢石派先锋刘牢之,带领精兵五千,抢渡淝水。苻坚大将苻融,守住淝水北岸。不得过去,谢石使人告诉苻融说,请他略略向后移动,让晋兵渡河决战。苻融想等晋兵半渡时,出兵袭击,命令部队稍退。苻融军中,有个汉人,名叫朱序,等苻军移动,便在阵后大声叫道:"秦兵败了,秦兵败了!"秦兵惊慌乱窜。刘牢之、谢玄、谢石,领头渡河猛攻。苻融马倒被杀。秦兵大败逃走,路上听见风声鹤叫,都以为追兵到了。惊惊慌慌,昼夜奔跑,死亡十之七八。苻坚逃回洛阳,收集残兵,只有十几万了。

以后,天下就分为南北朝。

问题：
1. 五胡侵华的原因是什么？
2. 胡人怎样对待汉人？
3. 符坚兵多，东晋兵少，为什么符坚失败，东晋胜利？
4. 淝水之战的胜利，对于汉族有什么关系？

注解：

（注一）八王是：汝南王亮、楚王玮、赵王伦、齐王冏、成都王颖、河间王颙、长沙王乂、东海王越。

（注二）五胡乱华时期，是汉人大大向长江流域移民的时期。秦以前，长江流域是蛮族居住的地方。

（注三）司马炎建都洛阳，历史上称为西晋。司马睿建都江东建业（现在的南京），历史上称为东晋。

补充：

淝水战后，北方被鲜卑人占领，国号魏（元魏），后来分为东魏西魏。东魏被北齐篡夺，西魏被北周篡夺，统称北朝（公元三八六到五八一年）。南方东晋被宋篡夺，以后齐又篡宋，梁又篡齐，陈又篡梁，统称南朝（公元四二〇到五八八年）。

第十三课　张天师和唐三藏

张天师的故事

东汉时，四川人张陵，著了一部《道书》，四处替人治病传道，入道的人，要缴五斗米，称为"五斗米道"。

张陵把他一套密诀和符咒、剑、印，传给子孙。后来他的子孙，搬到江西龙虎山上，世代住在那里，称"张天师"，成立道教。道教的信徒，叫做道士。

道教叫人炼丹吃药，学道修仙，求得长生不老。又说能够呼风唤雨，捉鬼驱妖。这些迷信的胡说，在中国社会里，流传了很长的时期。现在我们有时还看到一些迷信人的门上，贴着"天师符"，那便是道教徒搞的鬼把戏。

唐三藏取经的故事

有一部小说，叫《西游记》，讲唐三藏到西天（印度）取经的故事。这个故事，自然是小说家捏造的，但却也有一个缘由：

原来在二千四百多年前，印度有一个国王的儿子，名叫释加牟尼，看见印度阶级的压迫，又感到人生免不了"生、老、病、死"的痛苦。为要解脱这些压迫和痛苦，他便创立了佛教。叫人出家，跑到山林里去过清净日子。又劝人不要偷盗，要忍受虐待。说是富贵贫贱，全由命定，只有好好修炼，死后就到极乐世界，不然就要到地狱。这种思想，经过他的门徒，写下许多佛经，到处宣传。

佛教传入中国，到南北朝时，特别兴盛，出家做和尚的，有四五百万人，连南朝的梁武帝（萧衍），也曾三次到同泰寺出家。

东汉以后，中国许多有名的佛教徒，先后到印度去取佛经，翻译成中国文字。最著名的如东晋的法显、唐朝的玄奘。他们从陆路到印度去求经学佛，经过了十几年的艰苦，才回国来。我们前面说过的唐三藏，就是唐朝的玄奘大师。

麻醉药

道教和佛教，叫人民迷信，忍受现实的压迫和痛苦，不要反抗。这对统治阶级，确实很有利益。所以历代的统治阶级，竭力提倡，作为统治人民思想的麻醉药。

问题：
1. 道教是谁创立的？他主张些什么？
2. 佛教是谁创立的？他主张些什么？
3. 统治阶级为什么要提倡道教和佛教？
4. 你村里或城市里还有些道教或佛教的一些什么残余迷信事实？试检讨一下。

注解：
到印度求经学佛，法显经过十五年，玄奘经过十七年。

第十四课　文字和文具的进步

文字的进步

远古时代的人，没有文字，记事用绳子结个圪塔。生活日渐进步，事情日渐复杂，圪塔多了，记不清楚。传说在黄帝时，有人模仿自然形象，造出文字，这种文字，和图画一样，叫做"象形文字"，如像⊙就是日，🌙就是月。后来又渐渐增加了许多种文字，字体也逐渐变化，到了周期，有个史籀（音宙），造出了"大篆"体的字。但因为方块汉字，基本上是由图画变来的，各处写法，很不一样。春秋、战国时，各国文字不统一。秦始皇统一六国，政令统一，文字也需要统一，不然，从咸阳发出的公文，到了桂林，便不认识了。因此，他下令统一文字。叫丞相李斯，把"大篆"体的字，笔画减少，改造成一个"小篆"字体。这时流行的字，有三千三百个。后来程邈又造出一种"隶书"。汉朝出现了草书和行书。到了晋朝初年，楷书也出现了。楷书通行以后，篆书、隶书，都成了古书，不大用了。中国文字，到了东汉末年，有九千多个。现代科学进步，又创造了许多新字。

文具的进步

没有发明纸、笔以前，字是用刀子刻在龟甲和兽骨上的，后来又刻在竹片上。用刀子刻字，一天刻不了几个，太费时间。生活日渐繁忙，谁肯用许多时间去刻一个字呢？因此，就渐渐出现了许多新的发明，秦朝人发明了毛笔；汉朝蔡伦，发明造纸；晋朝人发明了墨和砚。纸、墨、笔、砚都有了以后，写字才方便了。现在我们又学习外国机器造纸，采用墨水、钢笔，比用毛笔写字，更加便利了。

问题：

1. 中国文字的进步情形怎样？
2. 秦始皇为什么要统一文字？
3. 中国文字的特点是什么？
4. 中国文具的进步情形怎样？文具的进步，对文化进步有什么影响？请你试写一个答案。

附：

"日、月、山、水、鸟"五字的"象形""大篆""小篆""隶书""楷书"五字体。

第十五课　隋炀帝下扬州

隋朝的统一

杨坚统一了南北朝，建立隋朝（公元五八九年）。杨坚（文帝）自己节俭，对人民剥削也比较有节制。当他在位的廿四年中，战事停息，农民耕地增加,社会渐渐繁荣了。

隋炀帝下扬州

杨坚的儿子杨广,杀了杨坚,自立为皇帝,这就是历史上著名荒唐的隋炀帝。他强迫几十万民工,修筑四十多座华丽的宫殿,住着美女,供他随时游玩。又强迫一百多万人民,开凿一条运河,从洛阳通到扬州。运河两旁种着柳树,建筑很宽的走道;又派人到江南去修造龙船,和几万只大船。一切工程完备,杨广就带着许多美女,坐上龙船,到当时全国第一大城扬州去游玩。龙船用八万多人拉着,从洛阳出发,一路吹吹打打,缓缓地向扬州走去。卫兵坐着大船,在后面跟着,骑兵在两旁保护;船只和队伍,接连二百多里,五颜六色的旗帜,遮蔽了天空,真是红火极了!

攻打高丽

杨广又好大喜功,出兵一百多万,动员民伕二百多万,去攻打高丽(朝鲜)。前后战争四五年,士兵和民伕,死亡几百万。行军大道,沿路尸体堆积,臭气冲天,那种景象,真是悲惨极了!

隋朝的灭亡

杨广只图满足个人的享乐和虚荣心,把人民的生命,当作虫蚁,把人民的钱财,当作粪土,随意浪费,搞得人民不能生存,全国的起义爆发了!最著名的起义领袖,有窦建德、李密等,小说上描写的瓦岗寨三十六条好汉,就是当时农民起义的英雄。

杨广看见全国大战,没法收拾,就躲在扬州宫里,和老婆萧氏,以及许多美女,昼夜荒淫醉酒。后来,被部下宇文化及杀死(公元六一八年)。

结果,国家政权,落到贵族李渊的手里。

问题:

1. 隋朝初年国家渐渐富足的原因是什么?
2. 隋炀帝怎样耗费国家的人力财力?

注解:

(注一)隋炀帝开凿运河,不单只是为个人游乐,也是当时粮食运输上的需要。后来历代都开凿运河,完成了一条南起浙江杭州,北到河北通县的中国大运河。运河是中国从前南北交通的要道,它和"万里长城",是中国的世界闻名的两大工程。

(注二)扬州,就是现在江苏的江都县,是当时最繁华的一个大都市。

第十六课　唐太宗征东

唐朝的建立

李渊本是隋朝在太原的留守官。他听从儿子李世民的意见，趁着农民起义的机会，夺取了隋朝的江山；接着把各地的起义军也消灭了，统一了全国，建立唐朝（公元六一八年），自己做了皇帝（高祖）。

唐初的外族势力

隋朝末年到唐朝初年，中国周围，有许多种族，常常向内地侵入。特别是北方的突厥，势力强大。李渊在进兵夺取长安时，害怕突厥袭击他的根据地太原，曾经向突厥称臣。

李世民的政治

到李世民做了皇帝（太宗），竭力整顿政府工作，定出各种制度；节省费用，减轻人民负担；又把一些荒地，分配给农民耕种。这样，国力就渐渐富强起来了。

唐太宗征东

李世民为要给父亲雪去耻辱，又为了夺取土地、人口，提高自己的威望，起兵灭亡突厥，蒙古沙漠以南地区，全被唐朝占领。接着又进兵沙漠以北，征服铁勒各部；同时西北地区的西突厥，也被征服。后来，他又派兵征服吐谷浑（青海）。对于西部的吐蕃（西藏），一面和他们结亲，一面用兵威胁，使吐蕃服从唐朝的节制。最后，因为高丽（朝鲜）内乱，李世民就亲自率领李世勣（音绩）等大将，带兵进攻高丽，到他儿子李治（高宗）时，高丽才投降唐朝。小说上讲的薛仁贵征东的故事，便是依据这个事实演成的。

唐朝征服了许多外族，领土大大扩张了：东到朝鲜、日本，西到印度、波斯，北到内外蒙古，南到南洋，建立了一个比汉朝更大的大帝国。

问题：

1. 李世民的政治怎样？
2. 唐朝对外战争有些什么胜利？这些战争对于人民有没有利益？

补充：

唐朝对外战争的胜利，疆域扩张很广，使唐朝对外商业大大发展。当时有两条商路：一条陆路，从长安经过西域到波斯、阿剌伯；一条水路，从广州经过南洋、印度到达波斯、阿剌伯。长安和广州，成了当时国际交易的中心。长安有居民三十万户，是最繁华的都市。唐朝输出的，主要是丝绸、茶、瓷器等工业品。这说明当时中国的手工业，是相当发展的。输入的，主要是些香料、象牙、珍珠等奢侈品，这些东西，只能增加剥削阶级的奢侈、腐化，对于人民生活上，没有什么意义。

又，唐朝对外的影响也扩大了，当时的日本，曾经常派青年到长安来留学，学习中国的文化。

插图 唐代疆域图

第十七课 黄巢起义

朱门酒肉臭，路有冻死骨

唐朝初年，政府虽然把一些荒地，分给农民耕种，略略减轻人民的负担。但是土地问题，仍然没有解决。后来官僚没收好田好地，作为自己的庄园。地主、高利贷商人，剥削很重，土地兼并，比汉朝更加厉害，贫富相差很远。当时有一个大诗人名叫杜甫，有两句诗描写这种情形说："朱门酒肉臭，路有冻死骨。"

连年战祸

唐朝设了十个镇守边疆的大官，这些大官，都有管理军事、政治的全权。后来他们成了军阀，各自称雄，连年内战。许多外族，也乘机侵入，战争不息。许多壮丁男子，被拉去当兵，牺牲在战场上。杜甫又有几句诗，叙述人民对于兵役的痛苦说："信知生男恶，转是生女好，生女犹得嫁比（近）邻，生男埋没随荒草！"

黄巢起义

人民被官僚、地主、高利贷商人的压迫、剥削，又遭受连年的战祸，弄得九死一生，不得不起来反抗。当时山东有个豪杰，名叫黄巢，他本是个贩私盐的人，文武双全，几次考试不中，又痛恨官吏的贪污残暴，因此他常救济穷人，很得农民拥护。他出来号召农民起义（公元八五七年），反对唐朝的暴政。不出几个月，发展了好几万人。自己称"卫天将军"。领着队伍，从河南打到浙江，沿海打到广州。广州闹传染病，他便北上,从湖南打到湖北,经过河南,一直打进长安。唐朝的皇帝,逃到四川去了。这时黄巢有大兵五十万。他在长安做了皇帝,称"大齐皇帝"。

黄巢把没收富人的财物,分给穷人。把许多罪大恶极的官僚、贵族、地主、高利贷商人杀死。后来统治阶级的历史家,说"黄巢杀人八百万",把黄巢描写成一个恶魔,其实这是对黄巢的造谣诬蔑。

后来,唐朝借外国(沙陀国)的兵力,把黄巢打败了。这次农民起义,前后经过了十年。起义虽然被镇压下去,但唐朝的统治,也随着崩溃了(公元九〇七年)。接着便是军阀混战的五代时期。

问题:
1. 黄巢起义的原因是什么?
2. 统治阶级的历史家为什么对黄巢要造谣诬蔑?
3. 黄巢为什么失败了?

注解:
(注一)朱门,是富人家的意思。因为他们常用朱红涂门,表示阔气。
(注二)唐朝食盐官卖,贩私盐是反抗官府统制专卖的。
(注三)沙陀国,在现在的山西北部一带,他的首领叫李克用,旧戏唱的《沙陀搬兵》,就是这个故事。
(注四)五代,是后梁、后唐、后晋、后汉、后周。从公元九〇七到九五九年。

第十八课 王安石变法

宋朝的统一

五代末年,后周的大将赵匡胤,举行兵变,五天内夺得了后周的帝位;又派兵打平其他各国,统一中国,建立宋朝(公元九六〇年)。

赵匡胤(太祖)只顾稳固自己的帝位,毫不注意人民生活的困苦。地主、商人、官僚、军阀,对人民的剥削比唐朝还要厉害,所以在北宋初年,农民起义,就不断的爆发了。同时政府的军费、政费,年年增加,支用困难,没法解决。

在这样的情形下,统治阶级内部,发生了不同的意见。代表大地主、大商人、大官僚利益的,主张用更严厉的方法剥削人民——这是旧派。代表中小地主和富农利益的,主张限制大地主、大商人对农民的剥削,缓和农民的革命情绪,同时又能增加皇帝的收入——这是新派。

王安石变法

王安石是新派的领袖,他给神宗皇帝,上了一封万言书,详细说明他的主张。神宗一看,十分赞成,就叫他做宰相,实行变法。

王安石变法主要的内容:第一,春耕时候,政府借款给农民,秋收后,加上比私人高利贷稍轻的利息收回。第二,允许人民出钱给政府代替差役,还有官差,由政府出钱雇人,不再摊派。第三,政府评价出卖各种货品,防止奸商抬高物价。第四,实行保甲法,准备训练农兵,逐渐代替常备兵,节省国家开支。

变法的结果

新法如果能够真正实行,对于农民,自然可以减轻一些痛苦。不过王安石变法的主要目的,是在增加皇帝的收入,和缓农民与地主间的矛盾。后来因执行新法的人,多是些贪官污吏,处处舞弊营私,又遭到大地主、大商人的竭力反对,结果,王安石的变法失败了。

问题:

1. 宋神宗为什么要任用王安石变法?
2. 王安石新法的主要内容是些什么?
3. 变法为什么失败了?

注解:

(注一)宋朝的农民起义,从北宗初年起,到南宋末年,一直没有停止过。北宋最著名的起义领袖,有四川青城人王小波,他向群众说:"我最恨贫富不均,今天我来替你们平均。"一时跟他起义的,有几万人。在北宋末和南宋,著名的起义领袖,有钟相、杨么、方腊、宋江等。《水浒传》就是讲宋江在梁山泊起义的故事。钟相主张废除贵贱,平均贫富。他的徒弟杨么,占据湖南洞庭湖一带作根据地,领导军队和群众,春夏耕种,秋冬战斗,各人生产自给,建立没有剥削的制度。

(注二)变法,就是废除旧法,实行新法。

第十九课 岳 飞

金人侵宋

宋朝初年,北方有两个强大的外族,一个叫辽,一个叫西夏,常常向南侵略。宋朝的统治阶级,腐化无能,不愿积极抵抗,每年送给金、银、绸缎几十万,求得暂时的苟安。

后来,东北有一个女真族兴起,建立金国,势力强大,它灭亡辽国,接着向宋朝进攻,打下宋朝的都城汴京(开封),把皇帝徽宗、钦宗掳去。康王赵构逃到浙江杭州,建立朝廷,就是南宋(公元一一二七年)。

八字军和红巾军

金人侵占了黄河以北,河北、山西的人民,起来反抗外族的压迫。太行山的"八字军",中条山的"红巾军",就是当时著名的起义军。

岳飞抗战

宋朝内部,对外族侵略的政策,分为抗战派与投降派(主和派),岳飞是抗战派的一个领袖。他率领的"岳家军",曾经几次大破金兵,骇得金兵叫他们做"岳爷爷"。金人说:"摇动泰山容易,战胜岳家军难。"后来,岳飞在河南郾(音晏)城,大破金兵的"拐子马",一直追到离汴京几十里的朱仙镇,打得金人的元帅兀朮(音乌珠),心惊胆战,逃回北方。这时河北的人民和起义军,感到很大的兴奋,欢迎岳飞渡河。岳飞整顿队伍,准备渡河北伐。

风波亭

宰相秦桧,本来是勾通金人的汉奸,他是主和派的重要人物。他看见岳飞连打胜仗,非常忌恨,就一天下十二道命令,叫岳飞退兵。岳飞接到这样紧急的命令,不得不放弃渡河北伐、收复失地的计划。临走时,向将士和民众很痛愤的流泪说:"十年的功劳,现在一下就完了!"

岳飞回朝以后,被秦桧戴上一个"不听命令,图谋反叛"的"罪名",关在监牢里。后来,暗地里把岳飞和他的义子岳云,弄在"风波亭"绞死了!戏剧上表演的《风波亭》,就是这个悲痛的故事。

秦桧杀死岳飞以后,向金人讲和,规定宋朝皇帝,向金人称臣,每年送给金人金、银、绸缎各二十五万。从此,宋朝只保有江南一块地方,变成了金人的附属国。

问题:

1. 宋朝统治者的对外政策是什么?
2. 宋朝人民对外族压迫的反抗如何?

3. 抗战派岳飞的功绩怎样？
4. 投降派秦桧的罪恶怎样？

注解：

（注一）太行山，在山西、河北中间，中条山在山西南部。

（注二）岳飞很会团结干部和士兵，因此他的军队，战斗力很强，屡次打败金兵，金人害怕，称为"岳家军"。

（注三）泰山，在山东。

（注四）拐子马，是金元帅兀术组织的一种新式骑兵队。把三匹马联成一排，战士披战甲，拿长枪，排除卫锋，好像一堵铁墙，很难抵挡。岳飞就叫士兵砍断马脚，一马倒地，其他两匹马也不能走动，这样就把拐子马破了。

补充：

（1）北宋仁宗时，大臣范仲淹，镇守延安，防止西夏侵略。他很有办法，西夏几次进攻，不能得胜，结果弄得筋疲力尽，和宋要好，一时不敢向宋侵略。

（2）南宋大将韩世忠，是绥德人，他和妻子梁红玉，都很会指挥军队。他和岳飞同是主战派的领袖。有一次，金元帅兀术，带领十万大军，渡过长江，打到南宋京城杭州。韩世忠和妻子梁红玉，用八千兵马，截住金兵后路，在长江黄天荡（在今江苏江宁县）地方，把金兵打得大败。兀术逃回北方，再不敢渡过长江。

插图　岳飞造像图

第二十课　三大发明

文明古国

中国是世界四大文明古国之一，在很早时期，就发明铜、铁制造的工具，发展了农、工、商业。唐朝统一以后，征服了许多邻国，使国外交通，更加发达。因为农、工、商业向前发展，各种发明，也就不断的出现。中国的发明，在现在经济、文化上最有意义的，要算罗盘针、活字版和火药三种。

罗盘针

罗盘针，也叫指南针，是航海必要的工具。传说在黄帝打蚩尤时，就发明了指南车，这是一个不可靠的传说。罗盘针的发明，是在中国的隋、唐时代。后来在元朝时候，传入欧洲。那时，欧洲人还在沿着地中海岸，望着塔尖航行，不敢向更远的海里航行，恐怕迷失方向。后来，他们得到中国的罗盘针，就能在大海洋里航行了。罗盘针的传入欧洲，对于欧洲人航海事业的发展,有极大的帮助。

活字版

在没有发明印刷术以前,人们用的书,全是用手抄的。抄一本书,要花费许多时间,很不合算。到隋、唐时候,发明了雕板印书。这种雕板印书,在唐朝、五代时渐渐通行。到了宋朝,有一个人叫毕昇,发明了活字版,对于中国文化的发展,有极大的作用。印刷术在元朝时传入欧洲,后来欧洲人加以改造,就成了现在的铅印。

火药

火药是北宋时候发明的。当初只是用来制纸炮,作玩具用的。后来就造成火枪、火炮,作为战争的利器了。南宋曾经用霹雳炮大破金人水兵,《水浒传》上所说的震天雷,就是当时一种很厉害的火炮。后来,火药传到欧洲,使欧洲的战术上,发生了很大的改革。

问题:

1. 中国从前有些什么光荣的发明?
2. 罗盘针的发明有什么作用?
3. 活字版的发明对中国文化上有什么作用?

注解:

(注一)世界四大文明古国,就是非洲东北的埃及、亚洲西部的巴比伦(现在的伊拉克)、亚洲南部的印度和中国。

(注二)活字版,是用胶泥刻成字块,用火烧硬,要用时,在一块铺着松脂、腊纸灰的铁板上,放上一个铁框字,然后把字块排进去,用微微的火烧热铁版,使松脂溶化。再用一块平版按铁框子,使字块平稳,就可印书。这个方法,比雕版印书,便利多了。

第二一课 马哥孛罗

蒙古人的称雄

南宋时候,在现在的外蒙古地方,有一个蒙古族,渐渐兴盛。他的领袖成吉思汗,向南侵略,灭亡西夏,又领兵西征。成吉思汗死后,他的儿子窝阔台,承继他的侵略事业,远征欧洲;大将拔都,曾经大破欧洲联军,一直打到莫斯科和波兰。窝阔台又派兵南下,攻灭金国。到了忽必烈,又灭亡南宋(公元一二七九年)。在九十多年中间,蒙古人占领了欧、亚两洲的大部分土地,建立了一个从来没有的大帝国,称为元朝。

马哥孛罗东游

元朝大帝国成立以后,东西交通,更加发达。当时意大利的威尼斯城,有一个大商人的儿子,名叫马哥孛罗,跟随他的父亲,从陆路经过中亚细亚、新疆,来到中国的北京(元朝都城)。元世祖忽必烈,很优待西方的商人,给他官做。他在中国做了十七年官,游历了许多省份,后来坐海船回国,从广州起程,经过南洋、印度、波斯,回到威尼斯城。他回国以后,著了一本《东方游记》,说东方异常富足,几乎遍地都是黄金。欧洲的商人,都纷纷地跑到东方来做生意,他们不但交换了东方和西方的货品,还把西方的天文学、数学等带到中国来;又把中国的罗盘针、印刷术、火药,带到西方去了。这样,使东方和西方的文化,也互相交换起来。

元朝的灭亡

蒙古人本来是个落后的游牧种族,他统治了中国以后,把许多好田好地,没收了赐给贵族、大臣,作为牧场,使无数农民,失掉土地耕种。他又对人民进行野蛮的抢夺和剥削。因此,元朝虽然发展了东西交通,但是对于人民的经济生活,并没有发展,反而破坏了人民的经济生活,同时,他对于汉人,非常轻视,当作奴隶虐待。因此,汉人对于蒙古人的统治,仇恨极了。到了元朝末年,各地农民,纷纷起义。结果,把元朝皇帝,赶到沙漠以北去了(公元一三六八年)。元朝统治中国,还不到一百年,就倒台了。

问题:

1. 蒙古人建立了怎样一个帝国?
2. 元朝时代的东西交通怎样?对于东西文化起了什么作用?
3. 元朝为什么不久就灭亡了?
4. 你见过蒙古人没有?我们现在对于蒙古民族应该怎样对待?

注解:

一二七六年,蒙古人攻陷南宋京城临安(今杭州),一二七七年建立元朝。一二七九年,赵昺死,宋亡。一三六八年,明将常遇春等攻北京,元顺帝逃走,元亡。

补充：
蒙古帝国，除了元朝直接统治的中国部分以外，还建立有四个汗国，就是：1. 窝阔台汗国；2. 钦察汗国；3. 察哈台汗国；4. 伊儿汗国。

插图 元代疆域图

第二二课　三保太监下西洋

朱元璋做了皇帝

朱元璋，由贫农出身，曾经做过和尚。元朝末年，农民起义到处爆发。那时安徽定远人郭子兴，占据濠州（今安徽凤阳县）起义。元璋投子兴军当亲兵，子兴死后，元璋统领部队。元璋很会了解敌情，又会利用时机，因此先后打败了许多起义军，统一了江南各省，又派大将徐达、常遇春，领兵北伐元朝。把元朝皇帝赶跑，建立明朝（公元一三六九年），自己做了皇帝（太祖）。

中国的工商业，在唐、宋时代，已经大大发展。虽然遭了元朝一时的破坏，但到了明朝统一以后，进步很快，发展的程度，超过唐、宋时代。对外通商，原是需要的，但是朱元璋不喜欢外国人来中国通商，不愿外人了解中国的情形，采取了闭关自守的政策。

三保太监下西洋

朱元璋的儿子明成祖，废除了闭关自守的政策，和海外各国通商。但是他这种通商，是由政府包办的。他派一个亲信人郑和，又叫三保太监，带领了六十二只大船，二万七千多个士兵，到南洋各国去；他到南洋去的目的，不只是为了通商，还要向南洋各国，抖抖明朝的威风，和抢夺一些珍珠宝贝。

郑和前后一共航海七次，到过南洋各岛、印度、狮子国（现在的锡兰岛），和非洲东岸，一共到过三十九国，各国都派使臣到中国来进贡。当中有三国不服，郑和就把三国的国王捉了回来。

郑和和南洋各国通商，带出去的，是人民血汗制造出的丝绸、瓷器，和黄金；换回来的，只是些贵族、地主赏玩的珍珠、宝石，和奇鸟、怪兽，这种交易，对于中国社会的向上发展，毫无意义。

不过，郑和几次航海的结果，使我国和南洋的交通，大大开展了。

福建、广东的人民，更大量的移到南洋去经商、开垦；他们对于南洋的开发，有很大的功劳。虽然他们遭受外国人几百年的压迫，但直到现在，他们在南洋，还有很大的势力。

问题：
1. 朱元璋为什么要采取闭关自守的政策？
2. 三保太监下西洋的目的是些什么？明成祖的对外通商，对中国社会的向上发展，为什么没有意义？
3. 三保太监航海的结果怎样？

注解：
当时称的西洋，就是现在的南洋。

插图 明代疆域图

第二三课 李自成

明朝土地集中 人民负担太重

朱元璋虽然是贫农出身，但是做了皇帝以后，还是保护贵族、官僚、地主的利益，不管民众的痛苦。大部分好田好地，被贵族、大官霸占，残酷剥削农民，又不负担捐税。到了明朝末年，东北满清强盛，明朝连年用兵防御，大量军费，又加到农民身上；贪官污吏，更乘机剥削，使农民每年收入，不够交纳税款，许多农民就丢掉土地到处流亡去了。

李自成推翻明朝

李自成是陕北米脂人，小时帮人拦过羊，后来做过通讯兵，很会骑马射箭。

他的舅父高迎祥起义，称闯王。自成投军，号称闯将（公元一六三一年）。后来高迎祥战死，自成被推为闯王，和明军战斗。

李自成是一个很好的农民领袖，他自己很刻苦，不好酒色，把没收官僚、地主的财物，分给穷人。并提出"均田"的口号。又叫农民不缴粮税。农民都唱着歌谣说："开了大门迎闯王，闯王来了不纳粮。"

农民都拥护李自成，虽然明朝几次调动大兵围攻，始终不能把他消灭。李自成和明军战斗了十几年，最后大败明军，渡过黄河，攻破北京。

明朝崇祯皇帝，跑到皇城后面的煤山去吊死了（公元一六四四年）。李自成做了皇帝，国号大顺。

吴三桂引狼入室

李自成进了北京以后，据说他部下有一个将官，夺去了吴三桂的小老婆陈圆圆，吴三桂本是明朝在山海关防御满清的大将，他为了报复私仇，同时也为了保护贵族、官僚、地主的利益，就不管民族利害，投降满清，引满清兵入关，打败了李自成（公元一六四五年）。从此以后，中国人民，被满清压迫了二百多年。

问题：
1. 明朝末年农民起义的原因是什么？
2. 李自成是怎样的一个农民领袖？
3. 李自成为什么失败了？
4. 吴三桂的罪恶如何？

补充：

和李自成同时起义的著名领袖，还有张献忠，也是陕北（定边）人。他曾经打到四川成都，称"大西国王"。不过他的行为，不如李自成好，因为他曾经向明朝投降。不过，他部下却有不少好干部，如李定国，是后来抵抗清兵到底的民族英雄。

第二四课　史可法守扬州城

南京的小朝廷

满清占据北京以后，明朝的福王，在南京建立了朝廷（公元一六四四年）。这个朝廷，仍旧十分腐败。福王是个没用的人，成天荒淫享乐，任用奸臣马士英等，结党营私，排斥好人，把民族大敌，放在次要地位。

史可法守扬州城

史可法是一个很有民族气节的好人。受福王、马士英等排斥，不得重用，被派到扬州守城。

史可法号召汉族的忠义人民，共同反抗满清。因为他生活俭朴，对人忠诚，爱护士兵，得到军民的拥护。

满清的首领多尔衮，知道史可法在汉族人民中间的影响很大，就叫一个汉奸李雯（音文），写一封信，劝史可法投降，史可法严厉拒绝了。

多尔衮就派大军围攻扬州城。

史可法请福王、马士英派兵援助,马士英放下不理。史可法领导军民,和清兵大战七天七夜,城被攻破了,据说史可法被捉住,满清对他十分优待,劝说投降,史可法愤怒的说:"我是中国男儿,焉能苟且活命,出卖民族,作万世的罪人!我的头可杀,志向不可屈!"于是满清把史可法杀了。

史可法的部下,和全城的人民,继续和清兵血战十天,被杀死八十多万,没有一人投降。

江阴守城

清兵攻打扬州的时候,江南的人民,都纷纷武装起来,反抗满清。

江阴民众,公推阎应元做领袖,抵抗清兵。江阴本来是长江南岸的一个小城。阎应元带领义军,和满清二十四万大军作战,打死了他许多官兵。战斗了八十一天,城被攻破,阎应元和九万七千民众,英勇牺牲了!

李锦、李定国的联明抗清

李自成死后,侄儿李锦,带领二三十万队伍,和明朝大将何腾蛟联合,共同抗清。他对民族抗战,十分忠诚英勇。明朝的唐王,曾称他做"李赤心"。

张献忠在四川被清兵杀死以后,部下李定国,带领部队,支持明朝的桂王反抗满清。他很崇拜诸葛亮尽忠事业的精神,立志抗清,一直到死。

这些反抗满清的人民武装,后来都被汉奸吴三桂、洪承畴等消灭了。

问题:

1. 史可法的精神怎样?他为什么失败?
2. 阎应元的精神怎样?他为什么失败?
3. 李锦、李定国的精神怎样?他们为什么失败了?

注解:

史可法死后不久,南京的小朝廷也被满清灭亡了。

补充:

满清能战胜汉族,统治汉族的原因:一、汉族反满的力量,没有联合一致抗敌，各自行动，被敌人各个击破。二、明朝朝廷腐败。汉族文武官吏、地主、腐败的读书人，大多贪图私利，甘心当汉奸。三、满清首领多尔衮，很会利用汉奸，镇压汉人。

第二五课　留发不留头

满清的来历

满族，本来是住在东北吉林长白山一带的落后的种族，过着渔猎生活。到明朝末期，渐渐强盛，占领了东北大块地方，建立大清国，称做满清（公元一六三六年）。

留发不留头

满族人口，不过几十万，它得了汉奸的帮助，统治了中国（公元一六四四年）。他怕汉人反抗，采取高压和收买两种政策，实行统治。

高压政策：

一、从前，汉人的风俗，把头发完全留着，束在头顶上。满清强迫汉人学他的样，剃（音替）发留辫子。他想用这种方法使汉人表示屈服。汉人不肯屈服，他就下了一道命令说："留头不留发，留发不留头！"派人挑了剃头担子，到处剃发。有不肯剃的，就把头砍下，挂在担子上吓人。因此许多人被杀死了。也有些汉人，为了表示不屈服，故意剃成光头，做了和尚。

二、竭力压制汉人的言论、思想。如果有一句话、一个字使他怀疑，就要杀头、抄家，甚至灭族。曾经有一个文官，名叫徐骏，见风把书本吹开，发生感想，写了两句诗说："清风不识字，何故乱翻书？"满清皇帝，怀疑是在骂他，就把徐骏杀死。

三、派兵驻扎在重要城市，防御汉人的反抗。

收买政策

满清统治者懂得，一味高压，会引起激烈反抗。于是他一方面叫明朝的旧官僚，仍旧做官，又减轻地主的田税，争取汉族官僚、地主的拥护。另一方面，把许多读书人请去，请他们做官，或编书，使许多有才干、有学问的人，把时间、精力，都消磨到旧书堆里去了。

黄宗羲和顾炎武

不管满清用尽方法，想使汉人屈服，但是汉族的人民，和有气节的读书人，始终没有停止反满的斗争。如像明末大学问家黄宗羲、顾炎武，他们组织了许多秘密团体，和满清对抗。

对蒙、回、藏、苗等族的压迫

满清对蒙、回、藏、苗等族，一面用大兵屠杀，逼迫投降。投降之后，或者派兵驻守，防制反抗，或者派官管理，实行同化。一面用麻醉欺骗的办法，如对蒙、藏两族，竭力提倡喇嘛教，麻醉蒙、藏人民的思想。对回、苗等族，施行一些小恩小惠，收买一些上层分子，便利统治。

问题：
1. 满清的来历怎样？
2. 满清怎样统治汉人？有些什么残暴的事实？
3. 汉族人民屈服了没有？汉族向满族屈服的是些什么人？为什么这些人容易屈服？
4. 满清对蒙、回、藏、苗等族的压迫怎样？

注解：
满清在入关时，全族人口不过六十万人，战斗兵只十万人。

补充：
满清收买读书人，许多有民族气节的人，不肯去，满清就派人强迫拉去。如有一个叫傅青主的大学问家，被拉去了，抬到皇帝的大门，仍不肯屈服。满清人就把他从轿子里扔到地上，放他回去。又有一个大学问家，陕西人李二曲，满清要他做官，他不肯去，起初装病，后来自己关在屋里，什么人也不会见。满清没法，只好罢了。又如黄宗羲、顾炎武，都是始终不肯屈服的大学问家。

插图　清代疆域图

第二六课　中 华 民 族

中华民族有几千年的文明历史

中华民族从远古到封建社会末期的历史，我们已经讲完了。现在回头看看，我们的民族，是怎样组织成的？她有多长久的文明历史？她有些什么伟大的精神值得我们学习？

中华民族，不只是一个民族，是汉、蒙、回、藏、满、苗、瑶、彝、黎、番等许多民族的总称。汉族人口最多，占全人口的十分之九，其余的是少数民族。

中华民族的发展（主要是汉族的发展），曾经过若干万年原始共产主义社会（氏族社会），经过奴隶社会，和很长期的封建社会，直到现在，已有四五千年的文明历史。中华民族，是世界上文明发达最早的民族之一。

中华民族的伟大精神

中华民族，是最能刻苦耐劳和富于创造精神的民族。我们的祖先，曾经用了无数的心血，改造了自然，创造了文化，使子孙享受了许多幸福，给人类贡献了伟大的成绩。他们很早以前，就发明了畜牧、农业和手工业，开辟了黄河流域的地区，发明了铜器、铁器和文字，打下了古代文明社会的基础，创造出春秋、战国时代光辉的学术思想，如孔子进步方面的思想，和墨子的学术。到了秦、汉以后，又开辟了广阔的地区，发明了造纸、罗盘针、印刷术、火药等等，使中华民族的经济生活和文化，更加逐渐提高了。

中华民族，是热爱自由和富于革命精神的民族。他们不能忍受贵族、地主的黑暗统治，常常用革命的手段去推翻它。比如在汉族几千年的历史上，曾经爆发无数次的农民起义，如秦末的农民起义、汉朝的黄巾起义、唐朝的黄巢起义、明末的李自成起义等等，都是代表这种精神的。他们对于外族的压迫，也都是极端反对的，他们只赞成平等的联合，不赞成互相压迫。比如原来少数民族，对大汉族主义者压迫的反抗，以及汉族和其他少数民族反对元朝和满清的压迫等等，也都是代表这种精神的。

我们是中华民族的儿女，应该了解中华民族的历史，尤其要学习中华民族宝贵的民族精神。

问题：

1. 中华民族是那几个民族的总称？她有多长久的历史？
2. 我们学习中国历史，应该学习些什么？

附：中国鸦片战争前的大事年表

公历	纪元	中国朝代	大事
公元前	二六九七	黄帝	据传说黄帝即位
	二二〇五	夏	据传说禹王即位——夏朝都安邑，共传四二二年。
	一七八三	商	据传说汤即位——商朝先建都亳（音薄），后来屡次迁移。汤传十代，迁都殷（今河南安阳县小丘屯），以后又称做殷代，商（后称殷）共传六四九年。
	一一三四	西周	武王即位——西周都镐京（在今西安西面），从武王即位到七七〇年，共传三六七年。
	七七〇	东周	平王迁都洛阳——东周分春秋、战国两个时代。春秋从七七〇到四〇三年，共三五七年，战国从四〇三年到二二一年，共一八二年。
	五五一	东周（春秋）	孔子生——四七九年孔子死，年七十二岁。
	二二一	秦	秦始皇统一六国——秦都咸阳，传到二〇六年刘邦攻破咸阳，子婴投降，只十五年。
	二〇二	西汉	刘邦打败项羽——西汉都长安，到王莽篡汉帝位，共传二一四年（王莽建立的新朝十四年在内）。
	一四〇	西汉	武帝即位
	一二九	西汉	卫青大败匈奴
	一二二	西汉	张骞通西域
公元	九	新（注）	王莽改革——新朝仍都长安，只十四年。
	二五	东汉	光武即位——东汉都洛阳，到二二〇年曹丕废汉献帝，共传一九四年。
	一〇五	东汉	蔡伦造纸
	一八四	东汉	黄巾起义

(续表)

公历	纪元	中国朝代	大事
公元	二〇八	东汉	赤壁之战
	二二〇	东汉	曹丕废汉献帝
	二二〇——二八〇	三国	从曹丕废汉献帝到司马炎灭吴,共六十年。
	二八〇	晋	司马炎灭吴统一全国——西晋都洛阳,从二六五年司马炎篡魏到三一六年北方被胡人侵占,共五一年。东晋都金陵(今南京),从三一七年司马睿称帝到四一九年宋篡晋,共一〇二年。
	四一九——五八八	南北朝	四一九年刘裕篡晋,建立宋朝(不是赵匡胤的宋朝)——元魏统一北方,后来分为东魏西魏,东魏被北齐篡夺,西魏被北周篡夺,统称北朝。南方宋、齐、梁、陈四朝递相篡夺,称南朝。北朝都洛阳,南朝都南京,从宋(四二〇年)到陈亡(五八八年),共一六八年。
	五八九	隋	杨坚统一南北,建立隋朝——隋都长安,只传二九年。
	六一八	唐	李渊即位——唐都长安,到九〇六年,共传二八八年。
	六二九	唐	玄奘去印度取经
	八七五	唐	黄巢起义
	九〇七——九五九	五代	梁、唐、晋、汉、周五代,共五三年。
	九六〇	宋	赵匡胤夺周帝位即位——北宋都汴京(开封)到一一二七年金人攻破汴京掳去徽宗、钦宗,传一六七年。南宋都临安(今杭州),从一一二七到一二七九年赵昺死,传一五二年。
	一〇二三	宋	毕昇发明活字版

(续表)

公历	纪元	中国朝代	大事
公元	一一四〇	宋	岳飞在朱仙镇大败金兵
	一二〇九	宋	蒙古成吉思汗灭西夏
	一二三四	宋	蒙古灭金
	一二四一	宋	蒙古人击败欧洲各国联军
	一二七七	元	蒙古人灭宋,建立元朝——元都北京(今北平)到一三六八年,共传九一年。
	一三六九	明	朱元璋灭元,建立明朝——明先都南京,后迁都北京。到一六四四年崇祯帝吊死,共传二七五年。
	一四〇五	明	郑和第一次航海
	一六三一	明	李自成起义
	一六三六	明	满族皇太极建立大清国
	一六四四	清	清兵入关,清朝统治中国开始——清都北京,到一九一一年辛亥革命清帝退位,共传二六七年。

(注)王莽篡汉帝位,建立国号新。

下 册

目 录

第一课　鸦片战争 / 221

第二课　英法联军 / 222

第三课　太平天国　附：洪秀全造像 / 224

第四课　中日战争 / 225

第五课　戊戌变法 / 227

第六课　义和团和八国联军 / 228

第七课　辛亥革命　附：孙中山像 / 229

第八课　袁世凯称帝 / 231

第九课　五四运动 / 232

第十课　中国共产党的产生 / 234

第十一课　国共合作 / 235

第十二课　五卅运动 / 236

第十三课　北伐战争 / 238

第十四课　大革命的失败 / 240

第十五课　苏维埃运动　附：毛主席、朱总司令像 / 241

第十六课　国民党的统治 / 243

第十七课　九一八事变 / 244

第十八课　一二九运动 / 245

第十九课　西安事变和第二次国共合作 / 247

第二十课　抗日战争（一）/ 248

第二一课　抗日战争(二) / 249
第二二课　为和平、民主、独立而斗争 / 251
附：中国从鸦片战争到现在的大事年表 / 253

第一课　鸦片战争

海上霸王贪利害中国

满清末期，欧洲的资本主义，已经十分发展，特别是英国最发达，势力强大，称为"海上霸王"。

中国是个地广人多、物产丰富的国家，欧洲人早就知道的。英国灭亡印度以后，就想向中国侵略。

那时，中国的满清政府，封建落后，腐败不堪。对外国情形，毫不了解，把外国人看作蛮夷，非常轻视，不愿和他们打交道，关起门来做皇帝，一味向中国的老百姓抖威风。

英国的资本家，一意要来抢夺中国的钱财，不管你怎样关紧了门，他也会钻进来的。他们把在印度抢得的鸦片，大批运到中国的广州来卖，一年赚去几千万两银子。这样，害得中国人民，不但花了钱，还糟塌了身体，许多有见识的人，都请求满清皇帝，禁止鸦片。

林则徐查禁鸦片

当时，有一位官员，名叫林则徐，给道光皇帝上了一封书说："如果不把鸦片禁绝，再过几十年，国家越穷，人民越弱，不但筹不到军饷，连健壮的兵士也训练不成了。"道光看了，觉得有理，就派林则徐到广东去查禁鸦片。

林则徐到了广州，强迫英国商人，交出两万多箱鸦片，一齐烧掉，并且把英国鸦片商人赶出广州。

鸦片战争的经过

一八四〇年，英国派来海陆军一万五千，带着洋枪洋炮，攻打广州，林则徐早有准备，攻打不下。回头攻打浙江、河北，一直打到大沽口。天津危急了。天津是北京的门户，满清朝廷，事先没有准备，临时慌成一团，立刻撤了林则徐的职，派人去求和。但英国人贪心不足，议和没有成功，战争又打起来了。

英国进攻广州，满清总督不抵抗，英军进入广州城，随意抢劫、奸淫，广州民众忿怒，组织了"平英团"，反抗英军，这是中国人民自发反帝运动的开始。

英国兵舰,进了长江,一直打到南京城下。虽然兵士和一部分军官能够英勇抵抗,但城里怕死的官员,赶紧插上白旗,表示投降。战争失败了。

打开了五扇大门

满清政府,又派代表到南京去与英国议和,结果签订了一个不平等条约,名叫《南京条约》,规定：第一,割香港给英国。第二,赔偿烧去的鸦片费二千一百万两。第三,把五个重要口岸开为商埠,准外国人自由做买卖,自由居住,自由进出。这样一来,中国有五扇大门,被资本主义国家打开了。从此,受封建压迫的中国人民,又加上了帝国主义的压迫,中国的封建社会,开始变为半殖民地半封建社会。

问题：

1. 鸦片战争的原因是什么?
2. 林则徐禁烟的办法和精神怎样?
3. 鸦片战争为什么失败了?
4. 鸦片战争结果怎样?

注解：

（一）大沽口,在天津东面的沽河入海处。

（二）五个口岸：广州、厦门、福州（以上两处在福建）、宁波（在浙江）、上海。

第二课 英法联军

出兵原因

《南京条约》订立以后,广州民众,忿恨极了,大家起来反抗英国,不让外国人进广州城做生意。

英国商人,进不了广州城,就把香港作大本营,利用一些贪图私利的中国奸商,把鸦片一船一船的偷运到广州贩卖。这些奸商,恐怕官兵检查,船上便插着英国旗子,仗着洋人的威风,横行不法。有一天,一只这样的船,被官兵发现,上去检查,捉住了十三个坏蛋。英人就说中国侮辱了他的国旗,开兵来打中国。

这时候,法国有一个天主教士,在广西被杀,于是也开来军队,和英军联合进攻中国(公元一八五七年)。

外国兵第一次进攻北京城

英法联军来打中国的时候,腐败的满清政府,正在集中兵力,攻打太平天国,屠杀中国人民;对外兵抵抗,毫无准备。

英法联军,先打下广州城,大烧大杀一顿之后,又要北上攻打北京。他们把兵舰开进大沽口,靠近天津,耀武扬威。满清朝廷骇慌了,赶快派人到天津议和,订下了一个《天津条约》。英法得了胜利,退出了天津。

第二年,英法用兵舰载着使臣,到天津去正式交换条约。满清政府,不许外国使臣进北京,于是战争又起了。英法联军,攻下天津,一直打到北京城,满清皇帝,逃到热河去了。

两个条约

英法联军打进北京以后,清满皇帝,又派人到北京向英、法讨饶求和,结果,又订了一个《北京条约》。

天津、北京两条约规定：一、把九龙半岛割给英国。二、给英、法赔款各八百万两银子。三、开天津、汉口等九个口岸作商埠。四、准许英、法商船和兵舰开进长江,自由航行。五、英、法两国的人,在中国犯法,不由中国政府依中国法律裁判,由他本国驻在中国商埠的领事官处理。六、英、法运销中国的货物,除交海关税百分之五以外,另外只抽百分之二·五的子口税就可以通行全国。七、允许外国教士,在中国自由传教。

这两个条约,比《南京条约》更厉害,使中国不但遭受割地、赔款、通商的损失,而且连国家独立自主的资格也失掉了。

问题：
1. 广州民众反英的情形怎样？
2. 英、法联军的原因是什么？经过怎样？
3. 天津、北京的条约,使中国遭受的损害怎样？

注解：
（一）九龙半岛,在广州珠江口北面,对着香港。
（二）九个口岸：天津、南京、九江(江西)、汉口(湖北)、牛庄(辽宁)、登州(山东)、台湾、潮州(广东)、琼州(海南岛)。
（三）两个条约,使中国对内河航行、国防、司法、收税等项主权,都不能独立自主,要受外国支配。因此,自鸦片战后,中国渐渐变成半殖民地了。

第三课　太平天国

三种压迫下的农民生活

中国农民，在满清的统治下，生活是很悲惨的。一方面受满清的压迫、剥削；另一方面，又受汉族的官僚、地主、大商人的压迫、剥削；鸦片战争以后，又加上外国资本家的剥削。农民受了几重压迫、剥削，无法生活。因此，反满、反官僚、地主的起义，到处爆发了。

洪秀全领导太平军起义

广东花县人洪秀全，是个穷苦的读书人。鸦片战争失败，秀全看穿了满清的腐败无能，决心准备起义。

鸦片战争以前，基督教已经传入中国。洪秀全利用基督教的一些教义，创立上帝教，作为宣传组织群众的工具。

洪秀全到广西去活动，他主张人人平等，打破贵贱、穷富的分别，实行土地公有，把土地分配给农民耕种。这种平等思想，是中国民主革命的开端。一般穷苦民众，都拥护他的主张，纷纷加入上帝教，势力渐渐扩大。

一八五〇年，洪秀全在广西桂平县的金田村起义。打败清兵，占领永安州，建立太平天国，自己被推举为天王。接着出兵湖南，攻入湖北，打下武昌，顺长江东下，占领南京。这时，太平军发展到一百多万人，势力强大，使得满清的统治，大大动摇起来。

反动派拼命镇压

官僚、地主和大商人，看见太平天国胜利，竭力支持满清政府，组织反动武装，反对太平天国。组织这种反动武装的首领，就是湖南的曾国藩。他帮助满清，杀死几千万中国人民。人民叫他"曾剃头"，因为他到一个地方，把人民杀得光光的，好像剃头一样。

太平天国的发展，同时也威胁了帝国主义的利益，他们组织"洋枪队"，帮助满清，向太平天国进攻。

太平天国的失败

太平天国攻下了南京以后，采取了保守的政策，没有集中兵力，一直打到北京,把反革命的头脑满清政府打垮,因此,使它能够慢慢组织反攻力量。同时,太平天国内部,又不团结,互相残杀,有的分裂出去,使革命力量大大削弱。经过十五年的革命斗争,结果,被曾国藩和帝国主义的洋枪队打败了(公元一八六四年)。

问题:
1. 满清统治下中国农民生活怎样?
2. 洪秀全怎样组织群众起义?他的主张怎样?势力发展怎样?
3. 太平天国为什么失败了?

注解:
太平天国重要的领袖,是洪秀全、杨秀清、石达开、韦昌辉等,杨秀清掌握军政大权,秀全成了空头领袖。杨常常威胁秀全,压制石、韦等,引起石、韦不满,密谋杀杨。韦昌辉杀杨后,抱着宗派观念,一意乱杀,把杨部下几千人杀死,引起大家反对,结果韦也被杀。达开执掌军政权,秀全不满,任用自己私人,排斥达开。达开愤怒,脱离太平天国,独立行动,到四州被清兵消灭。从此以后,太平天国的力量,大大削弱了。虽然后来有李秀成的忠勇智谋,始终不能挽救太平天国的失败。

第四课 中日战争

日本想爬上中国大陆

现在我们来讲一讲日本抢占朝鲜、台湾等地的故事。日本自从明治变法以后,资本主义渐渐发展,积极向外抢占殖民地。它向东望望,是茫茫的大洋,向北望望,有些小岛,顺手抢去了,向西一望,是一块又肥又大的中国大陆,于是,它就想爬上中国大陆来。

侵略朝鲜引起战争

那时,中国有一个属国,叫朝鲜,和日本只隔一个海峡,日本就想侵占朝鲜,作为侵略中国的桥梁。

一八九四年,朝鲜东学党发动内乱,朝鲜国王,派人到中国来请求援助,中国派兵到朝鲜;同时,日本也派兵到朝鲜。中、日两国军队开到朝鲜时,东学党人已经逃散了。中国见朝鲜内乱已平,要求日本撤兵。日本早已存心和中国生事,不但不肯撤兵,反而占领了朝鲜京城,把国王软禁起来。于是中、日战争爆发了。

开战以前，满清政府，是很看不起小小日本的。但是满清军队，和它的政府一样腐败。战争一开始，陆军方面，被日本接连打了几个大败仗，逃回辽东半岛。日本不肯放手，追到辽东半岛，又逃进了山海关。海军方面，也吃了败仗，海军司令丁汝昌，带着残败的舰队，逃进威海卫军港，日军追到威海卫，逼迫丁汝昌投降，丁汝昌吃毒药自杀了。

马关条约

中国陆海军都遭了惨败，满清政府，赶快派李鸿章去向日本讨饶求和，在日本的马关，订了一个条约，规定：

一、朝鲜和中国脱离关系。

二、把台湾、澎湖、辽东半岛割给日本。

三、赔日本军费银二万万两。

四、开放沙市、重庆、苏州、杭州作商埠（音付）。

五、允许日本在中国通商口岸设立工厂。

从此以后，日本就爬上大陆来了。

问题：

1. 中日战争的原因是什么？
2. 战争为什么遭了失败？
3. 失败的结果怎样？

注解：

（一）李鸿章和曾国藩，同是屠杀太平天国起义人民的刽子手。满清和外国许多丧权辱国的条约，都是他去代表签订的。

（二）商埠，就是准许外国人通商的商场。

（三）日本在一八六八年前，还是一个很封建落后的国家，受美、英、荷等国的压迫。一八六八年，明治天皇即位，仿效欧洲的办法，开办工厂，修筑铁路，开办学堂……等等，实行变法，叫做明治变法。

补充：

辽东半岛，在东北辽宁省南部，沙皇俄国，早就想侵占，见到被日本割去，大大不满。就约集德、法等国，装着帮中国说公道话的样子，要求日本把辽东半岛退还中国。日本见几个强国出来向他板面孔，只好让步，由中国多给赔款三千万两银子，将辽东半岛仍归中国。事情结束以后，俄国要求中国酬谢礼，租借辽东半岛的旅顺口、大连湾。

第五课　戊戌变法

改良思想的产生

鸦片战争和英、法联军以后，外国运销到中国的货物，年年增加，中国的银钱，大量流进外国资本家的腰包里去了。为了防止利益外流，中国的官府和商人，就开始设立工厂。同时政府又派青年到外国去留学（主要是官僚地主出身），因此，中国就产生了一批新官僚，和资产阶级的知识分子。他们渐渐觉悟，发生了资产阶级的改良思想。

变法运动

中日战争失败以后，这批新官僚和一部分知识分子，看到国家、民族的危险，觉得中国的政治太腐败了，非来一个改革，不能挽救国家、民族的危亡。但是他们并不组织民众、领导民众去推翻旧的统治，而是企图用改良方法，从上而下来进行改革。他们希望找寻一个开明的皇帝，来实行改革计划。著名的领导人，是康有为和梁启超。

康有为和他的学生梁启超，都是广东人。当《马关条约》订立的时候，他们正在北京参加考试。他们约集了一千三百人，给光绪皇帝上了一封书，请求光绪皇帝学明治天皇的办法，实行变法，年轻的光绪皇帝，接受了他们的意见。在一八九八年四月，实行变法。任用新党的人物，责备旧派误国。接连下了许多命令：废除八股考试，开办新学堂，成立银行，准备开采矿山，计划修筑铁路，言论也比较开放一些了。

六君子遇害

变法一开始，旧派就竭力反对，那时旧派的势力是很大的，他们的首脑是西太后。

西太后把旧派的兵力，集中在天津，叫光绪去阅兵，企图藉着阅兵的机会，把光绪的帝位废了，同时把新党的人，一网打尽。这个毒辣的计划，被光绪和新党知道了，新党的一个领袖谭嗣同，去请带领新军的袁世凯援助，叫他保护光绪，消灭西太后等，奸狡的袁世凯，不但不援助，反而向西太后告密。于是西太后就把光绪囚在"北海"的一个小岛上，残酷的镇压新党，新党领袖谭嗣同等六人被杀，康、梁逃到日本。这次变法运动,不过一百天就失败了。

问题:
1. 改良思想是怎样产生的?
2. 一八九八年变法的原因是什么?
3. 变法运动主要的领导人物是些谁?
4. 这次变法运动为什么失败了?

注解:
(一)一八九八年的变法,正常中国旧时用甲子计年的戊戌年,所以叫"戊戌变法"。
(二)北海,在北京皇城内,是皇帝花园里的一个大水池。
(三)新党被杀的六个领袖是:谭嗣同(湖南人)、杨深秀(山西人)、康广仁(广东人、康有为弟弟)、林旭(福建人)、刘光第和杨锐(四川人),称为六君子。

第六课　义和团和八国联军

义和团运动

原来山东地方,有一种农民的迷信团体,名叫义和拳。据说加入了团体,学会几种拳术和符咒,便可以避免枪炮。这虽然是迷信,但是自从鸦片战争以来,中国农民,受够了满清和外国人的压迫,因此都想加入这个团体,学会避免枪炮的本领,以便起来反抗。到了光绪时候,义和拳的势力,渐渐强大。他们原来的口号是:"反清复明。"

一九〇〇年义和拳在山东、直隶、山西等省直接威胁着满清的反动统治,满清的反动头子西太后,因为外国人分占了他的剥削利益,对外国人也不满意,因此就利用义和拳,改叫义和团,鼓励他们杀外国人,企图用这种方法,来转移义和团斗争的目标。义和团因为没有正确的领导,被满清利用了,把口号改做"扶清灭洋"。到处烧毁教堂,杀死洋人,也杀死仗洋人势力欺压民众的中国人。

在义和团运动中,满清的兵士,在北京杀死日本使馆的书记官,和德国的公使,并围攻各国的领事馆。

八国联军破北京

各帝国主义,就组织联军来攻打中国,一共有八个国家的军队,称做"八国联军"。义和团被开到大沽口、天津一带去抵抗八国联军,他们本来是些赤手空拳的农民,那里抵得过帝国主义的洋枪大炮!他们虽然有英勇抵抗的精神,却在反动的满清的利用下牺牲了!

西太后看见形势不好,一溜烟逃到西安。联军打破北京,奸淫、抢劫、烧杀,使一座繁华的北京城,变成了人间地狱!

大赔款

满清朝廷,派李鸿章到北京去和各国求和,订了一个《辛丑条约》,规定:

一、给各国赔款四万五千万两银子。

二、划定各国使馆界,不准中国人居住。

三、拆毁大沽口到北京中间的炮台,允许各国在平、津一带驻兵。

四、不许中国以后再有反抗外国的行动。

这次赔款真不小,连本带利,一共十万万两左右。因为中国没有现款,便把盐税和关税作抵押。从此以后,帝国主义把中国的重要税收也统制了。

问题:

1. 义和团为什么被满清利用了?
2. 八国联军给中国的损失怎样?

注解:

(一)这里所指的外国人,是外国的资本家,和帮帝国主义作侵略工具的传教士。

(二)日本使馆的书记官叫杉山彬,德国公使叫克林德。

(三)八国是:英、俄、德、法、美、日、意、奥。

第七课　辛亥革命

辛亥革命的原因

八国联军以后十年,中国爆发了轰轰烈烈的辛亥革命。原来中、日战争以前,中国人民,反满反帝的斗争,已经不断爆发。中、日战争以后,帝国主义更在中国霸占市场,修筑铁路,设立工厂,开采矿山……压迫得中国的工商业,不能发展。满清政府,不但不帮助中国工商业发展,反而用苛捐杂税去剥削摧残。因此,中国的资产阶级渐渐觉悟了:

如果不推翻封建腐败的满清政府，建立一个资本主义的民主国家，中国是没有前途的。于是就联合被压迫阶级的人民，起来革命。

孙中山的革命活动

孙中山，生在广东中山县的一个农村，父亲是个读书人。哥哥在夏威夷群岛的檀香山经商，他跟随哥哥到檀香山读书，又到过南洋、欧美各国，接受了欧美资本主义的民主自由思想。于是，他就在国外的华侨和留学生中间，进行革命宣传，组织革命团体。后来他又联络国内国外的会党，以及其他革命团体，成立中国革命同盟会。主张推翻满清，建立民国，平均地权。

同盟会在孙中山领导下，派革命党人回国，在新军、会党当中活动，先后爆发了许多起义。特别是一九一一年三月二十九日的广州起义，牺牲了七十二位烈士。

武昌起义

一九一一年四月，满清政府宣布把铁路全收归满清政府去办，实际上就是收去交给外国人办。各省人民，纷纷反对，因此爆发了四川民众争铁路的风潮。满清政府，准备把驻在湖北武昌的新军调到四川去镇压革命。原来新军里已有两个革命组织，叫做文学社会和共进会，听了这个消息，就在十月十日那天，实行起义，攻打总督府，把总督瑞澂吓跑了。革命军占领了武昌、汉阳、汉口三个重要的城市，成立了革命政府。

中华民国成立

武昌起义以后，各省纷纷响应，不到一个月，就有十几省宣布独立。各省派代表到南京，成立临时政府。推举孙中山为临时大总统，中华民国正式成立（公元一九一二年）。中国几千年的君主专制制度，从此被打倒了。

问题：

1. 辛亥革命的原因是什么？
2. 孙中山怎样领导革命运动？他们的主张怎样？
3. 辛亥革命有什么功绩？

注解：

（一）一九一一年的革命，正当中国甲子计年的辛亥年，称为"辛亥革命"。

(二）会党，是中国人民反满的秘密组织，发起很早，如哥老会、三合会等。这些组织，有广大的农民参加，在社会上很有势力，曾经爆发过无数起义，在当时是革命的。孙中山领导革命，推翻满清，依靠会党的力量相当大。

第八课　袁世凯称帝

辛亥革命的失败

辛亥革命爆发后，满清政府，命令袁世凯带领北洋军，南下攻打革命军，袁世凯想乘机夺取权位，便提议双方议和。原来中国的资产阶级，是很软弱的，他们不但没有去彻底消灭封建势力，反而和反革命妥协了，他们接受了袁世凯的提议。议和结果：满清皇帝退位，但是还保留着皇帝的名号，及全部的财产，民国政府，每年给他四百万元，让他坐在北京皇宫里享福。对于革命政府方面，叫孙中山辞去大总统职，把大总统的职位，交给封建反动的北洋军阀头子袁世凯！同盟会也加入许多官僚、政客，改组为国民党，它已失去原来的朝气，非常腐败。但是它还在南方几省占有地盘，和袁世凯对抗。

袁世凯称帝

袁世凯当了大总统以后，就开始向国民党进攻：他把国都迁移到封建势力大本营的北京去，他派刺客杀害了国民党的一个领袖宋教仁；取消了国民党人的军政权；打败了南方的国民党军队，统治了全国。于是，他一面暗地命令走狗，上书请求他做皇帝，并且准备好龙袍、皇冠和皇帝的宝座。一面去请求日本帮助，和日本订下二十一条卖国条约。一切准备停当以后，在一九一六年一月，正式爬上宝座，称起皇帝来了。

云南起义

当袁世凯正要宣布称帝的时候（一九一五年底），蔡锷将军，就在云南起义，称护国军，拥护民国，反对袁世凯称帝（朱总司令，那时就是蔡锷部下一支主力军的指挥官）。各省纷纷响应；袁世凯用武力来反对起义，遭了失败。于是，袁世凯，在一九一六年三月，连忙宣布取消帝制。他在人民的压力下，自己又羞又气，不久就一命呜呼了。

军阀混战

袁世凯塌台以后，中国的封建势力，仍旧很强大，他们在各帝国主义的支持下,割据称雄,连年混战,残酷的剥削人民,压迫革命,使中国人民,遭受了无限的灾难!

问题:
1. 辛亥革命为什么失败了?
2. 袁世凯怎样反对革命?
3. 袁世凯称帝的结果怎样?
4. 中国人民的灾难是谁给的?

注解:
(1) 二十一条约,分五个部分:(一)把山东权利给日本。(二)把南满洲和内蒙古的权利给日本。(三)汉冶萍煤铁公司由日本把持。(四)不准中国把沿海港湾岛屿租让给别的国家,只准日本占领。(五)中国的财政、警察、军事,让日本人共同管理。

(2) 袁世凯当时给满清训练的军队叫北洋军,这个系统的军阀,就称做北洋军阀。

第九课 五 四 运 动

日本侵略加紧

欧战爆发后,日本对中国的侵略加紧了,它藉口对德宣战,出兵占领青岛,把德国侵略我山东的权利,强夺在手里。它又乘袁世凯想做皇帝的机会,提出二十一条,叫袁承认。袁塌台以后,它又支持北洋军阀段祺瑞进行内战,要求承认它在山东的权利。日本的野心,是要勾结这些卖国贼,并吞中国。

巴黎和会与山东问题

欧战结束以后,各国在巴黎召开和平会议,中国也派代表参加。中国代表向和会提出取消二十一条,收回山东权利等许多要求。原来这个和会,是帝国主义的分赃会议,它们毫不理睬中国代表的要求,反而决定把中国在山东的权利,让给日本。

火烧赵家楼

这个消息传到中国以后,全国民众愤怒极了!北京的学生,首先起来反对,在一九一九年五月四日,集合了五千多人,游行示威,高呼着："取消二十一条！""拒绝巴黎和约签字！"等口号。示威群众，要求先惩办亲日派卖国贼曹汝霖等，一齐拥到曹汝霖住宅赵家楼。那时曹汝霖正和章宗祥在家里商量事情，见势不对，偷着从后门溜走了，群众捉住了章宗祥，痛打了一顿，怒气难消，放一把火烧毁了赵家楼。

反动政府，立刻派军警镇压，逮捕了大批学生，引起北京全体学生罢课。全国各地学生纷纷响应，接着，商人罢市，工人罢工，一齐起来反抗反动政府的压迫。反动政府没有办法，只好释放被捕学生，把卖国贼曹汝霖等免职，不签字巴黎和约，这便是轰轰烈烈的五四运动。

打倒孔家店和提倡白话

五四运动以前，中国已经有一批先进的知识分子，创办刊物、报纸，宣传科学、民主的新思想。随着五四运动的发展，这种新思想运动，也像潮水一般的高涨了。

提倡民主、科学的新思想，就要反对封建、迷信的旧思想，中国几千年封建思想的代表是孔子，因此提倡新思想的人，都集中火力反对孔教。有的人还高呼着："打倒孔家店。"同时，为要把新思想使广大群众能够接受，必须反对艰深难解的文言文，提倡容易了解的白话文，造成了一个白话文运动。这种新思想运动和白话文运动，又称做新文化运动。李大钊（音昭）、鲁迅等，是这个运动的最优秀的代表。

新文化运动，把外国许多新思想介绍到中国来；马列主义的思想，也是在这个时候介绍到中国来的。

问题：
1. 中国人是怎样觉悟起来的？
2. 压迫中国人民的两大敌人是谁？
3. 五四运动是一个怎样的革命运动？有什么成绩？

注解：
在袁世凯时，曹汝霖是外交次长，章宗祥是司法总长，在五四运动时，曹是北洋政府的交通总长，章是驻日公使，他们是签订二十一条和出卖山东权利的亲日派。

第十课　中国共产党的产生

中国工人阶级的产生和发展

自从鸦片战争、中日战争以后,帝国主义在中国修筑铁路、开采矿山、设立工厂,产生了中国的工人阶级。随着中国民族工业的发展,工人阶级就更加扩大。因此,中国工人阶级的力量,比资产阶级强大,同时中国工人阶级,受了帝国主义、封建势力、资产阶级的三重压迫,斗争性特别强。他们为了反对压迫,要求改善待遇,发生了许多次的罢工运动。

中国共产党的产生

中国工人运动的发展,和俄国十月革命的胜利,刺激了中国一部分先进的知识分子,五四运动以后,他们开始介绍社会主义的思想到中国来。接着在上海、北平、湖南等许多地方,成立了共产主义小组,组织工会,领导工人运动。毛主席就是当时湖南共产党小组的创始人。

一九二一年七月一日,中国共产党第一次全国代表大会,在上海召开,出席代表有毛主席、董必武等十三人,在共产国际的帮助下,经过许多天的讨论,正式成立了中国共产党。

工人运动的发展

中国共产党成立以后,积极组织和领导工人群众,进行反帝反军阀(封建)的斗争。

一九二二年一月,香港海员三万多人,在工人领袖苏兆征的领导下,爆发了反对英帝国主义的罢工,要求增加工资。罢工坚持了八个星期,使英国一百六十六只轮船不能开动。结果得到胜利,增加了百分之十五到三十的工资。

香港罢工胜利以后,接着上海、汉口的工人,也发生了罢工,都得到了胜利。

随着罢工的发展和胜利,资本家、帝国主义和军阀,开始向工人进攻了,他们用武力压迫罢工,解散工会。

一九二三年二月一日,京(平)汉铁路总工会,在郑州开会成立,北洋军阀吴佩孚，命令他驻郑州的军、警，包围会场，禁止工人开会，二百多工人代表，冲开包围，拥进会场，宣布总工会正式成立，于是军、警开始驱逐、打骂工人代表，打烂会场。工人代表为反抗这种无理压迫，一致决议宣布总罢工。提出：惩办凶首，赔偿损失，休假及年假期间照给工资等要求。吴佩孚不理睬工人的要求，在二月七日，大批枪杀、逮捕罢工工人，工人领袖林祥谦等英勇牺牲了！这便是中国工人阶级，为反对军阀，争取自由，第一次大流血的二七惨案。

二七惨案以后，工人和一切革命群众，对于革命的敌人，更加认识清楚了，他们在秘密条件下进行斗争，准备新的革命高潮。

问题：
1. 中国工人阶级的特点是什么？
2. 中国共产党是怎样产生的？它怎样领导中国革命？
3. 香港罢工和二七惨案的意义怎样？结果怎样？

注解：
共产国际，是领导世界各国无产阶级革命的机关，由各国共产党（有的国家的党不叫共产党，如波兰叫工人党）派代表选举委员组成，机关设在莫斯科。共产国际是一九一九年，在列宁号召和领导下组织成的，一九四三年解散。

第十一课　国 共 合 作

十月革命和中国共产党对孙中山的影响

自从辛亥革命失败以后，中国北方，被北洋军阀统治，连年混战；孙中山领导的革命势力，偏处在南方的广州，权力被军人把持，孙中山的命令，不能出大元帅府。那时的国民党，多是些上层分子，和人民大众没有联系，而且大多腐化，成为一个缺乏革命力量的组织。特别是一九二二年，陈炯明叛变，把孙中山赶出了广州，使孙中山受了很大刺激。他回想自己革命几十年，处处失败，现在连一个革命根据地也丢掉了，他向外看看俄国，见列宁组织领导了广大民众，成功了十月革命。再回头看看中国，见产生不久的中国共产党，领导工人群众，做出轰轰烈烈的斗争。孙中山是一个很有革命热情的人，于是他决心找寻新的革命方法。

中国共产党组织统一战线

中国共产党,知道中国革命的当前任务,是打倒帝国主义和封建势力,要打倒这两个强大的反动势力,必须组织革命的统一战线,于是决定和国民党合作。并决定让共产党员和共产主义青年团员,参加国民党,帮助国民党的改造和进步。

国共合作的成功

在共产国际和苏联的帮助下,孙中山决定改组国民党,实行国共合作。一九二四年一月,国民党在广州召开全国第一次代表大会,正式通过国民党改组,吸收大批前进干部,取消许多腐化分子。这次大会,确定中国革命目标,是对外打倒帝国主义,对内铲除封建军阀,并确定"联俄""联共""扶助工农"为革命的三大政策。这样,使孙中山的三民主义,有了新的发展,成为三大政策的革命三民主义。

国共合作以后,中国革命运动,飞快的发展起来,造成了一九二五年到一九二七年的大革命。

问题:

1. 国共合作前,国民党的情形如何?它为什么没有力量?
2. 中国共产党在现阶段的革命任务是什么?它对中国革命的作用怎样?
3. 共产国际和苏联对中国革命的帮助怎样?

注解:

(一)一九二〇年,陈炯明赶走广东军阀陆荣廷等,孙中山到广东,一九二一年,孙被推举为非常大总统,在广州就职。一九二二年,陈炯明受帝国主义和北洋军阀勾结,实行叛变。一九二三年滇、桂军把陈赶出广州,孙再到广州,被举为大元帅。

(二)一九二一年,孙中山在广东任非常大总统时,共产国际曾派代表与孙会谈。一九二二年,苏联派代表与孙中山订立协定,帮助中国革命。

第十二课　五卅运动

帝国主义的残酷剥削

欧战以后,帝国主义——特别是日本帝国主义,对中国工人的剥削和压迫，更加残酷了，他们随便打骂工人，叫工人一天作十二点钟的工，工资很少，普通一天只二百钱，不能维持最低的生活。工人生活痛苦极了，进行反抗，帝国主义就用自己武力或勾结中国军阀来实行镇压。

工人顾正红被杀

一九二五年二月初，上海日本内外棉纱厂第八厂，无故开除了大批工人，并扣留被开除工人的工资，引起全体工人罢工。工人提出：改善工人待遇，增加工资，恢复被开除工人的工作等项要求。厂方不理，于是罢工扩大了。上海十九个日本纱厂的工人，都响应罢工，参加罢工工人，共有十万。结果，工人得到相当胜利。但是日本厂方并不执行答应的条件。到五月十五日，工人因要求厂方实行二月答应的条件，发生争执，日本纱厂资本家，就开枪打死罢工领袖顾正红，并打伤十几个工人。

血染南京路

这残暴的屠杀事件发生以后，引起各方激烈的反抗。上海各学校的学生，纷纷举行募捐，救济死伤工人；散发传单，讲演顾正红被惨杀的事情。英、日等帝国主义，命令巡捕逮捕学生，单是南京路的巡捕房，就关押了几百学生。群众对帝国主义这种无理的压迫，愤怒极了！五月三十日，上海的工人、学生举行示威，相近一万的示威群众，齐集南京路捕房门口，要求释放被捕学生。帝国主义，命令巡捕放排枪射击示威群众，当场死伤三十人，被捕六百多人，鲜血染红了南京路。这便是轰动全球的五卅惨案。

全国人民起来了

五卅惨案发生以后，上海各界的人民都起来了，工人总罢工，学生总罢课，商人总罢市，组织了工、商、学联合会，提出：惩凶，赔款，改善工人政治、经济地位，取消不平等条约等十七项要求。并派代表到全国各大城市去宣传、组织，于是北平、天津、青岛、汉口、广州……等处的工人、学生、商人及广东等处的农民，纷纷响应，全国人民反抗的怒火，好像火山一样爆发起来了！

大革命的开端

帝国主义，一面调动军队、勾结军阀进行镇压；一面用威胁利诱的方法，使资产阶级退出革命阵线，因此，使这次革命运动，暂时遭受了挫折。但是五卅运动,却把全国人民唤醒起来了。

五卅运动,是大革命的开端。

问题:

1. 五卅运动发生的原因是什么?
2. 五卅运动的经过怎样?
3. 五卅运动的影响和意义怎样?

注解:

(一)五卅运动时,广东的农民运动,已在著名的中国共产党员彭湃的领导下组织起来了。

(二)顾正红是共产党员。

第十三课 北伐战争

革命根据地的巩固

国共合作以后,在广州建立了革命政权。又在苏联的帮助下,成立了革命军、政干部训练学校,建立了革命军队。五卅运动以后,中国革命势力大大发展,广州是领导全国革命的中心。于是一切反动势力,就竭力来破坏和进攻。英帝国主义,支持买办陈廉伯,勾结军阀陈炯明,向革命政权进攻,结果都被革命军消灭。接着革命军又肃清滇、桂军的叛变,统一了广东,于是,革命根据地巩固了。

一九二五年三月孙中山逝世,国民党中的一些反动分子,逐渐夺取军政权,阴谋制造中山舰事件,开始准备反共反人民。但他另一方面,还装着革命。

汀泗桥和武昌的血战

一九二六年七月,革命军开始北伐:一路出湖南,一路出江西,一路出福建沿海北上。主力军在湖南一线。

北伐军进入湖南,湖南民众早有组织,他们在共产党的领导下,帮助革命军运输、送茶水;农民自卫军担任引路、侦察等工作,并配合作战;铁路工人,破坏敌后交通,参加武装战斗。因此,北伐军在民众的帮助,和自己的英勇战斗下,不到两个月,就把军阀吴佩孚的反革命军队,打得落花流水。北伐军队占领了长沙、岳阳等许多大城市。吴佩孚集中残败的军队,亲自督战,死守武昌南面的汀泗桥。经过一场激烈的血战,吴佩孚又遭惨败,退守武昌。北伐军乘胜攻占汉口、汉阳,包围武昌,经过一个月零三天的激战,攻进了武昌城,吴佩孚逃走。北伐军完全占领了武汉三镇。革命政府由广州移到武汉。

在江西方面,北伐军打垮了军阀孙传芳的军队,占领了南昌。接着,九江、南京都为北伐军占领。

上海工人三次起义

正当北伐军进攻江西、浙江时,上海工人举行起义,因为准备动员工作做得不够,又没有和北伐军配合好,开始两次都失败了。到一九二七年三月,北伐军攻下杭州,进到离上海不远的龙华,于是,上海工人在罗亦农、赵世炎等的领导下,举行第三次起义。参加的工人,有八十万。他们夺取了军警的武装,和军阀孙传芳、张宗昌的联军血战两天一夜,打败了反革命军队,占领了上海。

这时大革命好像猛火一样的燃烧起来了,军阀、官僚的势力,好像秋风扫落叶一样溃败了。汉口、九江的租界收回了,帝国主义在大革命面前发抖了,中华民族看看快要得到解放了。全中国的人民,都发出兴奋的、胜利的欢呼!

问题:
1. 广东革命根据地是怎样巩固起来的?
2. 北伐军当时数量和装备都不及反革命军队,为什么能很快得到胜利?
3. 中国共产党、工人阶级和农民在中国革命中的作用怎样?

注解:

(一)罗亦农、赵世炎都是共产党员,四一二事变后被反动派杀害。

(二)租界,是帝国主义根据不平等条约在中国的商埠地方划出一块地区,一切主权由它把持,是帝国主义在中国本土内建立的侵略据点。

(三)中山舰事件:一九二六年三月二十日,国民党中的反动分子,因中山舰升火(准备开发时就要升火),就诬蔑共产党要暴动(因海军局代局长兼中山舰舰长李芝龙,当时是共产党员),调动武装包围省港罢工委员会及俄人住宅,逮捕李芝龙及各军党代表(共产党员)五十多人。

补充:

一九二五年三月十二日,孙中山在北平逝世,他临死时,给苏联写了一封信,希望中苏两国长久友好下去,希望苏联继续帮助中国革命。孙中山又给国民党留下遗嘱,叫国民党继续执行他的联俄、联共、扶助工农及反帝反封建的革命政策和主张。

第十四课　大革命的失败

四一二事变和统一战线的破裂

大革命的胜利和发展,使帝国主义惊慌了,他们一方面用武力来干涉中国革命,发生炮轰南京和四川万县的惨案;一方面对中国资产阶级,实行威胁利诱。中国的资产阶级,本来是很软弱、动摇的,他们受了帝国主义的威胁利诱,又害怕群众的革命运动,于是国民党中一部分领导分子,就叛变了革命,他们把昨天的同盟者——中国共产党和人民,看成了仇敌,昨天的敌人——帝国主义者和封建势力,被看成了同盟者,他们实行反人民的"清党"政策和屠杀政策。在一九二七年四月十二日,他们围缴了上海工人纠察队的枪,屠杀无数忠勇为国的共产党员、革命工、农、学生和国民党内真正忠实于孙中山革命主义与三大政策的人。革命英雄赵世炎等,就是在这次牺牲的。这便是血腥的四一二事变!

资产阶级在帝国主义支持下,在南京成立政府,和武汉政府对抗,并勾结武汉政府方面的一些投机军官、政客和资产阶级分子,实行叛乱。这时共产党中的机会主义领导者陈独秀等,犯了罪恶的错误,他们对资产阶级,采取迁就、投降的路线,他们没有加紧动员群众,武装工、农,反而解除了武汉工人纠察队和湖南等地农民的武装,这样就削弱了革命力量,在反革命积极的进攻下,武汉政府上层的领导分子(当时是上层小资产阶级的代表),由动摇而走到反革命的阵营。革命的统一战线(国共合作)破裂了。

反动势力,在全国到处摧残革命,镇压群众运动,封闭、解散群众组织,屠杀革命分子。

南昌起义和广州起义

资产阶级和上层小资产阶级,退出革命阵线反对革命以后,中国工人、农民和城市贫民,在共产党领导下,为了保持革命胜利,挽救革命的失败，举行了南昌起义。

  一九二七年八月一日，贺龙等，领导二万多革命军，占领南昌，成立革命委员会，随后实行南征，计划夺取广州作革命根据地。革命军进到广州的潮州、汕头一带，被强大的反革命军队围攻，结果失败了。

  南昌起义失败后不久，共产党又领导广州工人，举行武装起义。一九二七年十二月十一日早上，革命英雄张太雷，领导工人武装，和转变到革命方面来的教导团队伍，解除了广州反革命武装，占领了广州，建立了苏维埃政权和工农革命军。

  广州起义爆发后，各派反革命一致联合，集中强大兵力，向广州革命政权进攻，革命军经过三天三夜血战，终于失败，张太雷也英勇牺牲了。

  轰轰烈烈的大革命从此失败了。

问题：
1. 四一二事变发生的原因是什么？革命的统一战线是怎样破裂的？
2. 南昌起义和广州起义的意义是什么？为什么失败了？

注解：
一九二六年九月，英国兵舰炮轰四川万县，死难群众二百七十人，伤几百人。一九二七年三月二十四日，英兵舰炮轰南京，死伤军民一千多人。

第十五课　苏维埃运动

井冈山毛、朱会师和苏区的发展

  四一二事变以后，中国被新旧军阀统治着，生气蓬勃的中国大革命，就被葬送了。但是中国共产党与中国人民并没有被吓倒、被征服、被杀绝，他们从地下爬起来，揩干净身上的血迹，掩埋好同伴的尸首，又继续战斗了。一九二八年秋天，毛泽东和朱德，各领导一支队伍，在江西井冈山会合，成立了中国最早的红军。井冈山地势险要，便利进行游击战争。红军几次打败进攻的敌人以后，乘胜向东发展，占领福建西部和江西南部一大块地区，这便是后来的中央苏区。接着，湖南、湖北、安徽、陕西、四川等省，也先后创立了许多苏区。在苏区里，建立了苏维埃政权。到一九三一年，全国发展了十几个苏区。红军枪枝，增加到十五万以上。

中华苏维埃中央政府的成立

一九三一年十一月，在江西瑞金，举行第一次全国苏维埃代表大会，成立中华苏维埃中央政府，选举毛泽东为政府主席，朱德为革命军事委员会主席，兼红军总司令。

在苏维埃政权下，封建势力被铲除了，帝国主义势力被赶掉了，农民的土地问题解决了，工人、士兵的生活改善了，人民言论、集会、结社、武装等自由实现了。

五次"围剿"

苏维埃运动的发展，使帝国主义和国民党当局恐慌起来了，国民党当局在帝国主义帮助下，对于中央苏区，进行"围剿"。

一九三一年二月到七月，国民党当局先后进行了三次反人民的"围剿"，兵力从十万增到三十万。结果都被红军和苏区民众打垮。三一年九月十八日，发生日本强占东北的事变，国民党当局并不抵抗，继续进攻苏区。三二年二月，发动第四次"围剿"，仍被红军打垮。三四年，又发动了第五次"围剿"，调动兵力八十万。

中国共产党，在九一八事变以后，就一面下令动员抗日，一面发出宣言：号召停止内战，建立抗日民族统一战线，一致对外。国民党的统治集团，对这种救国主张，毫不理睬，一意加紧向苏区进攻。

北上抗日

于是红军就在毛主席和朱总司令领导下，冲破五次"围剿"，北上抗日。经过十几个省份，渡过天险的大江，走过雪山、草地，克服了千万的困难，到达陕北苏区与陕甘的红军会合了。这便是闻名世界的二万五千里长征！

全国红军，在陕北会合后，一面号召建立抗日民族统一战线，一面出兵东征抗日。西北人民领袖刘志丹，就是在东征时英勇牺牲的。

问题：

1. 苏维埃运动的创始人和领导人是谁？红军和苏区的发展情形怎样？
2. 在苏维埃政权下，帝国主义的势力和封建势力的情形怎样？人民的民主自由和经济生活怎样？
3. 红军怎样打破五次"围剿"？

4. 日本对中国的进攻，国民党当局采取的什么政策？共产党采取的什么政策。

注解：

（一）我们现在称毛主席，是中国共产党中央委员会的主席；朱总司令，是八路军、新四军的总司令。

（二）一九三二年五月，苏维埃政府宣布了抗日动员令。三三年五月，红军向全国军队宣言：停止进攻，动员、武装民众，协同抗日，实行民主。三五年八月一日，共产党发表《八一宣言》，提出"抗日救国十大纲领"（联合抗日，实行民主，安定和改善民生等十项）。

第十六课　国民党的统治

军阀混战

大革命失败以后，除了共产党及少数民主分子，继续领导人民革命以外，中国变成了新的军阀割据的局面：南京中央派和广西、西北、山西……等派军阀，互相争雄，连年混战不息。

对帝国主义投降

国共分裂以后，当权的国民党，对帝国主义实行妥协、投降，不平等条约，不但没有取消，反而把汉口、九江已收回的英国租界的利益，又送还英国。对于以平等待我的苏联，实行断绝邦交，驱逐苏联顾问，杀害苏联驻广州领事哈西斯。

剥夺人民的民主自由

国民党实行一党专政，把人民的言论、出版、集会、结社等自由，一律取消。农民为了反对地主、官僚、军阀过分剥削的行动，工人为了要求改善待遇的罢工，知识青年为了追求真理阅读进步书报，都认为不合"法"，被逮捕、拷打、屠杀的，不知道有多少万！特别是对共产党的压迫，更是说不尽的惨酷！国民党当局为了反共反人民，曾进行了十年内战，杀死人民数百万。

民生困苦

国民党对农民的土地问题，不肯解决，工人的待遇没有改善，再加上苛捐杂税，以及连年战争的灾难，人民的生活，困苦极了。据有人统计，在一九二九年时，全国饥民，已经有六七千万。国民党的统治人士，把孙中山革命的三民主义和遗嘱，抛到九霄（音消）云外去了。

民族危机加深

国民党对外投降帝国主义,对内压迫人民,造成国内分裂,这样,给日本帝国主义,造成侵略的好机会。于是就发生了九一八事变。

问题:
1. 国民党统治下的中国局面怎样?民族、民主、民生的情形怎样?
2. 国民党当局对外投降帝国主义,对内压迫人民的结果怎样?

第十七课 九一八事变

日本强占东三省

我们在前边讲过,日本占领朝鲜,爬上大陆来了。它爬上大陆以后,就决心侵占东北,作为灭亡中国的根据地。

它既然下了这个决心,就随时想找一个藉口和中国生事。在一九三一年八月间,日本派了一个奸细,名叫中村,装作旅行的客人,到东三省秘密侦察军事。后来失踪了,日本就强说是中国人给它搞掉的,于是在九月十八日,开兵进攻沈阳,这便是九一八事变。

九一八那天晚上二更时分,日本兵忽然炮轰沈阳北大营,那里的驻军,是张学良的部队。他们奉南京国民党政府当局的命令:"不准抵抗。"但是士兵和一些爱国军官,不肯抛掉自己的家乡,自动和日兵打了一阵,死了三百多人,结果在上级命令压迫下,都流着眼泪退走了。第二天早晨,日本兵进了沈阳城,午饭时,便把兵工厂、飞机场以及各种机关,全部占领。

从此以后,日本的飞机大炮声,响遍了东北各地,长春、哈尔滨、锦州等大城市,相继失陷。不过三个月时间,三省地方,全被强占了,三千万同胞,变成了亡国奴。

抗日义勇军和抗日联军

当日本进攻东北时,一部分爱国部队,和日军抵抗,因为被国民党当局禁止任何人给他们援助,又和群众没有联系,结果失败了。接着,东北民众,纷纷组织了抗日义勇军,进行抗日,因为互相缺乏联系,常常被日军各个击破。于是,在中国共产党的号召和组织下,成立了抗日联军,在杨靖宇的总指挥下,和日寇艰苦战斗了十几年,一直到苏联红军解放东北时,抗日联军都不曾停止过战斗。

一二八事变和上海抗战

日本强占了东北以后,又向上海进攻,它要求南京政府解放抗日团体,禁止抗日运动。南京政府都照办了。但是,日本仍不放手,派遣一批二流子,在上海市上到处捣乱,放纵日军"自由行动"。并在一九三二年一月二十八日夜间十一点钟,开枪向我驻防军十九路军射击,十九路军的士兵,再也不能容忍了,实行还击,于是,上海抗战开始了！上海工人、学生和广大群众,都起来援助十九路军,并英勇参加战斗。日寇继续开来大队兵舰、飞机和十万大军,进行猛烈轰击。十九路军和上海民众,和日寇血战了一个多月,因为南京政府不援助,成了孤军奋斗,牺牲很大。因此,在三月二日,从上海撤退了。

南京政府和日本订了一个《淞沪协定》,准日军驻扎在吴淞、上海一带,叫中国军队撤退,并把十九路军调到福建去了。

问题:

1. 日寇为什么侵占东北？它为什么很快就把东三省强占去了？
2. 东北人民怎样抗日？
3. 一二八上海抗战是怎样爆发的？为什么失败了？

补充:

(一) 九一八和一二八事变,英、法等帝国主义都帮助日本,它们想把东北牺牲给日本,好让日本进行反苏。

(二) 南京政府调十九路军到福建,是叫他们去进攻苏区的,十九路军,见南京政府对日寇妥协,不叫他们打日寇,反叫来打中国人,愤恨极了！就在一九三三年冬,联合许多爱国人士,成立福建人民政府,反对南京政府的卖国政策,并和红军订立《抗日军事协定》。南京政府,一面调动大军进攻,一面收买人民政府中个别投机军官。到一九三四年初,人民政府失败了。

第十八课 一二九运动

日寇侵占热河和长城抗战

一九三三年,日寇又出兵进攻热河,热河省主席逃跑,仅仅七天,热河就被侵占了。

日寇侵占热河以后,又向长城各隘口进攻,防守长城的二十九军,进行抵抗,曾经用大刀队把日兵杀得大败。战事正在进行,南京政府,却派亲日派黄郛(音俘)和日本在塘沽订立了一个《塘沽协定》。把热河送给日本,长城抗战便失败了。

抗日同盟军

日本占了热河,又向察哈尔进攻,侵占察哈尔北部。这时冯玉祥、吉鸿昌等在张家口组织了"人民抗日同盟军"。总指挥吉鸿昌,英勇善战,只三个星期,就把察北完全收复。后来遭受南京政府的压迫,结果也失败了。

华北事变

日寇占领了长城以后,一步步加紧向华北进攻。一九三五年五月,日本华北驻军司令梅津,向南京政府驻北平的长官何应钦提出要求,叫把中国的军队和政权撤出河北,何应钦答应了,订立了一个《何梅协定》。

《何梅协定》成立以后,日本就在河北、山东、山西、察哈尔、绥远,加强特务、汉奸的活动,发动华北五省"自治"。一九三五年十一月,在日本特务机关支持下,国民党冀东专员大汉奸殷汝耕,在冀东成立了"防共自治政府"。

这时,日本兵在北平、天津,随意逮捕我国民众,强迫宋哲元组织伪政权"冀察政务委员会"。情势危险极了!全国人民,都感到亡国的恐怖!

一二九学生运动

北平的学生,再也不能够忍耐下去了,就在十二月九日,在中国共产党领导下,举行了轰轰烈烈的示威运动。

学生们起初向宋哲元请愿,反对防共自治。接着就在街上游行示威,高呼着"反对冀东防共自治政府!""不承认冀察政务委员会!""停止内战,一致对外!"等口号。军警出来镇压,和学生发生严重的冲突,展开激烈的巷战。军警用大刀冲散示威群众,但是这条街刚刚冲散,另一条街又集合起来了。群众反抗的怒火,是不能够镇压下去的,十六日,又举行了一次更壮烈的游行示威。

北平学生壮烈的行动,引起全国各地学生的响应,因为学生运动的高涨,城市小市民、文化界、爱国的民族资产阶级,都受到很大的影响,积极起来参加民族解放的斗争。

问题:
1. 长城抗战是怎样发生的?为什么失败了?
2. "抗日同盟军"是怎样成立起来的?为什么失败了?
3. 华北事变是怎样产生的?
4. 一二九运动是怎样爆发起来的?它的影响怎样?

注解:
吉鸿昌,是共产党员,"抗日同盟军"失败后在天津被国民党当局杀害。

第十九课　西安事变和第二次国共合作

救亡运动的高涨

一二九运动以后,中国共产党的救国主张,大大促进了反日运动的高涨,各地救亡团体,不断成立起来,为了统一救亡力量,一九三六年五月,上海的各界救国联合会,召集了各地救亡团体的代表,成立了"全国救国联合会"。救国会在沈钧儒、邹韬奋等的领导下,把救亡运动发展到全国。

国民党里许多爱国的将士,受了共产党"抗日民族统一战线"主张,和救亡运动的影响,抗日情绪也渐渐提高了。

西安事变

这时国民党南京政府的统治集团,仍然不改变他们的内战政策,继续集中大军,进行"剿共",并命令东北军张学良,和十七路军杨虎城,加紧向陕甘宁苏区进攻。东北军和十七路军,都不愿再进行内战,特别是东北军的将士,他们不愿意自己的家乡和亲人,长久受日寇的蹂躏和屠杀,因此抗日的要求,分外热烈。张、杨要求蒋介石停止内战,一致抗日,没有得到允许,于是张、杨扣留蒋在西安,并发表抗日救国的主张。这便是西安事变。因为那天正是一九三六年十二月十二日,又叫双十二事变。

西安事变发生以后,南京政府中的亲日派,想乘机发动更大规模的内战,立刻成立所谓"讨伐军",由何应钦带领,向西安进攻。

中国共产党,坚决主张和平解决。派周恩来到西安,尽力向各方说服,结果,使蒋介石平安回到南京。

国共合作

西安事变和平解决以后,国民党内大多数人士,也都感到内战不应该再继续,于是停止了对红军的进攻,接着,国民党开三中全会,共产党向国民党提出国共合作的具体办法。后来,两党代表,又在江西庐山开会谈判,国民党承认了国共两党合作抗日,并表示愿意实施民主改革。"抗日民族统一战线"开始形成了。

问题:

1. 西安事变以前,中国救亡运动的情形怎样?
2. 西安事变是怎样发生的?亲日派对西安事变采取了什么行动?
3. 共产党对西安事变采取什么政策?国共合作是怎样形成的?

注解:

共产党向国民党提出国共合作具体办法的内容是:对国民党方面:1.停止一切内战,集中力量一致抗日;2.实行民主,释放政治犯;3.改善民生。

对共产党方面:1.停止推翻国民政府的武装暴动;2.苏维埃政府改为特区政府(后来又改为边区政府——编者注),红军改称为国民革命军;3.在特区(边区)内实行普选的彻底的民主制度;4.停止没收地主土地的政策。

第二十课 抗日战争(一)

七七事变和全面抗战的展开

西安事变和平解决,国共合作正开始形成的时候,日寇害怕中国团结以后,不容易进攻,于是就赶紧发动更大规模的侵略战争。

一九三七年的七月七日,日本兵在半夜里要开进芦沟桥附近的宛平城,我守卫芦沟桥的二十九军军队,不许日本兵通过,日本兵开枪射击,我守军士兵英勇抵抗,展开了一场血战,这便是七七事变。

七七事变一爆发,共产党立刻发出通电,说是中华民族危急了,只有立刻实行全民族抗战,才有出路。蒋介石也发表谈话,表示:只有抵抗,再妥协就是灭亡。这一通电和谈话传出后,全国人民抗战的热潮,沸腾起来了!

接着日寇又在八月十三日,出兵进攻上海,中国上海守军,实行抗战。政府也发表宣言：坚决自卫。从此，全国军队，不分党派系统，陆续开赴前线，全面抗战，于是展开了！

平型关大战

七七事变以后，日寇占领了平、津，又调集大军，攻下南口、张家口等要隘，进入山西境内，腐败的山西旧军队，纷纷溃退。这时，中国红军，已改编为国民革命军第八路军，奉命开到山西前线杀敌，在山西东北部的平型关，和敌人最精锐的板垣（音元）师团相遇，展开了五天五夜的血战，把板垣师团消灭——打死五千多人，缴获武器极多。这便是震动世界的平型关大胜利。平型关大胜利，提高了全国军民对抗战胜利的信心。

徐州会战和武汉失守

八一三上海抗战开始以后，敌人集中兵力，向华中进攻，经过三个月的血战，上海、南京，相继失守，南京国民政府，迁到四川重庆去了。

日寇攻下上海、南京以后，刀锋转向我国军事要地徐州，我国军队，和日寇在徐州进行了一次大会战，曾经在台儿庄把日军杀得大败。血战了五个多月，因为国民党的上级领导人，不肯动员和武装民众，在军事上又采取了挨打的战术，结果，徐州失守。

日寇占领徐州以后，马上向我国的心脏——武汉进攻，一九三八年十月，武汉失守。中国共产党领导的八路军、新四军，在敌后与民众结合，大大发展起来，武汉虽然失守，抗战却进入了相持的阶段。

问题：
1. 七七事变是怎样发生的？全面抗战是怎样展开的？
2. 平型关大战胜利，对于中国抗战的影响怎样？
3. 国民党军队处处失败的原因是什么？

第二一课　抗日战争（二）

两个路线和两个战场

从抗日战争一开始，中国抗日阵线中，就存在着两个不同的抗日路线，一个是国民党统治集团的压制人民，实行消极抗战的路线。一个是共产党的动员人民、武装人民，实行人民战争的路线。两个路线的发展,造成了正面战场和解放区战场。

正面战场

武汉失守以后,国民党中一部分亲日派分子,以国民党副总裁汪精卫为首,投降日本去了,他们在南京成立了伪政权。重庆的国民政府,和日寇保持了观战的局面,把主要力量,用来对内反共反人民,发动三次反共高潮,特别是一九四一年一月的皖南事变,最使全国人民痛恨!

国民党统治集团,继续坚持一党专政,实行法西斯独裁,压迫人民的言论、集会、结社等自由。特务横行,对于共产党员、爱国分子,随意逮捕、监禁、杀害。

官僚买办,实行经济统制,囤积操纵,再加上贪污横行,兵役痛苦,弄得人民不能生活,到处发生民变。

解放区战场

八路军自从平型关大胜以后,就深入敌后,进行游击战争,在华北各省,建立了许多抗日根据地。在抗战刚刚开始,江南红军就改编为国民革命军新编第四军,奉命开到前线抗日,在华中各省敌后,建立了许多根据地。华南的珠江三角洲和海南岛,也在共产党领导下,建立了敌后根据地。这些根据地,是八路军、新四军和华南抗日纵队,从日本铁蹄下解放的土地上,与人民一起努力建立起来的。

八路军、新四军和华南抗日纵队,积极组织民众,武装民众,打击敌人。并于一九四〇年,在华北发动百团大战,使日寇受了很大的打击。

八路军和新四军,一面和日寇伪军作战,一面又要防制国民党顽固派的攻击,因此战斗是很艰苦的。

在解放区里,实行了真正的民主,建立了由人民选举的新民主政权,实行减租减息,发展生产运动,使人民生活改善了。

苏联的参战和抗战的胜利

一九四五年八月九日,苏联对日宣战,百万大军,从东北、蒙古向日寇进攻,同时我八路军、新四军,立刻进行对日反攻,配合苏联红军作战。八月十四日,日寇投降。八年的抗日战争,胜利结束了!

问题:

1. 抗日阵线中为什么有两个路线? 国民党统治集团的路线怎样? 共产党的

路线怎样？

2. 正面战场的情形怎样？解放区战场的情形怎样？

3. 抗战是怎样胜利结束的？

注解：

三次反共高潮：第一次是国民党顽固派在一九三九年制造平江惨案、晋西新旧军冲突的事变、枸邑事件等。第二次是一九四一年的皖南事变；第三次是一九四三年国民党顽固派调动五十万大军进攻边区。三次反共高潮，都被强大的八路军、新四军、解放区人民，以及全国人民的反对，压制下去了。

第二二课　为和平、民主、独立而斗争

八年抗战为了甚？

当日寇疯狂侵华的时候，我们全国爱国军民，在共产党领导下迫使国民党反动派停止内战，才有了抗战。在八年抗战中，又全靠有共产党的英明领导，才坚持了抗战、团结、进步，反对投降、分裂、倒退，打击了反动派的消极抗战政策，才配合同盟国取得了反法西斯战争的胜利。我们八年流血牺牲，是为了打垮外国帝国主义的侵略，消灭国内封建的法西斯，不让他们再骑在人民的头上，吸人民的血，是为了求得和平团结，结束内战，一句话，是为了独立、和平与民主。不料，中国反动派勾结残余日军，靠了美国反动派的支持，想劫夺人民浴血奋斗换来的果实，坚持内战，维持其独裁统治。美国反动派支持中国反动派，正是想把中国变成美国的殖民地。因此，抗战胜利以后，全国的独立、和平与民主，并没有实现，还要咱们继续来完成。

国民党反动派坚持卖国、独裁、内战

日本投降以后，中国共产党就提出独立、和平、民主作为建国的根本方针，毛主席为了实行这个方针，亲自到重庆和蒋介石谈判，一九四五年十月十日订了国共会谈纪要。国民党当局公开接受了中共关于长期合作、避免内战、实行民主等主张。但是同时它又依靠美国反动派的帮助，连住三个月大举进攻解放区，我们解放区的军民英勇自卫，把进攻者打退了。到一九四六年一月十日，国民党当局又被迫与中共共同发了停战令，并且召开了政治协商会议，通过了改组政府，改组国民大会，实行和平建国纲领，整编军队，修改宪法草案等决议。可是政协会

结束以后,国民党接着开了二中全会,就公开推翻决议,在一九四六年前半年中间攻占了解放区十几个县城,两千多个村镇,继续往东北、华北调兵,到处征兵,继续使用伪军,公开号召全国内战,公开要求夺取解放区更多的地方,在大后方继续压制人民,糟害人民。

美国反动派的武装干涉,是独裁、内战的根子?

反动派为什么敢打内战呢?这是因为美国反动派的军事干涉,美国反动派嘴上说帮助中国遣送日本俘虏,帮助中国复兴,实际上是帮助中国反动派闹独裁,打内战,他想从军事、政治、经济各方面完全控制中国,使中国变成他的殖民地,像过去日本人统治中国一样,叫中国人民做他的牛马,永世不得翻身。所以,他们就帮助蒋介石打内战,不让中国和平,不叫中国人民有民主。

我们有力量争取独立、和平、民主

中国民族危机依然是严重的,但是我们能够克服这个危机。八年的抗战,比今天更困难更危险得多,我们奋斗的结果也取得了胜利;现在人民力量比抗战时期强大了好多倍,解放区人民的斗争,和国民党地区的人民斗争,正在联成一气,国际上,法西斯主力德日意已经灭亡了,各国人民的民主力量已经起来了,美国人民和美国民主派正在继续和我们站在一起来反对中美反动派。中国反动派打内战,不是表现它有力量,正是表现它是临死的挣扎。因此中国反动派要想消灭人民的力量,想永远实行法西斯统治,是办不到的。外国反动派要想把中国变成它的殖民地也是不可能的。我们有胜利的信心,我们更要坚强的团结起来,勇敢地、坚决地行动起来:反对内战,争取和平!反对独裁,争取民主!反对卖国,争取独立!反对外国武装干涉,反对外国侵略者!

我们边区人民更要努力生产,时刻准备自卫,如果反动派敢于破坏我们民主自由的生活,就把他们干净、彻底消灭之。

问题:
1. 国民党反动派为什么要打内战?
2. 美国反动派为什么帮助国民党反动派打内战?
3. 我们有些什么条件能挽救民族危机?
4. 为争取独立、和平、民主,我们应该做些什么事情?

附：中国从鸦片战争到现在的大事年表

公历纪年	中国朝代（附清朝君主年号及民国年）	大事
一八四〇	清（道光）	鸦片战争失败，订立《南京条约》，帝国主义侵略中国的开始。
一八五〇 一八六四	清（道光、咸丰、同治）	太平天国革命（时间十五年，占地十六省）
一八五八	清（咸丰）	与英、法订《天津条约》
一八八四	清（光绪）	中法战争，失安南
一八九四	清（同前）	中日战争，失朝鲜、台湾等地。
一八九八	清（同前）	戊戌变法
一九〇〇	清（同前）	义和团运动，八国联军进攻中国。
一九〇五	清（同前）	中国革命同盟会成立
一九一一	清（宣统）	广州起义失败，辛亥革命爆发。
一九一二	民国 元年	中华民国成立，孙中山就任临时大总统。
一九一五	四年	日本提出二十一条，袁世凯承认。云南护国军发动反袁，南方各省纷纷响应。
一九一六	五年	段祺瑞解散国会，取消约法，引起南方各省的护法运动。袁世凯称帝，三月，取消帝制。
一九一九	八年	五四运动
一九二一	十年	中国共产党产生
一九二二	十一年	香港海员罢工
一九二三	十二年	平汉铁路工人罢工，发生二七惨案。
一九二四	十三年	国民党改组，国共合作。
一九二五	十四年	五卅运动，孙中山逝世。
一九二六	十五年	国民革命军开始北伐
一九二七	十六年	上海工人三次起义、四一二事变、南昌起义、广州起义。

(续表)

公历纪年	中国朝代 （附清朝君主 年号及民国年）	大　　事
一九二八	十七年	毛、朱在井冈山会合，建立中国红军。
一九三〇	十九年	蒋、冯、阎战争
一九三一年	二十年	日本进兵占沈阳，发生九一八事变 瑞金举行第一次全国苏维埃代表大会
一九三二	二一年	一二八事变，上海十九路军和人民抗战。
一九三三	二二年	二十九军在长城喜峰口抗战、《塘沽协定》成立、人民抗日同盟军收复察北。
一九三四	二三年	红军开始长征
一九三五	二四年	《何梅协定》成立、共产党发表《八一宣言》、冀东防共自治政府成立、北平学生举行一二九运动。
一九三六	二五年	西安事变和平解决，内战停止，国共开始第二次合作。
一九三七	二六年	日寇进攻芦沟桥，七七抗战开始。八一三上海抗战，全面抗战展开。上海、南京失守，国民党政府迁都重庆。
一九三八	二七年	八路军在平型关大胜利。武汉失守。国民党副总裁汪精卫率领一部分亲日派投敌。
一九三九	二八年	国民党反动派制造平江惨案、晋西事变等事件，发动第一次反共高潮。
一九四〇	二九年	八路军在华北发动百团大战
一九四一	三十年	国民党反动派制造皖南事变，发动第二次反共高潮。
一九四三	三二年	国民党反动派调动五十万大军进攻边区，发动第三次反共高潮。英、美宣布废除不平等条约。
一九四五	三四年	《中苏友好同盟条约》成立。苏联对日宣战，日寇无条件投降，抗日战争胜利结束。中国共产党领袖毛泽东为和平、民主、团结，到重庆与国民党政府订立《双十协定》。

山东省教育厅
《小学课本历史》

五年级上册

目　录

一、人类是怎么来的 / 258
二、构巢和取火 / 258
三、牧畜和农业 / 259
四、炎黄子孙 / 259
五、原始共产社会 / 260
六、奴隶社会 / 261
七、文化的起源 / 261
八、周朝的兴起 / 262
九、封建社会的开始 / 263
十、春秋战国 / 263
十一、封建文化 / 264
十二、孔子的学说 / 265

一、人类是怎么来的

大约在五十万年以前,地球上有一种又像猴子又像人的猿类,我们叫它人猿。人猿常常用两只后脚站住,腾出两只前脚来找东西吃,或拿石头块、木棒子,拿来抵抗野兽的伤害。

日子久了,两只前脚变成了手的样子,石头块和木棒子也就成了他们的工具。有了两手制造工具,使用工具,人猿才渐渐进化成为人类。

从前的人,因为不知道人是从动物进化而来的,流传下来一种神话:说是在开天辟地以前,原来是一片混沌,出了一个盘古,用大斧把这片混沌开辟出来,才分清了天地。这不过是表明劳动创造世界的神话传说。

问题:

(一)人怎样脱离了动物界?

(二)你相信不相信开天辟地的传说?

二、构巢和取火

才有人类的时候,地球上还不是今天这样子,到处是无边无际的野草、树木和鳄鱼、蜥蜴、豺狼、虎豹,都是人类的敌人,人类要生存就得同野兽斗争。

在斗争中第一件大发明,是在树上架起窝巢来,住在上边,不怕野兽来伤害。这办法不是一个人发明的,是那时候我们一群祖先共同发明的。所以这一代的祖先叫做"有巢氏"。

自然的火在地面上早就有了,在野火烧过的树林里,我们的祖先尝到烧死的野兽的熟肉,比带血的生肉好吃,才想办法保存火种。以后,钻木取火的办法,也在劳动的过程里被发现了。

有了窝巢住,有了熟肉吃,人类的生活向前推进了一步。所以这一代祖先叫"燧人氏"。

问题：

（一）最早的时候，人同甚么斗争？

（二）有了住处，有了火，对于人类有甚么影响？

三、牧畜和农业

我们祖先用的工具，最先是石块和木棒，后来越用越进步，改造成石刀和石斧了。又用软性的枝条编成在水里捞鱼的网。吃的东西，种类加多，就把吃不完的活野兽留着，预备天气不好，不能打猎的时候吃。这些野鸟、野兽和人类过惯了，很受约束，成了家畜。牧畜事业就这样开始，这一代祖先叫做"伏羲氏"。

因为喂家畜的草，撒下了种子，出生了新植物，又加上寻找各种植物吃的经验，我们的祖先，试验着自己种东西。从此以后不仅吃地面自然生长的植物，并且吃用劳动种植的植物。这一代叫做"神农氏"。

从此，人类的牧畜和农业生活便开始了，人类的劳动生产品多起来了，并且慢慢有了剩余，有了储蓄，人类生活大大的改善了。

问题：

（一）我们有些甚么家畜，是那里来的？

（二）我们有些甚么谷类，最早的时候是不是也这样？

（三）有了剩余和储蓄，对人类有甚么影响？

四、炎 黄 子 孙

四千多年以前，从西边移来的黄帝族和神农（即炎帝）族，跟蛮族的蚩尤发生了冲突。蚩尤被打败了，黄帝族和炎帝族混合起来。所以历史上常说我们是炎黄的子孙。

黄帝时代，人类已经从几十个人一族的小人群，合并成大部落了。部落的头子叫做酋长，黄帝便是当时最强的酋长。从此以后直到夏朝，都是黄帝的后代当酋长。

黄帝时代，我们的祖先又有了新发明：从前人类不知道穿衣服，这时候有了兽皮、蚕丝造的衣服了。从前没有运输工具，这时候发明了最简单的车和船了。因为和旁的部落打仗，武器也有了进步，有了简单的弓箭了，弓箭的发明，使打猎有了更多的收获，使战争得到了胜利。

问题：

（一）炎黄时代人类生活有些甚么进步？

（二）历史上为甚么常说我们是炎黄的子孙？

（三）为甚么有了弓箭能打胜仗？

五、原始共产社会

夏朝以前，人类生产还是用石头制的工具，所以也叫做石器时代。那时候，人类都是共同找吃的东西，共同抵抗野兽的伤害，劳动的果实也是共同享受。到后来，牧畜耕种，制造工具，事情复杂了，开始分工：男的打猎，女的饲养家畜，有了男女的分工，老年人管理生活，年轻力壮的去劳动生产和战斗，有了年龄的分工。

酋长，是大家从生产和战斗中有功的人里边推选出来的。虞舜，是因为他生产有经验，才被公推出来继承唐尧；夏禹，因为订出治水的计划，并且和大家一起干活，才被推举出来继承虞舜。夏禹以后，酋长不再公推，传给他儿子了。

原始共产社会初期，是族内群婚制，没有行辈的限制。后来才规定只许这一群的同辈的男的，和另一群同辈的女的结婚，这叫做群婚制度。所以人类"知母不知父"，氏族的系统，就按照母系一代一代的传下来。

这时候，没有私有财产，也没有穷富，没有人剥削人的制度，所以叫做原始共产社会。

注意：

说明大舜耕田，被推为酋长，不是因为他孝；夏禹治水不是他一人之力。

问题：

（一）最早的人类社会，为甚么叫原始共产社会？

（二）分工有甚么好处？
（三）夏禹以后的首长，为甚么不公推？
（四）怎么叫做"知母而不知有父"？

六、奴 隶 社 会

商族，住在中国的山东、河南一带，发明了用铜制造用具和武器，这一族就特别强盛，后来打败了夏朝。

用铜器耕种，农业进步了，生产粮食就多，有了剩余，因此产生了私有财产制。能保存剩余物品的人就富了，不能保存剩余物品的人就穷了，穷人借用了别人的剩余物品，就要给富家干活还债，就变成了奴隶。

从前战争俘虏是杀掉的，这时期不杀了，要他当奴隶干活。有了奴隶干活，生产品更多了。

从此以后，财产不再是大家公有，财产所有权属于少数人的家族。从此有了阶级，一方面是有上千上万的奴隶的贵族，一方面是牛马一样的奴隶。

商族的成汤就是顶强的一个奴隶主，征服了周围的各部落，得到了大批的奴隶，建立了奴隶制度，成为历史上第一次大革命。

注意：
奴隶社会代替了原始共产社会，是一个革命。

问题：
（一）商族发明了甚么制造的工具？
（二）贫富是怎么分的？
（三）奴隶社会分成那两个阶级？

七、文 化 的 起 源

奴隶主贵族建立政权，统治奴隶，国家的组织便从这时出现了。国王掌握政权和兵权，镇压反抗他们的奴隶，成汤就是第一代国王。阿衡（巫）掌握教权，和神打交道，利用人类缺乏自然现象的知识，和惧怕自然变化的心理，造作迷信，愚弄奴隶，使他们不敢反抗。

因为有了奴隶专门生产劳动，奴隶主闲着无事，就想办法取乐，奴隶主贵族的文化发展了。在原始共产社会，打猎得了野兽，打仗得了胜利，就跳跃欢呼，这是音乐和跳舞的开头。到了奴隶社会，有了学习音乐、跳舞的奴隶，音乐就进步了。从前制造工具的时候，只刻上简单的花纹；用奴隶制造工具，就要求更精致一些，绘画雕刻发展了。从前没有记事的文字，记事是结绳子疙瘩，到了殷朝（商朝改了号），把事物照样刻在骨头上，有了象形文字了。

奴隶主贵族的享乐，到了纣王达到极点。他用最残酷的刑法——烧红了铜柱，烙反抗他的人们。又惹起一场大革命。

注意：
说明国家这个统治形式是和阶级社会一同产生的。
问题：
（一）巫在阶级社会里起甚么作用？
（二）音乐、跳舞怎样产生的？
（三）文字是不是圣人造的？

八、周朝的兴起

周是住在陕西南部的一个部族，传说他们的祖先后稷，在唐尧时代种庄稼有功，世代相传，对于农业是在行的。到了殷朝末年，他们发明了铁。用铁做农具，农业技术大大的提高，生产丰富，他们的国家就强了。他们给奴隶以比较宽大的待遇：分给奴隶一定的土地，只要平时纳税、出劳役，战时当兵就行，没有旁的虐待。所以受不了殷纣压迫的奴隶都去投奔他们。周国的头子姬昌（周文王），已经有了比殷纣大一倍的势力了。传到他儿子姬发、姬旦，又聘请了八十老人姜尚，组织了反纣势力，在河南孟津会集反纣的革命军，向殷朝的京城朝歌进攻。殷纣率领的奴隶，到了这时候来了个倒戈相向，殷纣大败，把珍宝财物集合起来，放火自己烧死了。一朝的奴隶主贵族的统治，到这时就结束了。

注意：

铁的发明，农业发达，是封建社会的物质基础。

问题：

（一）周怎样战胜殷朝？

（二）为甚么武王伐纣也是一次革命？

九、封建社会的开始

周灭了殷纣以后，姬发自己做了国王（武王），建立周朝，分封他的兄弟子侄，亲戚功臣各据一方。著名的有姬旦（周公）封鲁公，在现今的曲阜。姜尚封齐侯，在现今的临淄。不但分给他们土地，并且分给他们得了殷朝的财宝和俘虏，当作奴隶。这些封国通称叫做诸侯。

诸侯各国都设大小几等官，这些是专管事、不劳动的统治阶级，他们依靠剥削农奴和手工业工人来生活。

据说当时一个农奴可以分一百亩地，农奴除种地纳粮、出劳役、当兵以外，身体和生命还是自己的，比奴隶较高一等。这时候的手工工人，也是给官家做活，享受一点刚刚饿不死的待遇，叫做百工。此外还有一批战争俘虏和犯罪的囚徒给他们做奴隶。

封建社会像金字塔一样，一层压一层。顶尖上是一个国王，中间是诸侯和官吏，最底下一层是农奴、百工和奴隶。

注意：

说明山东简称齐、鲁的原因，并简单说明公、侯、伯、子、男五等诸侯和封地的大小。

问题：

（一）周朝为甚么分封诸侯？

（二）农奴和奴隶有甚么区别？

（三）封建社会时期主要的阶级对立是甚么？

十、春 秋 战 国

周朝传了二百多年，到厉王时，农奴不堪压迫，起义反抗，把厉王赶走，不久仍被镇压下去，到厉王的孙子幽王时，奢华残暴和殷纣差不多。西方的犬戎族攻进周朝的京城镐京，幽王被杀。后来诸侯驱逐了犬戎，扶保幽王的儿子平王，迁都洛阳。西周结束，开始了东周（也叫春秋时代）。

诸侯齐桓公，首先吞并了山东的小国，用了管仲的计划，编组户口，整理兵役，开发鱼盐之利，国富兵强，称之为霸主。用尊重周王抵御外侮的名义，命令诸侯。当时宋襄公、晋文公也都称过霸，那时南方的楚国非常强大，这三位霸主的口号，都是抵制楚国，结果只打了两个胜仗，定了几个盟约。楚国在长江流域照常的称王，楚庄王也称霸南蛮。此外还有秦穆公在西方征服了一些小部落，也称了霸。这就是春秋五霸。

春秋的形势继续了二百多年，大鱼吃小鱼，互相吞并，结果只剩了齐、楚、燕、赵、韩、魏、秦七国（这时称为战国时代）。这七国都招致人才，训练军队，攻城夺地，年年有战争，打了将近二百年。其中秦国占有了周国旧地，用商鞅的办法，准许土地自由买卖，提高了生产，开发从前不种的地阡子，扩大耕种面积，用严刑重赏，驱使老百姓效忠秦王，国家富强，终究灭了六国，造成了秦朝的统一大帝国。

注意：
春秋时代，制楚是主要的，是南北对立形势；战国时代，抗秦是主要的，是东西对立的形势。

问题：
（一）春秋形势怎样形成的？
（二）战国形势是怎样形成的？
（三）秦怎么能灭了六国？

十一、封建文化

周朝是中国封建社会的开始，封建诸侯吸取了农民的血汗，发展了封建文化。

周公旦做宰相，为了维持封建统治的秩序，定了很多的制度和礼教。"父子有亲，君臣有义，夫妇有别，长幼有序，朋友有信"，这叫五常；

"女子服从丈夫,子弟服从家长,臣民服从君主",这叫三纲。这些礼教比起奴隶社会,奴主贵族,可以任意杀害奴隶的办法是有了进步。但是等级很多,层层压迫,是一套很完整的封建专制制度。

在音乐、跳舞方面,也有严格的等级限制。周王有周王的跳舞队、音乐队,诸侯不能照样使用。诸侯有比周王人数少的跳舞队、音乐队,其他的官吏不能照样使用。下级用了上级的礼乐,就算犯法。

这时期人类的事情更多了,文字有了发展,字形比较简单了,不再刻在骨头上,而是刻在竹板上了。各国有大事都记录下来,成了各国的历史。

春秋战国时期,周王的统治削弱了,各国也出现了各种的学说和思想。各国往来的关系多了,出了一批办外交的人材,懂礼节,会讲话。因为各国常常打仗,发明了铁铸的武器,起初是用车战,后来进步了,改成骑兵和步兵,当时出了很多的名将和军事家。

注意:

三纲五常是用周公制礼的结果,说明周朝是封建社会的开始,也是中国旧文化的结胎时期。

问题:

(一)何为三纲?何为五常?

(二)今天还残存着那些封建制度?

(三)为甚么春秋战国人材很多?

十二、孔子的学说

春秋时代,诸侯各国都不大遵守周公定的那一套了。鲁国出了个孔丘,要恢复周公的制度。删改《诗》《书》,订正《礼》《乐》,并且根据鲁国的记录,作了《春秋》一部史书,都是宣扬维护封建制度的。他有三千多学生,他的学生又把他说的话集起来,成了《论语》二十篇。

孔丘教学生用六种技艺:就是礼节、音乐、射箭、赶车、写字、算学。三千学生中有七十二个人全会这六艺。此外分四科,就是德行科讲究品行,政事科学习政治,言语科学习办外文招待客人,文学科研究文学。

分科教学，在教育方面是一大进步。

和孔丘同时的，鲁国有一位名字叫跖的，号召了五千多下层社会的人，不遵守礼教，反对孔丘的学说，所以孔丘的学生都叫他盗跖。还有一位鲁国大夫少正卯，和孔丘的主张不同，号召力和孔丘差不多。孔丘作鲁国的宰相，不过三个月就把他杀了，始终说不出他犯了甚么罪。这是历史上第一个因为思想斗争被害的人。

此外有梦想恢复原始共产社会的老聃，因为看不惯春秋时代的社会，想消极复古。还有一位同情劳动者的墨翟，反对战争，主张人类应当都相爱，都参加劳动。他们都自成一派学说，都有广大的信徒。到后来邹国出了孟轲，信仰孔丘，指斥孔丘以外的学说都是"邪说"。

孔孟的学说是提倡封建思想，维护封建秩序的，但他却很爱自己的国家民族，提倡"杀身成仁""舍生取义"的气节。后来历代的封建统治者，又把孔子思想中好的东西抛弃，只留下他那些麻醉人民、便利封建统治的东西，来欺骗人民，好叫人民像绵羊一样的服从他的统治，所以历代的封建统治者和法西斯反动派，常提倡尊孔读经，就是这个用意。

注意：

说明春秋战国时代，儒家并不是独专的学派，不但老聃、墨翟得到广大信徒，连盗跖和少正卯都有信徒。

问题：

孔丘的学说为甚么得到后代的皇帝的尊崇？

五年级下册

目　录

一、秦的统一 / 268

二、农民大暴动 / 268

三、两汉的内政外交 / 269

四、三分鼎足 / 270

五、两晋南北朝 / 271

六、道教和佛教 / 271

七、唐代大帝国 / 272

八、唐代文化 / 273

九、契丹南侵 / 274

十、变法和抗金 / 274

十一、蒙古帝国 / 275

十二、明朝两件大事 / 276

十三、满清的统治 / 277

十四、欧亚交通 / 277

一、秦的统一

秦灭了六国以后,再不分封诸侯,把全国划分四十郡,郡以下划分县,成立了中央集权的封建制度。觉得这样可以没有问题了,就把第一世叫始皇帝,想着以后二世三世排下去,以至万世。

秦始皇害怕六国的后人反叛,把十万多富户迁到京城咸阳,加以监视,把兵器收起来铸铜像。他又想出了一套愚民办法,不要老百姓有知识,把民间的书全收起烧了,只留下些历史、医药、算命、种树等书,活埋念书的儒生,又定下了腰斩、车裂、灭亲族等等惨无人道的刑法。老百姓两个人在一块说话,就认为是商量造反,拿到市上去砍头。

秦始皇为了自己享乐,征调了七十万人,建筑了一座阿房宫。又征调了三十万人去筑长城,西从嘉峪关起,把燕赵旧日筑的长城连接起来,东到山海关,长约五千余里,堵挡北方匈奴族的侵入,秦始皇这两大劳役,当时不知害死了多少老百姓。

问题:

(一)秦不分封诸侯,划分郡县是什么意思?
(二)秦始皇为什么烧书?
(三)筑长城对后来有无益处?

二、农民大暴动

陈胜本来是一个雇工,和吴广押着九百个伕子去出差,路上多耽误了几天,按秦朝的法律,误了期,一定要杀头的,他俩就和这一群穷人商量,干脆起来反对秦的暴政。没有兵器,就拿些木棍当兵器,挑起竿子当旗帜,由于他们领头,很多被压迫的穷人起来了,很快的汇集成几万人的大队伍。虽然不久秦兵把他们打败,可是六国的后代和反秦的豪杰们,都借这机会起义了。

六国后代起义的,以楚项羽为最强,带领八千子弟兵,所向无敌,自称西楚霸王。地方豪杰中以刘邦最有办法,他本来是泗上的一个亭长

（十里一亭），不爱劳动，很会笼络人，所以被大家公推为沛公，和项羽同时向咸阳进攻，刘邦先进了咸阳，收集秦朝的地图、钱粮册子，废除了秦朝的惨酷刑法，和老百姓约定杀人的偿命、伤人和偷盗治罪的三条法律。所以老百姓很拥护他，项羽后进了咸阳，大杀大抢，放火烧了阿房宫，封刘邦为汉王，要他离开咸阳，后来，反秦的军队互相火并，只剩了楚项羽和汉刘邦。项羽善于打仗，非常骄傲，不善用人，不懂政策。刘邦和他相反，信任萧何、韩信、张良等谋士名将，善于收揽民心，最后把项羽打败了，刘邦做了皇帝，国号是汉。

一场轰轰烈烈的农民暴动，失败之后，被野心流氓，从中讨了便宜，又恢复了中央集权的封建统治。

问题：
（一）陈胜、吴广是什么阶级出身？
（二）项羽为什么失败，刘邦为什么胜利？

三、两汉的内政外交

刘邦没做皇帝以前，很不尊重儒生，曾拿儒生的帽子小便，及至做了皇帝，儒生叔孙通给他定了一套朝廷礼节，他感觉到皇帝的高贵，也认为儒家学说可以利用，才祭祀孔丘。到了汉武帝更特别表扬六经，把儒教尊为国教，规定能通一经的才可以做官，儒家的学说，遂成了历代皇帝维持统治的工具。

两汉时代，中国商业很发达，和外族交涉也多了。除了北边的匈奴，还和西域（新疆）、安南等国有来往。一贯的政策是带着武装和外国通商，要求他们向中国纳贡，闹的不好就动兵打起来，打不下的就结亲戚。汉元帝把一位不得宠的宫女王嫱打扮起来，说是自己的公主，和匈奴结亲，及至辞别时候一看她很美，后悔无及了，这就是有名的昭君出塞的故事。

此外还有苏武，出使匈奴，被扣留十九年，吃毡吃雪，始终不降，终究回了汉朝。班超出使西域征服了三十多个国家。

可是因为连年用兵，加上贵族官僚奢华腐化，西汉末年的农民生活,逐渐破产。这时有个王莽,想恢复周公时代的土地制度,给农民一点好处,免得他们起来反抗,但实行的结果,反而增加农民的痛苦,农民忍受不住,爆发起义,最有名的是赤眉、铜马等。汉朝的同族刘秀,结合一般新兴的地主,镇压了起义,建立了东汉。

东汉末年也同样发生农民起义,张角兄弟以黄巾为号,到处起事,被各地方州牧打败了,各州牧互相吞并,出现了三国局面。

问题:
(一)汉武帝为什么表扬六经和尊孔?
(二)汉朝对待外族的办法是怎样?
(三)赤眉、铜马、黄巾是不是"贼"?

四、三分鼎足

曹操本来是一个豪绅,因为反对农民暴动——平黄巾有功作了兖州牧,他能文能武,又能收揽人才,他的势力就大起来。假借汉朝皇帝名义,号召各州牧归服他。北方的许多武装都被他吞并了。

在江南的孙权,继承他父亲孙坚、哥哥孙策的基业,建立了水陆武装,占据了长江下流。只有刘备,本来是汉朝疏远同姓,他和关羽、张飞结成生死同盟,聘请诸葛亮作军师,也企图建立基业。这时曹操征伐孙权,孙权派鲁肃与刘备和诸葛亮到江东成立抗曹联合战线,在赤壁打破曹兵,奠定三国鼎立的基础。趁曹新败刘备取了荆州,后又占领西川,蜀、魏、吴三国局面才形成了。

后来孙权袭取荆州,杀了关羽,刘备一意报仇,联合战线破裂,刘备战败,曹操儿子曹丕,又乘机废了汉帝,自己坐了皇帝,刘备、孙权也相继自称皇帝。

刘备死了以后,把后事托给了诸葛亮,诸葛亮会用兵,也长于内政,想恢复汉朝旧业,先征南蛮,七擒七纵使孟获心服,然后六次北伐,没有成功,在五丈原病死。

后来魏朝元帅司马懿把持军政大权,到了他的儿子司马昭,先灭了西蜀,夺了曹家天下,灭了东吴,中国又统一了,司马炎做了皇帝,国号晋。

注意：

讲授本课时要打破曹操是汉贼，西蜀是正统的观念，说明三国都是反人民的军阀。

问题：

（一）三国时代谁是主持联合战线的？谁是不懂联合战线的？

（二）诸葛亮对孟获为什么七擒七纵？

五、两晋南北朝

晋朝在三国之后，生产力没有恢复，老百姓生活依然很苦，晋朝的贵族们，自相残杀起来，外族乘势侵入，皇帝当了俘虏，西晋至此结束。晋朝的同族们逃到长江以南，在金陵（南京）又做了皇帝，这是东晋。

中国北部的五种外族：匈奴、鲜卑、羯族、氐族、羌族，在中国北部先后建立了十六个国家。晋朝的君臣们到了江南，便享乐起来，不但不想把外族逐出，拯救北方的老百姓，反而高谈阔论，作风流名士。造成南北朝对立的局面。

南朝是晋、宋、齐、梁、陈等在江南建立的汉族政权。北朝是割据在北方的外族，被鲜卑族的拓跋氏吞并而成，国号北魏，后来北魏分裂了，成为东魏、西魏。东魏变成北齐，西魏变成北周。都被隋朝灭亡了，南北朝对立局面，闹了一百七十多年才又统一。

问题：

（一）为什么清谈能误国？

（二）南北朝是怎么分的？

六、道教和佛教

东汉初年四川人张道陵，说是得了神人传给的道书，给人家治病，信他的道的人要纳五斗米，所以又叫做五斗米教，老百姓信奉他的很多，后来的黄巾教张角弟兄就是他的一派。

张道陵临死的时候，把他的一套把戏，符箓、剑、印传给他的儿子，儿子又传给孙子，后来搬到江西龙虎山居住，称做"张天师"。道教便成立了，道教的徒弟叫做道士。道士骗人的办法是炼丹，求长生不老和捉妖拿怪。都是传布迷信，剥削老百姓，自己享受。

佛教的起原（和孔子出生差不多同时）是印度一个王子，叫释迦牟尼，看见印度人在阶级压迫下，穷人困苦颠连，富贵人家也逃不出"生、老、病、死"，便悲观厌世，逃出了王宫，想躲开世界上的纷事，并且把他这种主张，广为传播，后来死了，徒弟们称他为佛。东汉时候这种思想从西域传到中国。到了南北朝时代，因为外族的摧残，生活痛苦，老百姓没有办法，迷信更厉害，出世的思想增高，所以信奉佛教的很多，南北两朝的皇帝都信奉他，所以地不分南北，到处都有菩萨庙，和尚也一天比一天多起来了。

注意：
说明道教和佛教在中国有长久的历史，和儒家学说同是统治工具。

问题：
（一）张天师怎样骗人？
（二）和尚、道士靠谁生活？
（三）反省自己受了道教、佛教什么影响？

七、唐代大帝国

隋朝统一以后，不到二世就出了一个杨广，奢华残暴，跟殷纣王和秦始皇差不多，很快就闹到民穷财尽，农民到处起义。

这次农民起义，又被流氓地主利用了。李渊和他的儿子李世民借他山西封建的基础，团结了各阶层人士，成了特大的力量，征服了割据的群雄，造成了唐朝统一的局面。为当时东方的强大帝国，声威很高。

唐朝出现了中国历史上唯一的女皇帝——武则天，她是唐高宗的皇后，高宗死后，她废了太子，自己当政。她有才能，会团结人，肯接受批评，也会处理政务，所以在她做皇帝的期间，政治都不比其他男君主坏，当时设立了女官，连考试官也用了女的，终因男权中心的社会，轻视妇女，认为妇女当权是不应该的，所以没有维持多久，就失败了。后世历史家，也因有轻视妇女的思想作祟，对武则天多方污蔑，是很不公平的。

到了唐玄宗(明皇)，荒淫享乐，不爱惜民力，宠妃杨贵妃要吃生荔子，从江南昼夜不停用快马传到长安。所以范阳节度使安禄山、史思明等一同造反，就无人抵挡，长安陷落，唐明皇往四川逃跑，在士兵一致要挟之下，乃将罪过都推到杨贵妃身上，杀死杨贵妃以平众怒。安史之乱经过九年，被郭子仪借回纥的兵打平了。

安史乱后，唐朝的农村破产，曹州人黄巢，领导农民起义，南边打到广东，西边打到长安，杀富济贫，汇集了百万之众。唐朝没有办法又借突厥兵把黄巢打败了，利用外族打自己的同胞，招致了后五代外族侵入的混乱局面。

问题：
（一）为什么妇女当皇帝就不行？
（二）唐玄宗杀杨贵妃以平众怒公平不公平？
（三）唐朝借外兵平内乱发生什么结果？

八、唐代文化

唐太宗李世民能武能文，很会统治，统一中国以后，安定农村生活，发展手工业，繁荣经济，并且提倡文化，笼络人才，所以文艺诗词，一时极盛。中国历史上有名的诗人李白、杜甫，和文人韩愈、柳宗元等都是唐人，当时东边的日本，西边的波斯、大食，南边的交趾、印度等国都派人来中国留学。西欧各国亦均受到影响，因此西洋至今称中国人为唐人。

因为外国派人到中国来留学，带来了很多的外族文化成果，唐太宗并且派玄奘到印度取佛经，佛教的经典翻译的更多，到处建立寺院，有名的《西游记》故事，就是根据唐玄奘取经附会而成的。

因为和外族接触，增多了新成分，唐代的文艺也很发达，音乐、跳舞特别盛行，出现了很多优美歌曲。唐明皇(玄宗)自己就是一个戏曲家，他会作曲，亲自训练了一批戏剧人才，叫做梨园子弟。

问题：
（一）为什么西洋人至今仍称中国人为唐人？
（二）唐代文化有些什么特点？

九、契丹南侵

唐代借外兵平内乱的结果，北方异族就深入了中国。梁、唐、晋、汉、周这后五代时期正是契丹统一北方的外族，向中国南侵的时期。后晋石敬瑭为了借契丹兵灭后唐，自己做皇帝，把燕云十六州割给了契丹，称契丹为父皇帝，自己甘心称儿皇帝。

当时的官僚同样的无耻，有一位冯道曾做五朝代的官，自称"长乐老"。

这一段混乱局面，虽然被赵匡胤统一，建立了宋朝，可是北方的土地，始终没有收回。赵匡胤做了皇帝，很怕将领们长期掌握兵权，会起叛变，用了很多花言巧语，劝将领们交出兵权，安享田园之乐。将领在战斗中也掠夺了很多财产，也愿意回家享乐，所以宋朝对外军事设备是薄弱的。契丹南侵，只好拿东西给人家，买得暂时和平。

宋真宗对契丹大举南侵，一般的官僚都主张求和，只有宰相寇准主张真宗亲征，这次算是主战派胜利了，真宗到了澶渊，和契丹（辽）订了新盟约，结果还是年年纳银子纳捐给契丹。

问题：
（一）后五代时官僚和皇帝怎样的无耻？
（二）宋朝对外政策失败在什么地方？

十、变法和抗金

宋朝的政治腐败，人民生活痛苦，统治阶级中眼光比较远大的人，也很担忧。神宗时代宰相王安石主张变法，想削弱大地主的势力，使农民生活改善，不至于起来反抗，主要的新法有几种："青苗法"是种青苗的时候贷款给农民，收割以后归还，这样使农民免去高利贷的剥削。

"免役法"是拿一定的免役金代替劳役,可以免去过重的劳役负担。此外还有"均输法"防止官僚囤积居奇。"保甲法"要把募兵制过渡到征兵制。这些办法对农民生活是可以略加改革,是一种改良办法。大地主以司马光为首结党反对,使它不得实行。宋朝政治一直腐败下去,以至于金兵南侵,不能抵挡。

在对外上也有主战、主和两派。李纲、宗泽以及后来的岳飞都是主战派,想训练军队,抵抗金兵,汪伯彦、黄潜善和秦桧都是苟且偷安的主和派。

金兵攻陷了汴京,徽钦二帝被掳,宋高宗渡江在临安(浙江杭州)建都。这时北方人民纷纷起义抗金,统治阶级中的主战派,也主张坚决抵抗,尤其是岳飞,曾在北方连败金兵,朱仙镇一战,杀得金兀朮亡魂丧胆,金兵谣传"撼山易撼岳家军难"。秦桧为了卖国求和,一天十二道金牌,调岳飞回朝,诬他造反,加以杀害,从此金兵长驱直入,无人抵抗。

宋朝对外不能自强,还采用了"以夷制夷"的错误政策,借金兵灭了辽,金兵比辽还厉害,又勾结蒙古灭了金,蒙古深入以后,把宋朝也灭了。

问题:
(一)王安石变法为什么没有成功?
(二)主和派为什么要杀害岳飞?
(三)什么叫"以夷制夷"?

十一、蒙古帝国

南宋初年,黑龙江上流的蒙古族,过着游牧生活,在首长铁木真领导下强盛了,征服了附近的部落,铁木真被推为成吉思汗(大皇帝的意思)。

成吉思汗西征欧洲,打败了俄国,烧了莫斯科,侵入波兰,击溃了德意志联军,灭了土耳其,所以欧洲人至今称为黄祸。

到了世祖忽必烈,灭亡了南宋,建立了元朝,成为横跨欧亚的大帝国,东征高丽、琉球、南征缅甸、安南,所向无敌,只有征日本时,海上遇风,受了一次挫折。

蒙古统治者,到处屠杀汉人,霸占汉人的房屋、财产,夺取汉人土地做了牧场,不准汉人藏兵器和马匹,各村都派蒙古人监视,不准关门睡觉,任意侮辱妇女。

汉族在这种武力高压下喘息了八十年,终于暴动起来了。八月十五杀鞑子,就是那时候的故事。起来反元的有白莲教韩山童、韩林儿,打鱼的陈友谅,使船的张士诚,和尚朱元璋。后来朱元璋结合地主的势力,取得天下,做了皇帝,国号明。

问题:
(一)蒙古帝国侵略了多少地方?
(二)蒙古怎样压迫汉人?

十二、明朝两件大事

明朝的商业和手工业都很发达,明成祖派太监郑和造了六十二只大船航海,最大的长六十四丈,宽八丈,六十二只船可以载三万七千八百多士兵。航行到南洋的马来半岛,又到过印度、阿剌伯、波斯湾,入了红海直到非洲。所到地方,宣扬明朝的威力,和他们通商,要求他们纳贡,实际带有掠夺性质。

二百七十余年的明朝统治日益腐化了,各地的农民,不堪地主高利贷的剥削,掀起了大规模的起义,徐鸿儒首先在山东起义。徐鸿儒失败后,又有张献忠、李自成在陕北起义,特别是李自成,爱护贫苦的老百姓,收揽人才,发展的很快,最后攻入北京,崇祯皇帝吊死了。李自成进了北京以后,将军们却昏昏然被物质生活迷住了,不再作镇压反动势力的准备,被汉奸吴三桂借来满兵,把他打败了。

问题:
(一)郑和下西洋有什么贡献?
(二)李自成是怎样失败的?

十三、满清的统治

满族入关以后,对汉族实行残暴的镇压政策,侵入扬州以后,大杀了十日,嘉定一个县城,屠杀了三次,演了自古以来没有的惨剧。对于明朝遗老搜捕得很厉害,这些有民族气节的志士没有办法了,大半入了深山,当和尚、道士掩盖行迹,暗中进行反满的工作。

除了惨杀以外,满清又采取收买政策,一部分无耻的文人,被收买以后,甘心作满族的奴才,满洲臣子对皇帝自称奴才,这些汉人又是奴才的奴才。

此外满清又拿考试作为愚民政策,让所有的知识分子都去钻研五经四书,按题作八股文章,除此之外,什么也不想。倘有不受他们约束的,错了一个字会闹到抄家灭门。他们把所有的书,都搜集起来,编为《四库全书》,对于他们不利的都烧掉了,把称外族为虏、为寇的字句全改了,谁有禁书谁就有杀头之罪。

问题:
(一)清朝怎样屠杀汉人?
(二)清朝怎样实行愚民政策?

十四、欧亚交通

自从成吉思汗侵入欧洲,打通欧亚交通的道路,欧洲的马哥博罗来中国作过元朝的官,把中国的三大发明——指南针、活字版和火药带到欧洲去。欧洲人根据这三大发明,发展了航海术、印刷术和战争武器。

明朝时欧洲的葡萄牙、西班牙、荷兰等国的人,占据了南洋群岛、菲律宾群岛,惨杀土人。明朝嘉靖年间,葡萄牙贿赂了中国的官僚,取得了澳门作通商根据地,这是外国人占据中国地方的开始。

随着海盗的侵入,天主教传教师也进入中国。教士利玛窦到了北京,把时钟、万国舆图志,献给明神宗,取得了传教权,信教的有二百余人。许多科学发明也传入中国,教徒徐光启就是研究科学最有成绩的人。

　　天主教在中国时而发展,时而被禁止,到了满清统治了中国,更是自满自大,闭关自守,自称天朝,瞧不起西洋人,也不研究西洋学术。这个纸老虎,到了鸦片战争才被西洋的枪炮戳穿了。

　　问题:
（一）欧亚交通打开后,对中国的利弊如何?
（二）满清闭关自守,得到些什么结果?

六年级上册

目　录

一、世界上的古老民族 / 280

二、欧洲资本主义成长 / 281

三、鸦片战争的起因 / 281

四、民族自卫战争 / 282

五、英法联军 / 283

六、太平军起义 / 284

七、太平天国运动的发展 / 284

八、太平天国失败的教训 / 285

九、中法之战 / 286

十、甲午之战 / 287

十一、瓜分的危局 / 288

十二、戊戌政变 / 289

十三、义和团运动 / 289

十四、八国联军之役 / 290

十五、民族革命的开始 / 291

十六、辛亥革命 / 292

一、世界上的古老民族

人类进化，不是从一个地方开始的，凡是大河流域，土地肥沃，便利耕种和灌溉的地方，都是人类文明的发源地。

非洲的尼罗河，每年定期涨水，水退以后，土地更肥沃了。在五千多年以前，埃及民族就在这块肥沃的原野上，创造了光辉的事迹。他们建筑的金字塔，至今还屹立在非洲沙漠上。〔注一〕

中亚细亚、美索布达米亚平原上，和幼发拉底、底格里斯两河流域，是巴比伦和腓尼基两大古老民族的起源地。〔注二〕以后希腊和罗马这两大文明古国，都从这里吸取了许多文化的成果。〔注三〕

恒河培育了印度文明，黄河是中华民族的摇篮。这四大古老的民族，都经过了原始共产社会、奴隶社会，由奴隶和农奴的血汗，创造了他们的文化。

到了耶稣降生以后，日耳曼民族侵入欧洲大陆，经过长期的发展，在欧洲建立了法兰西、意大利、英吉利、德意志和俄罗斯帝国，贵族地主和基督教徒结合起来，构成欧洲各民族的封建社会。

〔注〕

一、尼罗河是非洲的一条大河流，因为定期涨水，土地肥沃，古代的埃及民族，就在尼罗河流域建立了奴隶制度的国家，农业发达，而且发明了算学、太阳历，和墨水、芦笔、芦纸等文具。金字塔是古代埃及国王的坟墓，是金字形的大建筑物，绵延有几十里长。

二、巴比伦和腓尼基是和埃及同样古老的文明国，地方就是今天的伊拉克。

三、希腊、罗马是欧洲古代的两个文明古国。希腊建国在希腊半岛，手工业、商业、哲学、文学、艺术都很发达。现在的希腊是英、美帝国主义控制着的，但希腊人民已起来建立民主政权，正在与反动势力斗争。罗马建国以意大利半岛为中心，曾经征服地中海周围各国，建立罗马大帝国。这两个国家，都是接收了埃及、巴比伦的文明，而得到进一步的发展的。

注意：

从第三册起，把中国与世界联系起来讲授。

问题：

为什么古老民族都在大河流域发展起来？

二、欧洲资本主义成长

在中世纪以后，欧洲许多国家的手工业和商业，发展很快，首先是荷兰、西班牙、葡萄牙，开始航海经商，用海盗式的办法，掠夺南洋和侵入中国的澳门，接着英国也起来了。发明了蒸汽机，一变从前的手工工业为机器工业，完成了历史上各国的产业革命。接着欧洲各国都采用机器生产，经过自己的产业革命，发展了资本主义，向着非洲、美洲侵占殖民地。

随伴着产业革命，各国都进行了政治革命。英国用不流血的斗争，进行了民主改革；法兰西经过八十多年的斗争，进行了流血的大革命；此外，德、意都经过民主革命；俄国虽然还是帝制，但经过彼得的大革命，工商业也获得了相当的发展。

美洲起初都是欧洲的殖民地，到了一七七五年，北美洲的人民，以华盛顿为首，掀起了民族民主革命，反抗英国的统治，得到了胜利，建立了美利坚合众国。

欧洲的资本主义各国，已经把非洲、美洲殖民地抢夺去了，他们的野心又向着亚洲发展。

问题：
一、什么叫做产业革命？
二、产业革命后，世界上起了什么变化？

三、鸦片战争的起因

英国资产阶级组织东印度公司，配合他的武力征服，和政治侵略等，并以印度为基础，向中国侵略。这时候以前，中国是一个自给自足的国家，一切不用外求，采取了封锁政策，不和外国往来。所有外国要求通商的，都被拒绝了。

到了满清道光初年，英国的东印度公司以经营茶叶为名，在广东输入鸦片，吸收中国的资财。到了道光十八年，只广东海口输入的鸦片，就值三千余万两。满清这时候,才察觉到了这东西的害处,派林则徐往广东实行禁烟。林则徐到了广东,先捕杀勾结英国人的奸商,强迫英国商人交出鸦片两万余箱。英国领事义律,退出广州,向英国政府请求出兵,英国派兵到中国,继续采取海盗政策,破坏中国的禁烟。这时英国人在九龙,屡次杀死中国人挑衅,英领事义律,又带领兵舰攻击中国要塞虎门,与中国的水师发生武装冲突。到了道光二十年,英政府调动大军一万五千人,向广东进攻,战争就爆发了。

注意:
说明鸦片战争是中国近代史的开端。

问题:
一、英国人向中国输入鸦片,有什么用意?
二、林则徐怎样禁烟?

四、民族自卫战争

林则徐在广东,早做了防止英兵进攻的准备。英兵在广东不得手,才转移兵力进攻福建、浙江,并且进兵渤海湾,直逼天津。清朝害怕了,马上派直隶总督琦善,请求讲和。认为这场祸是林则徐惹的,撤了林则徐的职,以琦善代替他。英国趁此机会,又来了一次进攻,攻陷了虎门,进入珠江流域。这时清朝又觉得议和是上了当,撤了琦善的职,派奕山作两广总督。奕山在英兵的威吓下,害怕的了不得,纳了六百万元的款,订了停战条约。

奕山搜刮民财,交纳赔款,英兵又奸淫掳掠,惹起广东人民的愤怒,树起了平英团的旗帜。同时佛山、南海、番禺的民兵,也奋起自卫,集合操练,防备英兵。这是中国民族自卫运动的开端。

英兵受了广东民兵的打击,就转移兵力,向沿海各地进攻,先后陷厦门、定海、宁波、镇江,占领上海,直逼南京。清朝无力抵抗,低头求和,订约赔偿兵费,割让香港,开辟广州、厦门、福州、宁波、上海五口通商,丧失关税自主。这就是外国强盗第一个奴役中国人民的《南京条约》。

问题：
一、民众和士兵怎样抗英？
二、《南京条约》给中国损失了什么？

五、英法联军

《南京条约》订立以后，英国人继续贩卖鸦片，广东的农民和贫民，被剥削的难以生活，常常有组织地起来反抗。两广总督叶名琛，一面镇压老百姓的反抗，一面纵容奸商和英国人勾结。一八五六年九月，中国船亚罗号从厦门到广东来，插着英国旗，中国的水师巡河，知道是奸商借英国旗作掩护，搜船的时候，拔下英国旗来放在甲板上。英国领事就藉口侮辱国旗，提出抗议，限四十八小时答复。叶名琛也不答复，也不备战。英兵又攻陷虎门，进入广州。这时广东人民屡起反抗，扰乱英兵，同时印度也有抗英运动，英兵不得不退出。反英民众，乘势焚烧英、法、美的商馆和洋行，英兵纵火烧民房。

英政府又联络法国，借法教士在广西被杀的事件，出兵占领广州，北上闯入大沽口。清朝又答应订立《天津条约》：第一，允许外国人在中国犯罪，受领事裁判，不受中国法律所管，创立了世界上未曾有过的领事裁判权。第二，又增加了许多通商口岸。第三，允许外国教士自由在内地传教。这样以来，所有的资本主义国家，看到英、法得到利益，都企图侵略中国，中国便逐渐成了列强宰割下的半殖民地了。

《天津条约》签字后，英、法要求在北京批准换约。换约的英、法公使，带着军舰进入大沽口，被中国守兵击伤。英、法便老羞成怒，当即攻陷天津，清朝皇帝马上吓得跑到热河去避难。接着联军攻陷北京，烧了圆明园。这时清朝只好请求议和，订了《北京条约》，割了九龙半岛给英国，增加了赔款，英、法联军才撤退了。

英、法和中国订了《北京条约》以后，俄国也乘机要求订立《中俄天津条约》。英、法在中国享受的特权，俄国也一律享受，外国的侵略，就日益加深了。

问题：
一、英法联军进攻中国用什么藉口？
二、满清和英法订立了什么条约？

六、太平军起义

满清入关以后，一方面用残暴的手段镇压反抗的汉族，一方面官僚地主、高利贷、大商人三位一体向农民剥削，引起农民继续不断的反抗。

乾隆三十九年（一七七四），兖州贫民以王伦为首起义，攻陷寿张、堂邑、阳谷，围攻临清。一七八一年，甘肃回民在马明心领导下，企图起义，被捕下狱，回民为了给马明心复仇，起义反抗。此后台湾的黎民、湘黔边的苗民，都起来反抗。

白莲教是元朝末年，反抗蒙古统治者的组织，后来为了反抗压迫剥削，屡次领导起义。乾隆五十八年（一七九三年），教徒以刘之协为首，倡言满清运终将至，密谋起事。满清下令逮捕，刘之协逃走。荆州、宜昌一带教民便武装起义，没收地主、官僚、旗人、富豪的财产。当时七省的地主、富豪，组织了武装、乡勇，帮助满清把起义镇压下去。自此四十余年后，才有了太平天国的兴起。

太平天国的起事，是在鸦片战争以后。资本主义侵入中国，中国人民除了受封建剥削以外，又加上一层资本主义的剥削和掠夺。所以太平天国运动，是阶级仇恨和民族仇恨，结合起来才爆发的。这是中国人民，看到腐化不堪的满洲朝廷，对外妥协，不能保卫中华民族，要求自力更生，才爆发了空前的中国人民自救的运动。

问题：
一、太平军以前有那些农民暴动？
二、太平军起义的意义是什么？

七、太平天国运动的发展

洪秀全是广东花县人，不满当时的政治，和冯云山一同参加上帝会。他从基督教里面吸收了一些平等的教义，被推为教主，信徒很多。杨秀清、石达开、萧朝贵，都和他们有联系。当时破产的农民，已经到处起来反抗。满清政府派兵镇压，并且捕拿洪秀全，一八五〇年，他们在广西的金田村起义。

起义以后，很快地占领了永安（广西蒙山县），建立太平天国，洪秀全称天王，一同起义的杨秀清等都封王，同掌军政主权。

一八五二年，清兵包围永安，太平军突围北上，进入湖南，直逼长沙，没有攻克，移兵攻下汉阳、武昌。这时候，清兵集中力量，攻击太平军。太平军弃了武昌，沿长江东下，连克安庆、芜湖，一八五三年二月进占南京，把南京作为国都，改称天京。一面颁布各种制度，一面分兵渡江北伐。

进入繁华都市以后，太平军领袖开始腐化起来，贪图享乐，互相猜疑，革命性逐渐消失。洪秀全因为杨秀清权大，便和韦昌辉杀了杨秀清全家。又想杀石达开，石达开逃走了，就杀了石达开的家属。洪秀全怕石达开报仇，又杀了韦昌辉，向石达开谢罪。石达开赌气，领着他的部下，西入四川。从此以后，虽然还有忠勇双全的李秀成、陈玉成等大将，也难挽救失败命运了。

问题：
一、洪秀全怎样组织了人民起义？
二、太平天国进占南京以后，有什么变化？

八、太平天国失败的教训

太平天国的兴起，使得满清皇帝、贵族、地主、豪绅，甚至外国的资本主义国家，都震惊起来，组成了联合的反动力量，镇压太平军。

湖南湘乡的地主曾国藩，组织地主武装，号称湘军，并且设造船厂，训练水军，在长江上流与太平军做对；安徽合肥的地主李鸿章，在淮河流域成立了淮军，使北上的太平军受到阻碍。清朝起初不肯用汉人带兵，这时候害怕太平军的势力，才给了曾国藩、李鸿章大权，使汉族人自相残杀。曾国藩、李鸿章为了保护地主阶级的利益，也甘心当汉奸，残杀自己的同胞。

曾国藩沿着长江一步一步逼到南京。李鸿章率领淮军,到上海和外国强盗勾结,组织洋枪队。先以美人华尔统率,后由英人戈登统率,共同围攻南京。忠王李秀成,先后击破了围攻的军队,劝天王迁都,但天王不肯。最后南京陷落,李秀成被擒,誓不投降而死。太平天国十五年轰轰烈烈的革命运动,就这样惨痛的失败了。

太平天国运动,比以往的农民起义,大大的不同了,它有了民主的主张,有了明确的政治纲领,像平分土地、人权平等、男女平等,都是对封建社会的反抗。可惜当时没有坚强的领导阶级与先进政党,没有更大胆的组织群众、武装群众,各种政策也没有好好实行,也没有集中力量,摧毁敌人的最后堡垒——北京的满清政府;反而腐化享乐,内部闹不团结,互相残杀。因之反动的满清皇帝和地主豪绅,能够从容的组织反动武装,勾结帝国主义,把革命的势力打败了。

太平天国虽然没有得到最后的胜利,但是这十五年的革命烈火,已经动摇了满族的统治,并且给后来民主革命开了新的道路。

问题:

一、太平天国失败的原因是什么?
二、曾国藩、李鸿章的汉奸行为是什么?跟今天的什么人相同?
三、外国强盗怎样援助满清?跟今天又有什么相同地方?

九、中法之战

太平天国运动失败,列强侵略中国的办法也改变了。这新办法就是掠夺中国藩属国,使中国失掉外围,以便于他们直接侵略。

安南就是中国古史上的交趾,早就是中国的属国。法国用传教为名,进入安南,挑拨安南人脱离中国,继续用武力征服安南。安南内部,就发生了亲法和反法的斗争。法国借口对安南宣战,法军进驻谅山,和中国军队发生冲突。法军为了威胁中国,反进军台湾,被刘铭传打败;进攻镇南关,又被冯子材打败。当时中国虽然打了胜仗,清朝和法军议和时,还是把安南做了法国的保护国,南方修筑铁道用法国人,给法国的侵略开了大门。我们是战胜国还要割地，可见满清皇帝昏愦到极点了。

法帝国主义在安南得了便宜，英帝国主义经营缅甸，也达到了目的，从此西南边境大开，英、法的势力更深入了。

问题：
一、帝国主义怎样强夺中国的藩属？
二、安南丧失，对南部边疆有什么影响？

十、甲午之战

中国东邻日本，从唐朝就同中国交通，学习了一部分佛教文化，同中国一样封建保守，成为美、英帝国主义侵略的目标。但是日本统治阶级，于一八六八年实行明治维新，自上而下的进行改革，新的机械在日本使用了，公司银行也迅速的发达了，日本很快的走上帝国主义的道路。

日本成为帝国主义以后，世界上的殖民地，差不多快叫欧美帝国主义分割了。所以日本帝国主义，只有向着它的近邻发展，先占领了琉球，又向着朝鲜，首先挑拨朝鲜和中国的关系，想使朝鲜脱离中国，造成朝鲜国内日本派和中国派的互相倾轧，朝鲜从此不断发生内乱。一八八二年，朝鲜发生士兵暴动，杀死日本军官，袭击日本领事，清朝派兵镇压。日本藉口要驻兵朝鲜，一八八五年，日本政府又派伊藤博文和中国订立《天津条约》。主要内容，是中日两国同时从朝鲜撤兵，朝鲜练兵，中日都可派教官，从此以后，朝鲜成了中日共同的保护国了。

朝鲜人民组织了东学党，不满意于朝鲜政治的腐化衰弱，于一八九四年起事，朝鲜震动，朝鲜政府向中国求援。中国出兵朝鲜，日本政府也根据《天津条约》出兵朝鲜，中日战争爆发。

战争结果，中国海陆军都大败，旅顺、大连、威海、刘公岛都失陷，海军提督丁汝昌战死，清朝的北洋海军全部覆灭。这时又派李鸿章为全权大使，和日本首相伊藤博文议和，订立了《马关条约》。结果朝鲜以独立为名，脱离中国，事实上属了日本，割了辽东半岛、台湾、澎湖群岛给日本,又开了许多通商口岸,赔了日本的军费。从此以后,日本更加积极的侵略中国。

问题:

一、日本怎样夺取朝鲜?

二、《马关条约》中国丧失了什么?

十一、瓜分的危局

中法和中日两次战争,暴露满清政府昏弱无能:在政治上,腐化贪污的官僚当权,主战主和没有一定的政策;在军事上,腐败空虚,一触就垮台。这时正当十九世纪的末叶,帝国主义国家正积极向外侵略,封建落后的中国,便成了帝国主义的角逐场,各自占据着一定的势力范围。

俄帝国主义,看见日本占领辽东半岛,对他不利,就压迫日本,把辽东半岛归还中国。俄国却借款给满清政府,修筑东三省的铁路。后来援例德国租借胶州湾,俄国租借旅顺、大连,东北铁路海口都入了帝俄之手。辽东半岛刚从日本口里呕出来,又被俄国吞了去,成了日俄角逐的场所。

德国是后起的帝国主义。来到东方以后,亚洲殖民地已经快分割完了,只有向中国找机会。一八九七年,山东曹州杀了德国教士,德国政府派兵占领胶州湾。满清政府和德国订了《胶州条约》,把胶州湾租给德国,定期九十九年,德国还自由的在租借区建立炮台,从胶州湾到济南的铁路,也由德国修筑,铁道附近三十里内的矿产,归德国开采,从此山东成了德帝国主义的势力范围。

同时法国租借广州湾,取得云南铁路建筑权,在南方与英国相抗衡,英国也租借九龙半岛和威海卫。帝国主义分割中国的局面就形成了。

问题:

一、瓜分的危局怎样形成的?

二、帝国主义租借了那些港湾?

十二、戊戌政变

中日战后，一方面暴露了满清政府的腐化无能，另方面刺激了进步官僚的觉醒，使他们开始注意政治经济的改革，开始设立兵工厂、造船厂，提倡科学。

一八九五年，康有为集合了一千三百多举人，签名上书光绪皇帝，请求变法，主张改良农业，发展工商业，和外国资本主义竞争。他们这种主张，很快的得到当时一部分知识分子的赞同，有远见的满清官吏，也同意他们。年轻的光绪，也不得不接受他们的意见，于一八九八年（光绪二十四年戊戌）下诏书，指责守旧派的误国，主张变法。光绪召见康有为，引用了梁启超、谭嗣同等新派人物，废除八股考试，兴办学堂，设立银行、矿务局等实业机关。

实行新法，惹起守旧派的反对。守旧派以慈禧太后为靠山，百般破坏新法，又藉慈禧太后的命令，捕杀谭嗣同等，康有为、梁启超逃亡，光绪皇帝被囚禁起来。

这一次变法，没有广大群众做基础，想依靠光绪皇帝从上而下的改良，所以一遇到阻力就失败了。但是这次政变，刺激了全国人民的觉悟，认识到要想解放中国，非用革命手段，是不能达到目的的。

问题：
一、戊戌变法的原因是什么？
二、变法为什么失败？

十三、义和团运动

戊戌政变以后，帝国主义侵略中国更加厉害了，全国的通商口岸有五十一处。一九〇〇年流到外国去的白银，有六千九百余万两，清朝借的外债，共有四万万九千四百五十五万元，再加上四分到七分的利息，这些负担都加在农民身上。

各帝国主义利用传教为名，深入中国内地。这些教士，到处横行霸道，中国官府不但不能制止，还百般逢迎他们，农民对他们种下了很深的仇恨。

义和团本是义和拳，山东西部的农民练习的很多。甲午战后，山东出了几次教案，帝国主义国家，便以此为藉口，掠夺去很多土地财产和特权。所以老百姓深恨外国人，当义和团一起，就提出"扶清灭洋"的口号。农民听到"能杀洋鬼子""能刀枪不入"，就一切不顾，蜂拥加入，成了一个很大的运动。

满清皇帝也吃过外国人的气，有些官僚们，因为和外国人办事不好，也曾贬过官，便想利用义和团，给外国人一些打击。所以他们称义和团为义民，下令叫义和团到北京去，杀死了德国公使克林德、日本使馆书记杉山彬。

问题：
一、义和团运动有什么革命意义？
二、满清政府为什么叫义和团到北京去？

十四、八国联军之役

帝国主义者藉口剿灭"破坏文明"的义和团，英、俄、德、法、美、奥、意、日八国联军，对中国宣战，进攻天津，提督聂士成战死。联军入京，奸淫掳掠，无所不为，清朝皇帝吓得逃到西安去了。

山东巡抚袁世凯、两广总督李鸿章等，为了取得外国人的欢心，上书给外国人，维持和平，保护外侨，剿灭义和团。因此各省人民的反侵略运动，没有能发展起来。

联军盘据北京，本想瓜分中国。但是俄国进兵满洲，引起了英国的恐惧，遣调大军驻大沽口。日本对满洲早就垂涎，趁此机会，调兵驻朝鲜，和俄国竞争。美国就高唱门户开放主义。此外英、法因为争夺非洲，意见也不一致。就在这种帝国主义互相冲突的情形下，中国才得幸免瓜分之祸。经过满清政府低头乞怜，订立一九〇一年的《辛丑条约》，从此，北京、天津之间，帝国主义者可以随便驻兵，北京外国使馆驻地东交民巷，成了太上政府，英国乘机取得了海关监督权。这次中国赔款四万万五千万两。

悲壮热烈的义和团运动，虽然在血泊里失败了，但是证明了野蛮的不是义和团，而是帝国主义者自己。后来有的历史上称义和团为拳匪，这完全是帝国主义走狗们的一种诬蔑。

条约订立以后，俄国在东北撤兵问题，又惹起日俄战争。中国以土地供给日俄做战场，结果俄国战败，所有俄国在东北的特权，日本又承受去了。

问题：
一、八国联军在北京的暴行，说明了什么？
二、满清答应帝国主义什么条件？
三、义和团为什么失败？

十五、民族革命的开始

《辛丑条约》以后，帝国主义侵略中国的办法更多了，借款给中国建筑铁路，所有沪杭甬、京汉（平汉）、京奉（北宁）都入了外人的掌握。又建立了许多轮船公司，航行于中国的内河，如英国的怡和、太古，日本的日清、大连等。外国的银行，也组织银行团，以联合的金融势力，来束缚中国的财政。

中国民族工业，因受帝国主义的束缚，不能发展。满清政府年年要负大量外债，并且供给官僚们的消费，这些费用，要从农民身上榨取，闹到民不聊生，到处发生暴动。满清政府也知道长此下去，是不行的，所以又拿立宪来麻痹人民，但人民没有被他麻痹。

广东香山县人（今改名中山县）孙文（字逸仙，别号中山），领导一部分小市民和知识分子，成立兴中会，进行革命。主张推翻满清统治，建立民国，对当时保皇党竭力攻击。

孙中山到欧洲考察，受到欧洲民主政治影响，回国以后，把兴中会扩大为同盟会，主张推翻满清，建立自由、平等、博爱的国家，这也就是孙中山的三民主义的基础。

孙中山领导的革命，经过十一次起义，都被满清镇压下去。最后，在一九一一年三月二十九日,围攻广东总督衙门一役,牺牲了七十二位革命志士,后来葬在黄花岗,这一革命运动震动了全国。

问题:

孙中山组织的同盟会,有什么主张?

十六、辛亥革命

一九一一年(满清宣统三年),清廷宣布铁路国有政策,事实上就是把铁路送给了帝国主义,惹起了南北各地的商民、士绅的反对,主张铁路商办。配合这种运动的,有东三省的主权收回运动,山西、河南的煤矿收回运动,江浙争回沪、绍航权运动,各地都有类似的运动,在全国人民反对满清的怒潮下,辛亥革命爆发了。

一九一一年十月十日,受革命党运动的一部分新军,在武昌起义,拥护黎元洪做总指挥,成立中华民国军政府。继续占领汉口、汉阳,军政府宣布保护外侨的生命财产,领事团承认民军为交战团体,宣布中立。

武昌起义,各省纷纷响应,都驱逐满清官员,成立都督府,不过一个月,独立的有十一省。满清这时候,还做最后挣扎,派兵抵御。革命军攻下南京,南下的清兵受到阻碍,满清知道大势已去,遂即同革命军议和。

独立的各省代表,在上海举行联合会议,会后,到武昌起草临时政府组织大纲。及至占领南京,各代表都回到南京,开会选举了孙中山做临时大总统,黎元洪做副总统,定国号叫中华民国,满清皇帝宣布退位。

这一革命,是广大的人民反异族统治,争取自由、民主的运动。推翻了几千年来的封建皇帝统治,建立民国,开辟亚洲共和民主国的曙光。可惜没有彻底摧毁封建势力,中途妥协,才给后来袁世凯称帝、张勋复辟,留下了机会。

问题:

一、辛亥革命的意义是什么?

二、辛亥革命不彻底的后果怎样?

六年级下册

目 录

一、半殖民地半封建的中国 / 294

二、第一次世界大战 / 295

三、十月革命 / 296

四、"五四"运动 / 297

五、中国无产阶级的觉醒 / 297

六、"五卅"运动 / 298

七、北伐战争 / 299

八、土地革命时期 / 300

九、"九一八"事变 / 301

十、"一二·九""一二·一六" / 302

十一、"七七"抗战 / 303

十二、持久战略 / 304

十三、敌后根据地 / 305

十四、第二次世界大战 / 306

十五、反法西斯战争胜利 / 307

十六、人民革命战争 / 308

一、半殖民地半封建的中国

自鸦片战争（一八四〇年）以来，中国的封建统治，受到了帝国主义的打击，奴颜婢膝，谄媚外人、依靠外人，订了很多不平等条约。中国的通商口岸、海关税收、铁路矿山、河海船运，都逐渐控制在帝国主义者手里。外国人在中国享受种种特权，在中国驻兵，享受领事裁判权，并利用赔款、借款，干涉中国内政，制造中国分裂。为了便于他们掠夺中国财富，榨取中国人民的血汗，也就维持中国的封建势力，作为侵略中国的内线和帮凶。封建统治者，以此便更向帝国主义作卖国竞赛，以取得外力的支持，维持自己对中国人民的封建统治，因之中国逐渐形成半殖民地半封建社会。人民受着帝国主义和封建势力的双重压榨，苦难日深，工业不能发展。一些新兴的资本家，也多半成了外国资本的附庸，除非同外资勾结，成为买办资本，也就只有日益衰落。于是有志之士，纷纷起而革命，经多次的起义流血，辛亥（一九一一年）一役，推翻了满清皇帝的封建统治。

满清皇帝虽然推翻，因为革命军没有发动起群众，彻底肃清封建势力，所以袁世凯便拉拢一批封建势力，并取得帝国主义的支持，做了第一任大总统。引用他们的走狗，执掌政府各部，分派他培养出来的爪牙，执掌兵权，造成了北洋军阀的统治。中国人民从封建皇帝统治下解放出来，又受到封建军阀的压迫。

此后，各地军阀和各个帝国主义者，分别勾结，争夺地盘，扩张势力，向帝国主义借款买军火，出卖国家权益，以事报酬；各个帝国主义，也分别利用各个军阀，进一步吸收中国人民的血汗，造成中国内部的连年内战，民不聊生。总之，从鸦片战争以来，中国开始沦为半殖民地半封建的社会。

注意：
辛亥革命没有彻底成功，其原因应反复说明。
问题：
(1) 为什么叫做半殖民地半封建？
(2) 帝国主义和军阀怎样勾结？

二、第一次世界大战

　　欧洲英、法等列强,因为资本主义发展较早,积极向外侵略,把全世界的地方,都分别控制起来,变成了他们的殖民地。德国则因资本主义发展较晚,就要和其他帝国主义国家竞争,要求重新划分势力范围,重新分割世界。欧洲的形势就紧张起来,德国和英、法,终日在勾心斗角,准备厮杀。

　　一九一四年奥太子到塞尔维亚【注】游历,被塞国杀了,因此奥塞之间发生了冲突。德国就藉口帮助奥国出兵挑战,法国也帮助塞国对德国作战。不久,英、俄都对德宣战;意大利最初与德国同盟,后经英、法拉拢,倒过来也打德国,战争范围扩大到全欧洲。

　　亚洲的日本,也是后起的帝国主义国家,早就想独占亚洲。趁欧洲的列强无暇东顾的机会,也以对德国宣战为名,取得了德国在中国的权益。美国在这一次大战中,便作了一大笔军火生意,到了战争接近解决的阶段,也加入反德战争,以便在世界上分得更多利益。中国在列强的拉拢下也对德宣战,派遣很多华工,到欧洲去参战。

　　第一次世界大战,是帝国主义互相火并的分赃战争,这战争对人类是没有一点益处的。参战各国的人民,在死亡、伤残、恐怖、流离中过了四年(一九一四——一九一八年)战争生活,结果是德帝国主义失败。俄罗斯人民在战争的压榨下,组织了自己的力量,爆发了十月革命。中国虽然也是战胜国,但是没有得着甚么好处,就连德国侵略中国的权益,日本人还霸占着不放。

【注】

　　塞尔维亚是欧洲巴尔干半岛上的一个民族。第一次世界大战前,是一个小王国;第一次世界大战后,与巨哥斯拉夫族合并,成立南斯拉夫王国,二次世界大战后,成为新民主主义国家。但现在南共领导上犯了错误,国内正在进行斗争。

　　问题:

　　(1) 第一次世界大战基本因素是甚么?
　　(2) 中国对德国宣战得到了甚么?
　　(3) 第一次大战结果如何?

三、十 月 革 命

俄国的彼得大帝,在克里米亚战败(一八五四年)【注一】以后,励行改革,亲自到英法各国学习,回来改革俄国的政治,废除了农奴制度,削弱了贵族的势力,给俄国资本主义开辟了道路。

农奴废除以后,农民要向地主交纳现金地租,还要作无工资的劳役,所受的压迫和农奴差不多。

在工业方面,发展是很迅速的,而且非常集中,一八九〇年俄国工人已经有二百九十七万二千人。工人的生活很坏,政治上也受很大的压迫。

俄国的沙皇、资本家、地主,利用军队、宪兵、警察等组织,压迫和剥削工人和农民。

沙皇为了进行帝国主义的掠夺,参加了第一次世界大战,供给协约国大量军队,到战场上作牺牲。三年的战争,人民的血汗消耗到不能支持。一九一七年在俄国布尔塞维克党【注二】领导下,爆发了二月革命,工人罢工起义,士兵拒绝向工人开枪。结果沙皇统治被推翻,成立苏维埃政权(工农兵代表会议)。同时资产阶级向着贵族地主妥协,又成立了克伦斯基临时政府,继续帝国主义战争。

克伦斯基政权支持了八个月,被列宁领导的布尔塞维克党和广大的工农兵推翻,建立了无产阶级专政的苏维埃政权。事情是发生于一九一七年俄历十月二十五日(公历十一月七日),所以叫做"十月革命"。

注一:克里米亚战争是一八五四年俄国与土耳其的战争,英法助土,战争达一年之久,克里米亚首府被英、法、土攻陷,方告结束。

注二:当时俄国工人阶级的政党,叫社会民主工党,分裂为两派:一派叫孟塞维克(少数的意思),主张和资产阶级妥协;一派叫布尔塞维克(多数的意思),主张领导工人阶级起来革命,就是现在苏联共产党的前身。

问题:

(1)俄国革命的起因是什么?
(2)十月革命的性质是什么?
(3)十月革命后,俄国变成什么样子?

四、"五四"运动

第一次世界大战以后，各国代表在巴黎开和平会议。这个会议，事实上是帝国主义列强的分赃会议，对弱小民族的利益是不照顾的。在这会上，日本帝国主义者，要求继承德国在中国的特权，特别是把山东半岛划归日本。中国外交官不能力争领土主权，反而要在和约上签字，这时巴黎的留学生起来反对。事情传到北平，北平的学生，也认为外交官太丧权辱国，举行游行示威，打了卖国外交官曹汝霖、章宗祥、陆宗舆。当时的北京政府，不但不惩办辱国外交官，反而派大批军警，镇压学生，有的青年学生因伤致死，大批青年被逮捕。全国青年听到这消息，纷纷起来响应，展开了广大的群众反日爱国运动。工人罢工、教员罢教、商人罢市，在群众威力下，中国代表也不得不拒绝签字。

"五四"运动，是中国新民主主义革命的开端。这不仅是一个反帝反封建的群众运动，而且是一个新文化的启蒙运动。李大钊、鲁迅等人，[注]提倡语体文，反对旧礼教，提倡民主与科学的大号召，使中国人民揭穿封建思想统治，开始有了民主与科学的思想。

【注】

李大钊，中国共产党的创始人和领导人之一，被军阀张作霖杀害。鲁迅，近代最伟大的文学家和思想家，坚决反对统治阶级，同情革命，一九三六年逝世。

问题：

（1）为什么说，"五四"运动是新民主主义革命的开端？
（2）"五四"运动两大号召是什么？
（3）学生过问政治，发生什么效力？
（4）什么叫语体文？什么叫文言文？

五、中国无产阶级的觉醒

中国的工人，受着帝国主义、封建势力和资本家的三重压迫，工资很低，工作时间很长，每日作十小时至十六小时的工。中国工人的反抗性,是很强的。一九一七年俄国十月革命成功,给了中国无产阶级一个很大的刺激。

从"五四"运动时候起,已经有些先进的革命思想家,开始介绍与宣传马列主义的革命理论。一九二〇年,各地先后成立共产主义小组。于一九二一年七月一日,中共第一次全国代表大会,在上海召开,正式建立中国共产党。

中共一开始即领导中国的革命斗争。一九二三年二月,京汉铁路工人在郑州开会,军警镇压,禁止举行,工人罢工抵抗,军警强迫复工,屠杀罢工工人多人,工人领袖林祥谦被杀。二月七日,全路工人举行大罢工,同时道清、正太、津浦铁路工人都举行同情罢工。

无产阶级的力量,已经引起各阶层的重视。孙中山在他历次革命失败以后,也了解了中国革命,没有无产阶级参加,是不会成功的。一九二四年改组国民党时,与共产党商谈合作,决定了"联俄、联共、扶助工农"三大政策。

中国革命有了无产阶级的参加,中国反帝反封建的斗争,增加了坚强的领导力量。所以一九二六年的北伐,能击溃北洋军阀,发展成为大革命。

问题:
(1) 为什么中国工人的革命性很强烈?
(2) "二七"是什么日子?
(3) 孙中山为什么和共产党合作?

六、"五卅"运动

辛亥革命以后,中国的封建势力和帝国主义,依然互相勾结,使中国人民愈加陷入饥饿痛苦的境地。

帝国主义者在中国开设许多工厂,吸收廉价物资和劳动力,制造商品,吸收中国人民的血汗。他们对待工人非常苛刻,尽量减低工钱,延长工作时间,并且任意打骂,又常常扣钱罚款。中国工人在这时候,已经有觉悟和政治上领导,不断的发生罢工斗争。

帝国主义对待反抗的工人,是压制与屠杀。一九二五年五月,上海日本纱厂杀死工人顾正红,打伤十余人。上海各大学的学生募捐救济,又遭租界上的警察逮捕。五月卅日,上海的工人学生在南京路散传单,讲演顾正红被害真相,并要求释放被捕学生。在帝国主义指使下的巡捕,竟然开枪,十余学生当场牺牲,十五个受伤,五十多人被捕。

　　但是工人学生的反抗,因此也更激烈了。第二天,在大雨中游行,全市罢工、罢课、罢市,组织了工、学、商联合会,向帝国主义提出强硬的交涉。接着北京、长沙、广州、香港、济南,各地的工人、学生,都起来响应,宣布对英、日经济绝交。尤其是广东码头工人的长期坚持罢工,使香港变成臭港。【注】这是中国人民在中国工人阶级领导下,第一次最英勇的反帝斗争,使全中国人民认识到,帝国主义的残暴,及中国封建统治者勾结外人的无耻,中国人民反帝反封建的觉悟,大大提高了。

【注】
工人都罢了工,香港的大小便也没人运出去,到处臭气扑鼻,所以称为"臭港"。
问题:
(1)"五卅"运动是那一阶级领导的?
(2)"五卅"运动的影响如何?

七、北伐战争

　　国共合作以后,在广东组织了革命的政府,建立了黄埔军校,首先肃清了广东的反动势力,接着出师北伐,解放军阀压迫下的人民。

　　北伐军于一九二六年七月出兵,迅速攻下长沙、岳州,汀泗桥一战,直系军阀吴佩孚全部溃散。接着攻下武汉,移兵东下,打垮孙传芳,占领南京、上海。

　　北伐军所到的地方,工人、农民都组织起来,帮助北伐军。上海工人举行三次起义,赶走张宗昌的直鲁联军,依靠群众的力量,革命到处顺利的发展。在群众的威力之下,汉口、九江的英租界,无条件收回,吓得帝国主义者发抖。

　　工农群众的力量,日益壮大,中国的大地主大资产阶级害怕了。国民党中大地主大资产阶级反动分子，一心想独吞革命果实，北洋军阀、官僚，也企图延长垂死的生命，他们便勾结在一起，破坏革命。帝国主义者又在背后支持操纵。于是国民党反动派，遂于一九二七年四月十二日，在上海屠杀工人，又在广东、南京等地，镇压革命运动，实行清党。在"反共"的口号下，屠杀一切进步人士、工、农群众与青年学生，并且组织南京政府与武汉政府对立。

最初，武汉政府还是反对南京政府的。但在帝国主义与中国反革命力量经济封锁，威胁利诱之下，武汉政府瓦解了，一些上层分子，乃于一九二七年七月十五日，举行反共会议，叛变革命，投降南京。从此，国共关系完全破裂，大革命乃告失败。

问题：
(1) 为什么北伐军能够胜利？
(2) 反动阶级怎样破坏革命？

八、土地革命时期

中国的大地主大资产阶级，和帝国主义勾结，向着革命阵营进攻。国民党为反动派所霸持，镇压革命，许多革命志士被杀害，很多人被吓得不敢动了。

中国共产党，独自坚持着革命的伟业，在朱德、贺龙、叶挺的领导下，于一九二七年八月一日，举行了南昌起义（即中国红军的生日）。同时，彭湃在广东的海陆丰起义，毛泽东在两湖领导秋收起义，彭德怀在湖南领导平江起义。这些起义的军队，于一九二八年会合于江西井冈山，建立了中国工农红军。

红军首先在井冈山一带发动群众，坚持游击战争，建立了以工农代表组成的苏维埃政权。

苏维埃政府发布了没收大地主富豪的土地，分给贫农雇农耕种；实行改善耕种方法，供给肥料，兴办水利，制造农具；对工人实行八小时工作制，提高工资，使工人生活得到了很大的改善。苏维埃政权解除了人民的种种压迫，人民自己选举的政府，享受着真正的民主权利。

苏区扩大起来,占有江西的三分之二,发展到闽浙、豫鄂皖边区,及川、陕各省。一九三一年,各苏区选举代表,在江西瑞金举行第一次苏维埃代表大会,成立了中华苏维埃共和国临时中央政府。

这时候,国民党反动派,不惜出卖国家民族的权益,换取各个帝国主义的援助,倾全力进攻苏区,工农红军和苏区人民坚持自卫,连续粉碎国民党反动派的五次"围剿",这斗争一直继续了十年。

问题:
(1) 什么叫做土地革命?
(2) 什么是苏维埃政权?
(3) 国民党反动派怎样对待苏区?

九、"九一八"事变

国民党反动派当政以后,引用了许多亲日分子,便利了日本对中国的侵略。日本在东北收留胡匪蒙军,并调入大量军队,刺探东北的军情。及至布置妥当以后,便于一九三一年九月十八日,突然炮击沈阳北大营,立即占领沈阳兵工厂各机关,再向着长春、永吉进攻。

东北边防军受了蒋介石的指示,采取"不抵抗主义",节节退让。不到一个月,辽宁、吉林两省,全部陷落。

日本第二步军事计划,是进攻黑龙江,黑省又失陷。日本便收买满清废帝溥仪(宣统)做傀儡,成立伪"满洲国"。从此,热河不保,华北告急,东北的大好河山,成了日本进攻中国的基地。上层分子,在东北一度抗日者,相继冰销瓦解。

东北的共产党,却在日寇统治下坚持斗争,组织群众,建立抗日义勇军,与敌人展开游击战争。后来与别的抗日力量联合组成抗日联军,坚持苦斗,十四年如一日。

国民党反动派,对于东北沦陷,毫不关心,反而提出"攘外必先安内",全力进行"剿共"内战,屠杀爱国群众。

北平学生,倡导赴南京请愿,督责国民政府抗日,各地学生纷纷响应,一时南京、上海,充满了抗日的空气。日本帝国主义为了镇压中国人民，又发兵进攻上海，驻在上海的十九路军坚决抵抗，给了敌人严重的打击。国民党反动派，不但不接济十九路军，反而从后掣腿，使十九路军不得不忍痛退出上海。这次抗战，由一月二十八日开始，至三月二日结束，结果，国民党亲日派和日本订了《淞沪协定》[注]。

【注】
淞沪停战协定的主要内容是：允许日本在上海驻兵，中国军队不得驻在上海，中国政府要"取缔抗日活动"。

问题：
(1) "九一八"以前，敌人有怎样的准备？
(2) 不抵抗，谁负责？
(3) 学生为什么到南京请愿？

十、"一二·九""一二·一六"

日本帝国主义的进攻，越来越凶，一九三三年占领山海关，攻打长城各口，在喜峰口曾遭到二十九军的抵抗。一九三五年继续调兵入关，收买汉奸殷汝耕等，组织冀东伪政权，并鼓动华北地方政府，实行所谓"华北自治"，企图吞并华北，灭亡中国。

从"九一八"事变以后，中国共产党一再向国民党及全国人民提出国共合作，停止内战，各阶级联合一致抗日，并且长征二万五千里，由江西辗转北上，开赴抗日前线。在这种影响之下，全国人民为了救亡图存，也一致起来奔走呼号，掀起抗日救亡运动。

北平学生于十二月九日，联合向冀察当局请愿，抗议成立冀察政务委员会，[注]反对"防共自治"，要求停止内战，并且游行示威。而冀察当局竟严厉镇压、逮捕学生。于是北平各校学生，在十六日早晨，冲出军警重围，齐到天安门集合，到有学生两万多人，市民数万人，开大会，一致通过誓死反对防共伪组织，要求释放被捕学生。冀察当局又动员全城军警，用水龙、大刀、皮鞭，向群众袭击，群众赤手空拳，和全城军警搏斗，这就是"一二·九""一二·一六"的学生救亡运动。

学生救亡运动，立刻得到全国的响应，广州、杭州、上海、南京各大都市，接连举行示威，组织各种救亡团体，各地文化界人士，发表通电宣言，一致要求停止内战，停止压迫爱国运动，实行对日作战，给后来的抗日运动，打下了基础。

一九三六年十二月十二日，东北军因不愿进行"剿共"内战，提出团结抗战，收复失地，打回老家去的主张。屡向国民党建议，未被采纳，遂在张学良领导下，举行了"西安事变"，扣押蒋介石。后经各方调解，蒋介石接受了东北军的建议，因得释放，中国局势开始好转。但张学良却被蒋介石羁押起来，作了长期的囚犯。

【注】

冀察政委会，是国民党与日本协议成立的，国民党承认冀察"情形特殊"，是变相的傀儡组织。

问题：

（1）"一二·九""一二·一六"运动的意义是什么？

（2）冀察当局怎样对待人民？

（3）"一二·九""一二·一六"的影响如何？

（4）"西安事变"对中国局势，有什么影响？

十一、"七七"抗战

日本帝国主义者得了东北四省，伪化了冀东以后，占领华北，灭亡中国的计划，已经布置完成了。

一九三七年夏天，日军在北平昼夜演习，藉口一个日兵失踪，要进宛平县城搜查，被宛平县政府拒绝了。日军于七月七日夜晚，在芦沟桥和二十九军开火了。日军一面和冀察当局交涉，胁迫承认各种条件，一方面调动大军，包围平、津，二十九军英勇抵抗，展开了激烈的战争。

事变发生，激起了全国人民抗敌的热情，纷纷募捐、宣传，援助二十九军。中国共产党通电全国，号召保卫平、津，保卫华北。国民党蒋介石，仍和日寇继续谈判，希望得到妥协。但日寇灭亡中国的野心，却并不能满足，所以谈判没有成功。

八月十三日，敌人从上海进攻，国民党的地位受到严重威胁。在全国人民要求下,又加上英、美的怂恿,被迫抗战。并与共产党合作,红军改编为国民革命军第八路军(后改为十八集团军),江南留下的红军改编为新四军,开赴前线作战。同年九月,共产党发表国共合作宣言,抗日民族统一战线成立,展开了全民族的解放战争。

问题:
(1)"七七"事变怎样发生的?
(2)事变发生后,共产党怎样主张?
(3)为什么"八一三"是全国抗战的开始?

十二、持久战略

在抗战开始不久,中国人民领袖毛泽东,就发表了持久战的理论:指明中国是半封建半殖民地的大国,抵抗帝国主义侵略,在中国方面是正义的战争,在敌人方面是侵略战争,以地大物博的弱国,遇到小而强的敌人,战争必然是长期的。须经过三个阶段,才能达到胜利:第一阶段是敌人进攻,我们防御的阶段,一面消耗敌人的力量,一面保存和组织自己的力量。第二阶段是敌我相持阶段,敌人占领了广大土地不能巩固,我们在正面抵抗,在敌人占领区组织群众,发展武装,开展广泛的游击战争。这一阶段时间是比较长期的,不经过这艰苦的相持阶段,是不会胜利的。敌人一天一天消耗,我们一天一天坚强,再配合国际上的反日运动的上涨,便可以渡过相持阶段,走进第三阶段——反攻阶段。

八路军开赴山西前线,在平型关一战,歼灭敌人最精锐的板垣师团的大半,全国震奋,打击了敌人疯狂的进攻,激动了国人抗战的信心,奠定了长期抗战的基础。八路军、新四军继续深入敌人的后方,发动游击战争。敌后的群众,纷纷起来,到处组织了游击队,坚持和敌人斗争。

问题:
(1)毛泽东同志提出什么抗战办法?

（2）三阶段怎样分别？

（3）平型关大战的影响如何？

十三、敌后根据地

国民党的军队，被敌人一打就垮，半年的时间，大部分国土都沦陷了。敌后不愿作亡国奴的人民，响应共产党的号召，自动的组织起来，成立了各种的救亡团体，自己武装起来，帮助八路军、新四军保卫家乡，打击敌人。这时候国民党各级政府人员，纷纷弃职逃跑，或者屈膝投敌，人民遂自己选举官吏，建立抗日民主政权。

民主政府彻底实行减租减息，增加工资政策，广大人民生活改善了，政治上又得到了自由平等，一致拥护民主政府，坚持抗战，保卫家乡。再加上共产党的领导，八路军、新四军的英勇奋战，于是先后在敌后建立起十九块抗日根据地。[注]历经敌伪的无数次残酷"扫荡"，始终屹立敌后，打击敌人。

国民党虽几次发动反共高潮，勾结敌伪，两面夹攻，企图消灭八路军、新四军和这些抗日根据地，以便于他们妥协投降，曾在皖南茂林地方，团歼新四军军部，造成了血腥的皖南事变。两条路线的斗争日益尖锐，一面是勾结敌伪、反共、反人民的妥协投降路线，一面是坚持抗战、坚持团结、坚持进步的路线。由于共产党的正确领导，和中国人民的觉醒团结，在两条路线斗争中，不断粉碎国民党亲日派的妥协投降阴谋，保证了抗日战争的胜利。

【注】

十九块抗日民主根据地：华北六块：晋察冀、晋绥、晋冀豫、冀鲁豫、山东、冀热辽；华中十一块：苏北、苏中、淮南、淮北、鄂豫皖、鄂西、湘鄂、皖南、浙东、苏南、苏浙；华南两块：琼崖、东江。

问题：

（1）敌后人民有什么组织？

（2）民主政府怎样建立起来的？

（3）减租减息和土地改革有什么区别？

（4）国民党反动派制造皖南事变的目的是什么？

十四、第二次世界大战

自从意大利的墨索里尼、德意志的希特勒登台以后,世界的和平,被法西斯威胁着。英法两国的反动势力,想利用法西斯的力量,来反共反苏,纵容希特勒扩张军备。一九三九年八月,希特勒吞并波兰,进兵西欧,第二次世界大战便开始了。

英法对德国宣战,德国继续占领了挪威和丹麦,乘势南下,荷兰、比利时很快的崩溃了。法兰西到了这时候,也因为力量薄弱,屈膝投降。英国在欧陆和北非接连败退,英伦三岛岌岌可危。不到两年的时间,希特勒灭亡欧洲十四个国家,【注】各国的财阀、资本家们,都变成了出卖民族的败类,甘心给法西斯当走狗,组织伪政府,做法西斯的统治工具。

希特勒灭亡了欧洲各国以后,一面进攻北非,空袭英国,一面想东侵苏联,完成他统治世界的迷梦。于一九四一年六月二十二日,突然进攻苏联,苏德战争就爆发了。

开始时,因为德国是主动进攻,所以德兵进展很快,直逼莫斯科,苏联遂展开莫斯科保卫战。英勇的苏联人民,誓死保卫这全世界无产阶级的祖国。德军受到了挫折,就转移兵力,进攻斯大林格勒。斯大林格勒的保卫战,比保卫莫斯科更加激烈。最后希特勒的匪徒们,虽牺牲数十万生命,终于没有攻下,红军乘胜包围消灭德国法西斯,战局遂有了新的转变,红军开始反攻。

【注】

希特勒灭亡欧洲十四国家:捷克、奥地利、波兰、挪威、丹麦、荷兰、比利时、卢森堡、法国、罗马尼亚、保加利亚、南斯拉夫、匈牙利、希腊。

问题:

(1)是谁养成了德国法西斯反动力量的?

(2)法西斯的两个头子是谁?

(3)为什么开始时,法西斯能够胜利?

十五、反法西斯战争胜利

希特勒在欧洲，正大肆猖狂，东方法西斯日本，就和希特勒东西配合，袭击珍珠港，美属菲律宾群岛，并占领香港，进兵南洋群岛。太平洋战争爆发，第二次世界大战至此，已经发展到全面性了，一方面是法西斯国家德、意、日轴心国家，另一方面是中、苏、英、美反法西斯同盟的联合战线。

苏联斯大林大元帅，美总统罗斯福，英首相邱吉尔，在德黑兰【注】会议，议定首先打垮希特勒，彻底消灭法西斯，保障世界和平的基本战略。并一致承认，各民族的人民，有决定他们的政治生活的权利，各国在战后实行民主合作，以消弭战祸。德黑兰会议之后，中、英、美三国又举行开罗【注二】会议，协商击败日本的方针。此后苏、英、美三外长举行莫斯科会议。三国元首，又举行克里米亚【注三】会议，一致决定：法西斯国家，应无条件投降的方针，谁都不和他们单独媾和。反法西斯阵线更加巩固。

斯大森格勒解围之后，红军节节进攻。由于红军的英勇坚强，反攻顺利前进。及至红军把德军打出国境之后，英美看见胜利有把握了，也出兵开辟了欧洲第二战场。

一九四五年五月，红军直逼柏林，与法西斯作了最后搏斗，占领了柏林，与英美会师。希特勒失踪，墨索里尼被意大利人民捉住，处了死刑。欧洲战事结束后，中苏成立友好条约，苏联就在八月八日对日宣战。红军进入东北，打垮了日本几十万关东军，日本才宣告无条件投降。第二次世界大战至此结束，反法西斯国家取得了最后胜利。

【注】
（一）德黑兰是伊朗的国都。
（二）开罗是埃及的国都。
（三）克里米亚是突出在黑海中的一个小岛，在苏联国境。

问题：
(1) 太平洋战争怎样爆发的？

(2) 斯、罗、邱会议决定些什么？
(3) 斯大林格勒的胜利对全局有什么影响？

十六、人民革命战争

日本投降以后，共产党领导下的军队，立刻向敌伪占领的地方进军，光复了很多城市。国民党却准备发动反人民的内战，承认汉奸都是国民党的"地下工作者"，照旧做官，伪军立刻换了招牌，变成"国军"，照旧欺压人民，向解放区"收复失地"。日本军仍在大城市里，帮国民党"维持秩序"，受到国民党的优待。

美国在第二次世界大战结束以后，一心想独霸世界，恰巧国民党准备打内战，请美国帮助，美国就送军火、借钱，给国民党打内战，美国军队也驻在中国不走了。

共产党虽然看穿了国民党的阴谋，但为了全国人民都需要和平与民主，仍是诚恳的希望和国民党合作。共产党领袖毛泽东，亲自到重庆和蒋介石谈判，在一九四五年十月十日，签订《双十协定》，大家承认中国以后要实行和平民主。但国民党一面签订协定，一面就向解放区进攻。

解放区军民为了自卫，给了国民党军队应有的打击。这时，美国又假装出来调停，实际上是让国民党休息一下，重新布置打内战。一九四六年一月十三日，国共双方签订停战协定，接着召开了各党派的政治协商会议，决议要实行民主政治，各党派合法平等。

但事实上，国民党仍是积极布置内战，一九四六年七月，国民党发动了全面内战，向各解放区进攻，美国继续帮助国民党打内战，国民党把中国各项权利，都卖给美国，做了美国的奴才，美帝国主义者，公开说：国民党是为美国利益而战。

战争开始时，解放军为了便于歼灭敌人，退出了一些城市，但共产党解放军是为了人民利益打仗的，得到广大人民的拥护与支援。自从解放区实行土地改革以后，封建势力打垮了，人民都翻了身，更坚决的要打垮压迫人民的国民党，所以解放军越战越强。一九四七年七月以后，解放军开始反攻，不断解放大块的地方，卖国、独裁的国民党，离开灭亡的日子,已经不远了。

问题:
(1)美国为什么要帮助国民党打内战?
(2)为什么解放军能够越打越强?

图书在版编目(CIP)数据

解放区小学历史课本四种合刊 / 李孝迁编. --上海：上海古籍出版社，2024．6． --（中国近代史学文献丛刊）．
ISBN 978-7-5732-1230-6

Ⅰ．G623.41

中国国家版本馆CIP数据核字第20242EC745号

中国近代史学文献丛刊

解放区小学历史课本四种合刊

李孝迁　编校

上海古籍出版社出版发行

（上海市闵行区号景路159弄1-5号A座5F　邮政编码201101）

（1）网址：www.guji.com.cn
（2）E-mail：guji1@guji.com.cn
（3）易文网网址：www.ewen.co

浙江新华数码印务有限公司印刷

开本635×965　1/16　印张20.75　插页7　字数299,000

2024年6月第1版　2024年6月第1次印刷

ISBN 978-7-5732-1230-6

K·3644　定价：98.00元

如有质量问题，请与承印公司联系